In den **Lernboxen** mit diesem Symbol werden euch bestimmte **Methoden**, die besonders wichtig sind, genau erklärt.

Lernboxen mit diesem Symbol enthalten eine **Zusammenfassung der Inhalte**, die ihr in einem Kapitel gelernt habt.

TIPP: Bei vielen Aufgaben wird auf diese Lernboxen verwiesen. Seht sie euch bei der Bearbeitung der Aufgaben an. So lernt ihr die Methoden immer sicherer anzuwenden.

➔ Das Komma bei Aufzählungen
AH, S. 108

Diese Hinweise zeigen euch, wo ihr im **Schulbuch (= SB)** oder im **Arbeitsheft (= AH)** noch **weiter zu einem Thema** arbeiten könnt.

Alles klar? –
Wiederholen, üben und überprüfen

Am Ende der einzelnen Kapitel findet ihr **Aufgaben und kleine Übungen zur Lernerfolgskontrolle**. Mit diesen „Alles klar?"-Seiten könnt ihr das Wichtigste, das ihr in einem Kapitel gelernt habt, wiederholen und üben.

Noch ein wichtiger Hinweis zum Schluss: Bei vielen Aufgaben (z. B. zum Markieren oder bei Übungen mit Lückentexten) müsst ihr mit einer Folie oder Kopie arbeiten, wenn euch das Schulbuch nicht gehört.

Viel Spaß beim Lernen, Lesen, Arbeiten und Üben wünscht euch euer P. A. U. L. D.-Team!

5

Schöningh
westermann

P.A.U.L. D.

Persönliches Arbeits- und Lesebuch *Deutsch* für die Jahrgangsstufe 5

Herausgegeben von: Frank Radke

Erarbeitet von: Michaela Anthony
Anne Gasch-Sigge
Tanja Heinemann
Katharine Pappas
Frank Radke
Elisabeth Roth-Rings
Katja Wiertz
u. a.

Basis

Die mit dieser Kennzeichnung im Inhaltsverzeichnis ausgewiesenen Kapitel sind geeignet, die für die Jahrgangsstufe zentralen Inhalte, Methoden, Themen und Kompetenzen grundlegend zu vermitteln. Die Angebote der weiteren Kapitel und Teilkapitel bieten die Möglichkeit zur Erweiterung und Vertiefung der behandelten Unterrichtsthemen und geförderten Kompetenzen. Die Seiten der Basismodule sind im Schülerband oben mit einem grauen Balken gekennzeichnet.

westermann GRUPPE

Druck A[13] / Jahr 2021
Alle Drucke der Serie A sind im Unterricht parallel verwendbar.

Illustrationen: Reinhild Kassing, Kassel/Matthias Berghahn, Bielefeld
Umschlaggestaltung: Yvonne Junge-Illies, Mannheim; unter Verwendung von © picture alliance/HB Verlag
Druck und Bindung: Westermann Druck GmbH, Braunschweig

ISBN 978-3-14-**028100**-3

Inhaltsverzeichnis

Anhang

Wir und unsere Schule – die neue Klasse und

Vor einigen Tagen hast du deine neue Schule vermutlich mit sehr gemischten Gefühlen betreten. Noch ist dir vieles unbekannt. Dieses Kapitel begleitet dich auf deiner Entdeckungstour durch die neue Schule. Hier lernst du, wie du

- dich den anderen vorstellen kannst, indem du einen Steckbrief über dich anfertigst oder ein Wortgedicht über dich schreibst,
- die anderen besser kennenlernst, indem du mit deinen Mitschülern und Mitschülerinnen Partnerinterviews durchführst,
- dich in deiner neuen Schule besser zurechtfindest, indem du Wegskizzen zu den Fachräumen anfertigst oder mit deiner Klasse den Weg zum Notausgang trainierst,
- dich über deinen Schulweg informieren kannst, indem du das Lesen von Fahrplänen übst.

Im letzten Teil dieses Kapitels lernst du, wie man einen persönlichen Brief schreibt. So kannst du deine Erfahrungen und Erlebnisse in deiner neuen Schule anderen (z. B. den Schülern und Schülerinnen deiner ehemaligen Grundschule) in Form eines Briefes mitteilen.

1 Beschreibe das Bild. Welche Eindrücke und Gefühle haben die Kinder wohl am ersten Schultag an ihrer neuen Schule?

2 Berichte darüber, mit welchen Eindrücken und Gefühlen du selbst deine neue Schule betreten hast.

3 Sicher habt ihr auch viele Wünsche, die eure neue Schule betreffen. Erzählt davon.

Schule kennenlernen

Die Schüler und Schülerinnen der Klasse 5 a haben zu dem Thema „Meine Traumschule" Bilder gezeichnet. Dies ist das Bild von Anna-Maria.

4 Beschreibt, wie Anna-Maria sich ihre Traumschule vorstellt und was man in dieser Schule alles machen kann. Welche Fächer, Aktivitäten und Angebote gibt es dort?

5 Sammelt Ideen und Wünsche, wie ihr euch eure Traumschule vorstellt.

6 **Durchstarten! So könnt ihr weiterarbeiten:**

a Gestaltet eigene Bilder zum Thema „Meine Traumschule". Stellt euch eure Bilder gegenseitig vor und hängt sie im Klassenraum aus.

b Schreibt eine Fantasiegeschichte über eure Traumschule und lest sie der Klasse vor.

1.

Das bin ich – sich selbst vorstellen

LARA – ein Wortgedicht schreiben

Die Schüler und Schülerinnen aus der Klasse 5 a haben zu ihren Vornamen Wortgedichte gestaltet.

1 Sieh dir die ersten beiden Wortgedichte an. Beschreibe, wie Lara und Malte bei der Gestaltung ihrer Namen vorgegangen sind.

2 Was müssen Aische und Ernesto tun, um ihr Wortgedicht zu beenden? Vervollständigt die Wortgedichte der beiden.

3 In dem Wortkasten findest du Adjektive, die Eigenschaften von Personen beschreiben. Suche die Wörter heraus, deren Bedeutung du gut erklären kannst.

Adjektive zur Beschreibung von Eigenschaften

träge • kreativ • arrogant • musikalisch • launisch • nachdenklich
fröhlich • hilfsbereit • geduldig • höflich • spontan • feige • offen
direkt • ehrgeizig • zielstrebig • beweglich • dickköpfig • verbohrt
talentiert • neugierig • kommunikativ • kooperativ • sportlich • bequem
zickig • geizig • großzügig • dominant • schüchtern • temperamentvoll

4 Sammelt die Wörter, bei denen es euch schwerfällt zu erklären, was sie bedeuten. Versucht, ihre Bedeutung gemeinsam zu klären.

5 Schreibe zu deinem Vornamen ein eigenes Wortgedicht auf ein DIN-A4-Blatt. Benutze dabei Adjektive, die zu dir passen und dich beschreiben. Schreibe alles in Großbuchstaben. Du kannst dabei die Buchstaben farbig gestalten.

6 Stellt eure Wortgedichte der Klasse vor. Erklärt, warum die Adjektive, die ihr gewählt habt, besonders gut zu euch passen.

7 **Durchstarten! So könnt ihr weiterarbeiten:**

Vielleicht denkt ihr manchmal, dass eure Mitschüler und Mitschülerinnen ganz anders sind als ihr selbst. Mit dem „Aufstehspiel“ könnt ihr Gemeinsamkeiten herausfinden. Geht so vor:

- Ein Schüler oder eine Schülerin in der Klasse bekommt als Spielleiter/Spielleiterin die Aufgabe, die anderen Schüler nach gleichen Eigenschaften zu befragen. Dazu ruft er oder sie z. B.: „Ich suche alle, die zwei Geschwister haben!“
- Diejenigen, auf die das zutrifft, stehen auf. Sie setzen sich nach einer Weile wieder und der Spielleiter bittet alle Schüler mit einer anderen Eigenschaft aufzustehen (z. B.: „Ich suche alle, die in einem Verein sind“).
- Nach drei Runden wird ein anderer Schüler der Klasse zum Spielleiter gewählt.

„Einzigartig“ – etwas über sich erzählen

Werner Sprenger
Einzigartig

Jeder Mensch ist einzigartig,
einzigartig wie sein Gesicht.
Was heißt das für dich?
Auch du bist einzigartig,
so einzigartig wie dein Gesicht.
Verschenke
Diese Einzigartigkeit
nicht.
[...]

1 Lies das Gedicht zunächst still und überlege, welche Worte du durch Betonung besonders hervorheben möchtest. Trage dann den Text laut vor.

2 Was ist in dem Gedicht mit „einzigartig“ gemeint? Erkläre dies mit deinen Worten.

3 Erkläre, was in den letzten drei Versen (= Zeilen) des Gedichts gesagt wird.

4 Suche dir ein Kind auf den Fotos auf S. 13 aus und beschreibe, was im Vergleich zu den anderen Kindern an ihm besonders ist. Gehe dabei z. B. auf sein Aussehen, seine Kleidung, erkennbare Talente und Eigenschaften ein.

5 Erzählt den anderen von euch, indem ihr folgendes Spiel durchführt. Geht so vor, um mehr voneinander zu erfahren:

- Sammelt möglichst viele Themen, über die ihr euch zu zweit unterhalten könnt, z. B.: Welches sind eure Lieblingsbücher, eure Lieblingsfilme oder was mögt ihr gar nicht?
- Euer Lehrer oder ein Mitschüler bestimmt ein Thema, über das ihr euch als Erstes unterhaltet.
- Jetzt gehen alle durch den Raum, wenn möglich nach Musik. Wenn der Lehrer die Musik stoppt oder ein anderes Signal gibt, bildet jeder mit dem Mitschüler, der ihm am nächsten steht, eine Zweiergruppe.

- Die Zweiergruppe unterhält sich dann jeweils 3–4 Minuten über das zuvor festgelegte Thema.
- Danach wird ein anderes Thema bestimmt und das Spiel beginnt von vorn.
- Nach einigen Runden solltet ihr euch gegenseitig berichten, was ihr über eure Mitschülerinnen und Mitschüler Interessantes oder Neues erfahren habt.

6 Durchstarten! So könnt ihr weiterarbeiten:

a) Stell dich in einem kurzen Text vor. Verrate in fünf Sätzen, was an dir besonders ist.

b) Bringt Fotos von euch mit, die etwas Besonderes von euch zeigen (z. B. ein Hobby, ein Erlebnis, euer Haustier ...). Stellt euch gegenseitig eure Fotos vor und erzählt davon, was ihr damit verbindet. Ihr könnt zu den Fotos auch einen kleinen Text schreiben.

2.

Steckbriefe und Partnerinterviews – sich und andere beschreiben

Man nennt mich Hanna – sich mithilfe eines Steckbriefs vorstellen

Johanna hat einen Steckbrief gestaltet, um sich ihrer neuen Klasse vorzustellen.

1 Seht euch den Steckbrief genau an. Was erfahrt ihr über Johanna?

2 Beschreibt, wie und mit welchen Mitteln Johanna ihren Steckbrief gestaltet hat.

3 Fasst zusammen, welche Informationen ein Steckbrief enthalten sollte.

4 Was möchtet ihr noch gerne über Johanna wissen? Sammelt Ideen, wie Johanna ihren Steckbrief vervollständigen könnte.
Sammelt auch weitere Ideen, wie sich ein Steckbrief gestalten lässt.

5 Gestalte deinen eigenen Steckbrief und stelle dich mithilfe dieses Steckbriefes vor. Arbeite dabei mit der Lernbox „Einen Steckbrief gestalten“.

So gehst du vor

Einen Steckbrief gestalten

Ein Steckbrief liefert in **knapper**, aber trotzdem **interessanter Form** die **wichtigsten Informationen über eine Person**. Bei der Gestaltung eines Steckbriefs musst du auf Folgendes achten:

- Dein Steckbrief sollte alle **allgemeinen Angaben** über dich (Name, Geburtsdatum, Adresse usw.) enthalten.
- Interessant ist dein Steckbrief dann für andere, wenn du zudem viele **Informationen über deine Person** hinzufügst. Du kannst z. B. über besondere **Fähigkeiten**, **Interessen**, **Erfahrungen** oder **Hobbys** schreiben.
- Wähle **knappe Formulierungen**, damit sich der Leser schnell ein Bild von dir machen kann.
- Ordne die Informationen auf dem Steckbrief **übersichtlich** an.
- Um wichtige Informationen besonders hervorzuheben, kannst du mit **Buchstaben in verschiedenen Größen, Formen und Farben** sowie mit **unterschiedlichen Schriftarten** arbeiten.
- Besonders schön wirkt dein Steckbrief, wenn du ihn mit **Fotos oder Zeichnungen** gestaltest.

6 **Durchstarten! So könnt ihr weiterarbeiten:**

a) Viktor hat eine andere Form des Steckbriefs als Johanna gewählt. Ihr könnt wie Viktor groß gestaltete Buchstaben eures Namens mit Bildern füllen, die z. B. eure Interessen und Hobbys darstellen. Diese Steckbriefe könnt ihr in der Klasse aushängen und euch gegenseitig vorstellen.

b) Wenn ihr die Steckbriefe in der Klasse aushängt, könnt ihr testen, wie gut ihr euch schon kennt. Während die anderen die Augen schließen, wählt ein Schüler oder eine Schülerin aus einem Steckbrief einige Angaben aus und nennt diese. Die anderen müssen versuchen, den gesuchten Mitschüler anhand der genannten Eigenschaften zu erkennen.

c) Ihr könnt alle Steckbriefe vervielfältigen oder Fotos von ihnen machen, um ein „Klassen-Erinnerungsbuch“ zu gestalten.

Was ist dein Lieblingsgericht? – Andere mithilfe eines Partnerinterviews vorstellen

Fabian sitzt neben Hassan. Beide kennen sich noch nicht aus der Grundschule. Die Klasse 5 a führt im Deutschunterricht Partnerinterviews durch. Fabian arbeitet dabei mit Hassan zusammen, über den er gerne mehr erfahren möchte.

1 Was erfährt Fabian über Hassan (z. B. über seine Familie, seine Interessen usw.)?

2 Worüber erfährt er nichts? Sammelt, was ihr Hassan noch fragen würdet.

3 Bereite ein eigenes Partnerinterview vor:

- Schreibe mindestens zehn wichtige Fragen auf, die du einem Mitschüler oder einer Mitschülerin, den oder die du noch nicht gut kennst, stellen würdest.
- Notiere die Fragen in deinem Heft. Lass dabei nach jeder Frage Platz für die Antwort.
- Achte beim Formulieren der Fragen darauf, dass man sie nicht nur mit „Ja“ oder „Nein“ beantworten kann.

4 Findet euch zu zweit zusammen und interviewt euch mithilfe eurer Fragen gegenseitig. Macht euch dabei Notizen zu den Antworten.

5 Stelle nun deinen Partner mithilfe deiner Notizen vor.

6 Bereitet ein weiteres Partnerinterview vor und führt es mit einer anderen Mitschülerin oder einem anderen Mitschüler durch. Arbeitet dabei mit der Lernbox auf dieser Seite. Anschließend könnt ihr auch diese Mitschülerin bzw. diesen Mitschüler der Klasse vorstellen.

So gehst du vor

Ein Partnerinterview durchführen

Ein Interview ist ein **Gespräch**, bei dem einer Person **Fragen zu einem Thema** gestellt werden, die diese beantwortet. Bei einem Partnerinterview geht es darum, sich ein möglichst genaues Bild von einer Person zu machen, über die man noch nicht viel weiß (z. B. von einem neuen Mitschüler/einer neuen Mitschülerin).
Bei der Vorbereitung und Durchführung eines solchen Interviews solltest du folgende Tipps beachten:

- **Tipps zur Vorbereitung**
  - Überlege dir Fragen, mit deren Hilfe du etwas Interessantes über deinen Partner erfährst (z. B.: Wer gehört zu deiner Familie? Woher stammt deine Familie? Habt ihr besondere Bräuche? Welche Hobbys hast du? Wenn du drei Wünsche frei hättest, was würdest du dir wünschen? Was war dein schönstes Erlebnis in der Schule?).
  - Notiere die Fragen in deinem Heft oder auf einem Blatt. Lass dabei unter jeder Frage genügend Platz für die Notizen zu den Antworten.
  - Formuliere keine Fragen, auf die man nur mit „Ja" oder „Nein" antworten kann. Richtig ist z. B. „Was gefällt dir besonders an der neuen Schule?" anstatt „Gehst du gerne in die neue Schule?".
- **Tipps zur Durchführung eines Interviews**
  - Sprich langsam und deutlich, wenn du deine Fragen stellst.
  - Gib deinem Interviewpartner Zeit, in Ruhe über deine Fragen nachzudenken und zu antworten.
  - Mache dir Notizen zu den Antworten. Schreibe nicht alles wortwörtlich mit, sondern halte das Wichtigste in Stichworten fest.
  - Bedanke dich bei deinem Gesprächspartner zum Schluss für das Interview.

7 **Durchstarten! So könnt ihr weiterarbeiten:**

a) Schreibt eine E-Mail an eine Freundin oder einen Freund. Stellt ihr oder ihm mithilfe eurer Notizen zu den Partnerinterviews einen eurer neuen Mitschülerinnen und Mitschüler vor.

b) Gestalte zu deiner Interviewpartnerin oder deinem Interviewpartner einen Bildnamen, wie Viktor es zu seinem Namen auf S. 16 gemacht hat. Ihr könnt dann ihr oder ihm das Bild schenken.

3.

Was ist anders? – Die neue Schule erkunden

Wo ist der Musikraum? – Sich in der neuen Schule zurechtfinden

1 Was ist in eurer neuen Schule ähnlich oder anders als in der Grundschule? Erzählt davon.

2 Überprüft, wie gut ihr euch in eurer neuen Schule schon zurechtfindet. Geht dabei so vor:

- Überlegt euch, welche anderen Räume als den Klassenraum ihr kennen müsst, und notiert diese.
- Macht euch zu zweit auf die Suche nach einem dieser Räume und haltet euren Weg mit Notizen auf einem Zettel fest. An welchen auffälligen Punkten seid ihr vorübergegangen (z. B. Getränkeautomat, Infobrett)? Vergesst nicht, euch die Raumnummer des gesuchten Raumes zu notieren.
- Zeichnet anschließend eine kurze Skizze von dem Weg, den ihr gegangen seid.
- Beschreibt den anderen mithilfe eurer Zeichnung den Weg zu dem Raum, den ihr aufgesucht habt.

➔ Schaubild beschreiben
AH, S. 14–15

In dem Klassenraum der 5 a ist folgende Skizze neben der Tür angebracht:

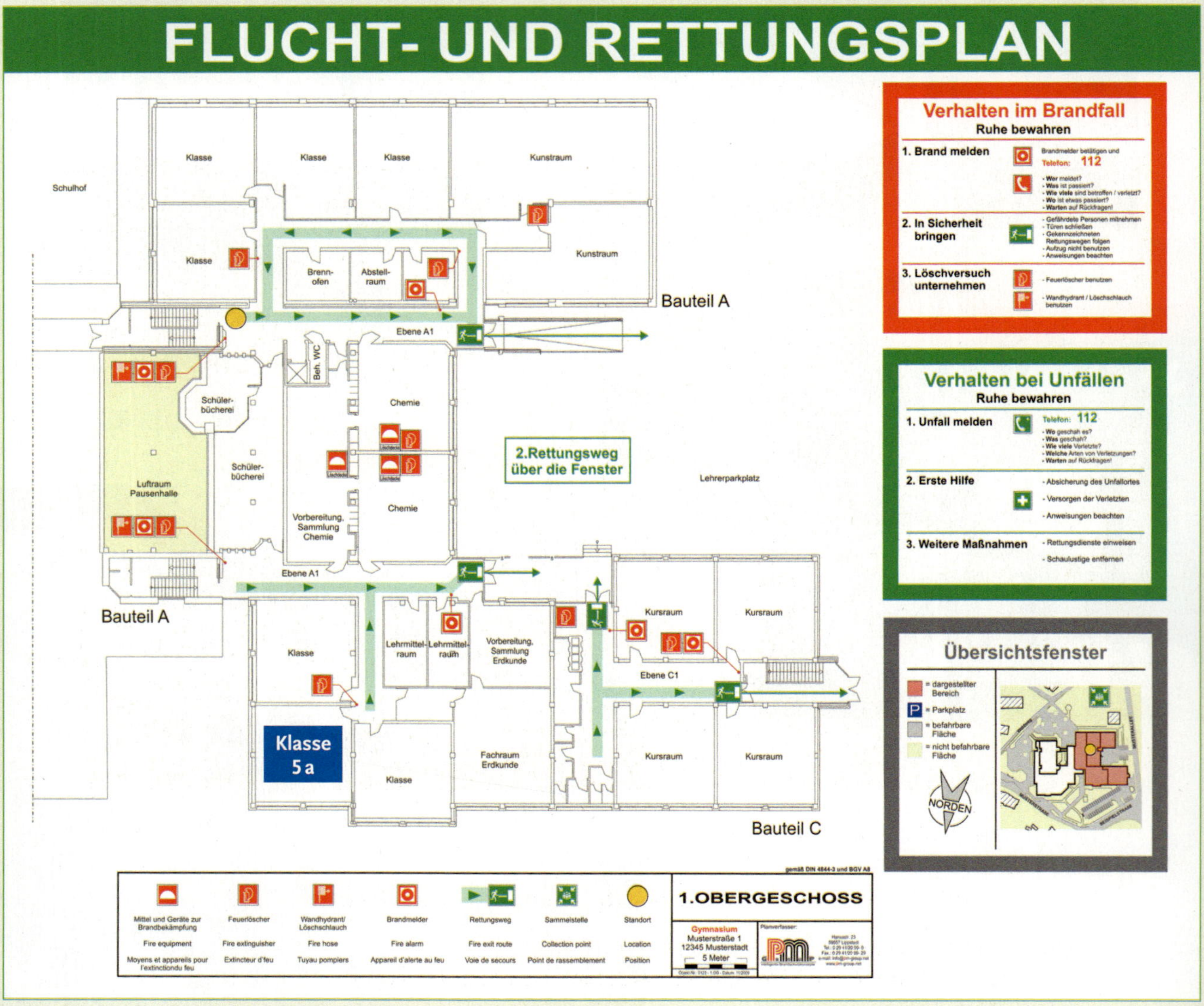

3 Worüber informiert dieser Plan?

4 Klärt, wo sich der Notausgang für die 5 a befindet. Beschreibt mithilfe des Plans den Weg dorthin.

5 **Durchstarten! So könnt ihr weiterarbeiten:**

a Seht euch den Fluchtplan eurer Klasse an. Beschreibt euren Weg zum Notausgang.

b Ihr könnt den Weg dorthin zusammen mit eurem Lehrer/eurer Lehrerin gehen. Ein Schüler oder eine Schülerin kann dabei die Klasse zum Notausgang führen. Ihr könnt den Weg dorthin auch in kleinen Gruppen einüben.

Wer? Wo? Was? – Sich über die neue Schule informieren

Die Klasse 5 a möchte mehr über ihre neue Schule wissen. Dazu hat sie folgende Fragen gesammelt.

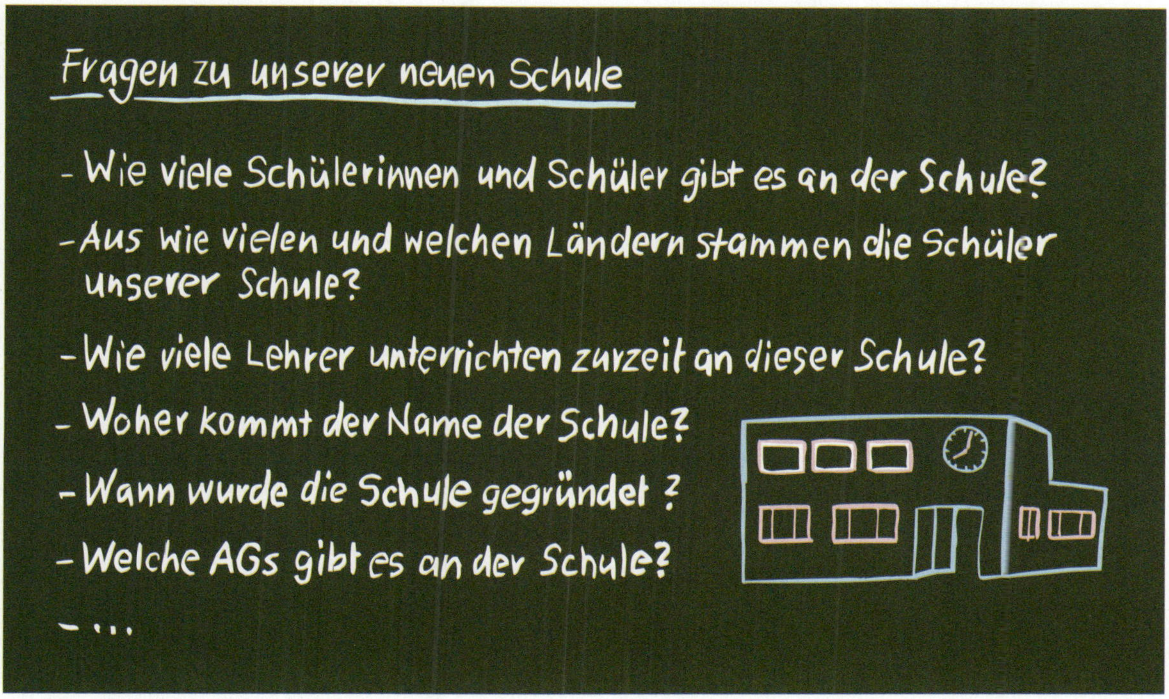

1 Ergänzt die Liste um weitere Fragen.

2 Versucht, möglichst alle eure Fragen zu beantworten. Dazu könnt ihr z. B.

- die Schulhomepage im Internet besuchen,
- Interviews mit älteren Schülern, euren Klassenpaten oder Lehrern durchführen.

4.

Mir gefällt es gut ... – Briefe untersuchen und schreiben

Lisa geht es gut – den Aufbau eines Briefes untersuchen

Lisa hat sich schon gut in der neuen Schule eingelebt. Vor Kurzem hat ihre ehemalige Grundschullehrerin Frau Mertins Lisas Klasse im Deutschunterricht besucht. Sie hat den Schülerinnen und Schülern vorgeschlagen, Briefe an die vierten Klassen zu schreiben, um den Kindern für den Schulwechsel im Sommer Mut zu machen. Lisa hat folgenden Brief geschrieben:

Neustadt, den 2.9.2010

Liebe Schülerinnen und Schüler der Klasse 4 a,

nach der ersten Schulwoche auf der Anne-Frank-Schule sitze ich gerade gemütlich an meinem Schreibtisch und habe mir überlegt, euch einen Brief darüber zu schreiben, was ich an der neuen Schule gut und nicht so gut finde.

Natürlich ist vor allem die Größe der Schule eine riesige Umstellung für mich. In den Fluren der Fachräume habe ich mich die ersten Tage öfter mal verirrt. Außerdem muss ich mich daran gewöhnen, dass viele Große hier das Sagen haben. Auf dem Schulhof und auf den Treppen werden wir manchmal ordentlich hin und her geschubst. Das finde ich auch ganz schön anstrengend und nervig. Super ist aber die Cafeteria, in der wir uns während der Regenpausen aufhalten dürfen und uns auch etwas zu essen oder zu trinken kaufen können. Die Auswahl an Leckereien könnt ihr euch nicht vorstellen!

Toll sind auch die vielen neuen Fächer und die neuen Lehrer. Besonders mag ich Biologie, da wir dort im Moment über unsere Haustiere sprechen. Nächste Woche darf ich sogar meine Katze Molly mit in den Unterricht bringen. Darauf freue ich mich schon.

Ihr könnt euch auf den nächsten Sommer freuen, wenn ihr dann zu den „Neuen" gehört.

Ich hätte nicht gedacht, dass ich mich auf der neuen Schule so schnell einleben könnte.

Viele Grüße
Lisa

1 Was sagt Lisa über ihre neue Schule und wie gefällt sie ihr?

2 Sucht Textstellen heraus, mit denen Lisa versucht, den Kindern die Angst vor der neuen Schule zu nehmen.

3 Meint ihr, dass Lisa mit ihrem Brief ihr Ziel erreicht hat, den Grundschülern Mut zu machen, wenn sie an den kommenden Schulwechsel denken? Begründet eure Meinung.

4 Ein persönlicher Brief, wie der von Lisa, besitzt verschiedene Bausteine. Weist diese in Lisas Brief nach. Geht so vor:

- Informiert euch mithilfe der folgenden Lernbox darüber, welche Bausteine ein persönlicher Brief besitzt.
- Sucht dann aus Lisas Brief Beispiele für die Bausteine eines persönlichen Briefes heraus. Gebt dazu die Zeilen an, wo in Lisas Brief welcher Baustein vorkommt.

Das musst du lernen und wissen

Die Bausteine eines Briefes beachten

Wie bei allen Briefen solltest du auch bei einem persönlichen Brief sehr **auf die Form achten**.

So gehst du beim Schreiben eines Briefes vor:

- Lass an allen Seiten des Blattes einen Rand von 2 – 3 cm.
- Oben rechts notierst du den **Briefkopf** mit Angaben über den Ort und das Datum (z. B.: Paderborn, 23.8.2010).
- Achte bei der **Anrede** darauf, wie gut du den Empfänger kennst.
  - Freundschaftliche Anreden sind z. B.: Hallo Uli! Lieber Max! Die Anrede schreibst du dann klein.
  - Höfliche Anreden sind z. B.: Liebe Frau Mertens *oder* Sehr geehrter Herr Müller. Die Anrede wird dann großgeschrieben.
- Nach einem Komma in der Anrede wird der **Brieftext** klein weitergeschrieben, nach einem Ausrufezeichen dagegen groß.
- Sprich den Empfänger/die Empfängerin immer direkt an.
- Erzähle von eigenen Erlebnissen, Gefühlen und Gedanken.
- Vergiss nicht, deinen Brief mit einem **Schlusssatz** abzuschließen, z.B.: Ich würde mich freuen, bald mal wieder von dir zu hören.
- Am Ende des Briefes stehen mit einem kleinen Abstand immer ein **Gruß** und die **Unterschrift**.

Ich bin Tim – einen Brief überarbeiten

Tim aus der Klasse 5 a hat ebenfalls an die Schüler seiner früheren Grundschule einen Brief geschrieben.

> Guten Tag, ich bin Tim und schreibe euch
> jetzt, wie es mir auf der neuen Schule
> gefällt. Am ersten Tag ging ich mit meinem
> Vater in die Aula der Anne-Frank-
> Schule und sah dort ganz viele Menschen.
> Danach lernte ich dann meinen neuen
> Klassenlehrer kennen. Der ist an sich
> ganz cool. Er führte uns in unser neues
> Klassenzimmer. Wir bekamen den neuen
> Stundenplan und erfuhren, welche Fächer
> wir in diesem Jahr haben werden. Das
> fand ich toll. Euer Tim

1 Versetzt euch in die Lage der Grundschulklasse. Beschreibt, wie der Brief von Tim auf euch wirkt. Was hätte er noch schreiben müssen?

2 Beschreibt, was Tim beim Verfassen seines Briefes nicht beachtet hat. Was müsste er verbessern? Arbeitet dabei wieder mit der Lernbox auf S. 23.

3 Überarbeite den Brief so, dass er die Bausteine und die Form eines persönlichen Briefes hat. Versuche, den Brief auch sprachlich und inhaltlich zu verbessern.

Liebe Schülerinnen … – einen persönlichen Brief schreiben

1 Sammle deine eigenen Erfahrungen nach den ersten Wochen an der neuen Schule. Ergänze dazu die Tabelle in deinem Heft stichwortartig.

	☺	☹
Mitschüler	neue Freunde unterschiedlicher Herkunft	
Lehrer		
neue Fächer		
Gebäude		viele Flure, schwierige Orientierung
Klassenraum		
Schulhof		wenig Tischtennisplatten
Fachräume		

2 Schreibe mithilfe deiner Notizen einen ersten Entwurf eines Briefes an eine vierte Klasse deiner früheren Grundschule. Lass beim Schreiben genügend Rand für die Überarbeitung deines Entwurfs (z. B. eine halbe Seite oder die jeweils linke Seite in deinem Heft).

3 Besprecht eure Briefentwürfe gemeinsam in kleinen Gruppen. Geht so vor:

- Jeder liest seinen Brief vor oder ihr lest die Entwürfe gemeinsam durch.
- Die anderen machen Vorschläge, an welchen Stellen etwas ergänzt, gestrichen oder anders formuliert werden sollte. Geht dabei abschnittweise vor.
- Derjenige, dessen Brief besprochen wird, notiert sich die Vorschläge der anderen.
- Jeder überarbeitet dann seinen Briefentwurf mithilfe der Verbesserungsvorschläge.

➔ Briefe überarbeiten und schreiben AH, S. 16–17

4 Lest euch eure fertigen Briefe in kleinen Gruppen gegenseitig vor.

- Wählt besonders gelungene Briefe aus, die dann der Klasse vorgelesen werden.
- Begründet, warum ihr diese Briefe ausgewählt habt, und erklärt, was an ihnen besonders gelungen ist.

5 **Durchstarten! So könnt ihr weiterarbeiten:**

a) Wenn du Freude am Briefeschreiben hast, besuche im Internet die Seite www.deutschepost.de. Klicke dort im Menü *Letternet* an. Hier findest du viele Ideen rund um den Brief und die Möglichkeit, Brieffreundschaften in aller Welt zu knüpfen.

b) Schreibe einen Brief an das SV-Team deiner neuen Schule. Schildere darin, was dir an der neuen Schule gefällt oder was du gerne verändern möchtest.

5.

Mit dem Bus unterwegs – einen Fahrplan lesen

Jan geht seit den Sommerferien auf die Domschule und muss nun täglich mit der Buslinie 10 zur Schule fahren. An der Haltestelle „Lange Straße“, an der er morgens in den Bus steigt, hängt dieser Fahrplan.

LINIE 10
Montag bis Freitag

Promenade ZOB - Domplatz - Michelsberg - Wildensorg

Stunde		6			7					8-18				19		20		21	22		23	0
								S							A	A	A	A	A	A	A	
ZOB Bussteig E	ab	15	30	45	00	15	30	40	45	00	15	30	45	00	20	00	40	20	00	40	20	
Lange Straße		17	32	47	02	17	32	42	47	02	17	32	47	02	21	01	41	21	01	41	21	
Am Kranen		19	34	49	04	19	34	44	49	04	19	34	49	04	21	01	41	21	01	41	21	
Markusstraße		21	36	51	06	21	36	46	51	06	21	36	51	06	22	02	42	22	02	42	22	
Elisabethenstraße		23	38	53	08	23	38	48	53	08	23	38	53	08	22	02	42	22	02	42	22	
Domplatz		24	39	54	09	24	39	49	54	09	24	39	54	09	23	03	43	23	03	43	23	
Domschule		25	40	55	10	25	40	50	55	10	25	40	55	10	23	03	43	23	03	43	23	
Jakobsplatz		26	—	56	—	26	—	51	56	—	26	—	56	—	—	—	—	—	—	—	—	
Jakobsberg		27	—	57	—	27	—		57	—	27	—	57	—	—	—	—	—	—	—	—	
Michelsberger Wald		30	—	00	—	30	—		00	—	30	—	00	—	—	—	—	—	—	—	—	
Villa Remeis		31	—	01	—	31	—		01	—	31	—	01	—	—	—	—	—	—	—	—	
Klinikum Michelsberg		32	—	02	—	32	—		02	—	32	—	02	—	—	—	—	—	—	—	—	
Michelsberg		33	—	03	—	33	—		03	—	33	—	03	—	—	—	—	—	—	—	—	
Storchsgasse		34	—	04	—	34	—		04	—	34	—	04	—	—	—	—	—	—	—	—	
Torschuster			41		11		41			11		41		11	24	04	44	24	04	44	24	
Michelsberg			43		13		43			13		43		13	24	04	44	24	04	44	24	
Klinikum Michelsberg			44		14		44			14		44		14	25	05	45	25	05	45	25	
Villa Remeis			45		15		45			15		45		15	25	05	45	25	05	45	25	
Michelsberger Wald			46		16		46			16		46		16	26	06	46	26	06	46	26	
Am Bundleshof			47		17		47			17		47		17	27	07	47	27	07	47	27	
Wildensorger Straße			49		19		49			19		49		19	28	08	48	28	08	48	28	
Carl-Schmolz-Weg			50		20		50			20		50		20	29	09	49	29	09	49	29	
Eichelseeweg			51		21		51			21		51		21	29	09	49	29	09	49	29	
Wildensorg Mitte	an		52		22		52			22		52		22	30	10	50	30	10	50	30	

A =Anruf-Linien-Taxi S =Bus fährt nur an Schultagen

1 Beschreibt den Fahrplan. Klärt dazu folgende Fragen:

- Was geben der rote Kasten und die fett gedruckten Namen über dem Plan an?
- Was bedeuten die vielen Straßen- und Ortsnamen, die du in der linken Spalte des Fahrplans findest?
- Erklärt die Funktion der Zahlenangaben in der obersten Zeile (z. B. 6, 7 oder 8–18).
- Wofür stehen die vielen kleinen Zahlen in den Spalten?
- Was bedeutet das rote Kästchen mit dem „S“ in der dritten Spalte?

2 Jan muss seinen neuen Schulweg mit dem Bus der Linie 10 zurücklegen. Von zu Hause geht er fünf Minuten zu Fuß bis zur Haltestelle „Lange Straße". Beantwortet mithilfe des Fahrplans folgende Fragen:

- Wann muss Jan losfahren, wenn er von der Haltestelle „Lange Straße" pünktlich zum Unterricht um 8 Uhr in der Domschule sein möchte?
- Wie lange ist der Bus unterwegs?
- Am Donnerstag beginnt der Unterricht für Jan erst um 9.30 Uhr. Welchen Bus kann er nehmen?
- Dienstags hat Jan nur sechs Stunden, der Unterricht endet um 13.15 Uhr. Danach fährt er zum Mittagessen zu seiner Großmutter, die in der Nähe der Haltestelle „Storchsgasse" wohnt. Mit welchem Bus kann er zu ihr fahren?
- Am Freitagnachmittag findet in der Sporthalle von Jans Schule das Fußballtraining statt. Es beginnt um 16.30 Uhr. Welchen Bus muss Jan von zu Hause nehmen?

➔ Einen Busfahrplan lesen
AH, S. 11–13

3 **Durchstarten! So könnt ihr weiterarbeiten:**

a Informiert euch darüber, welche Busse von eurer Schule abfahren und wohin ihr mit ihnen fahren könnt.

b Folgende Icons (= Sinnbilder) kannst du in oder an einem Bus finden. Erkläre ihre Bedeutung.

Alles klar? – Wiederholen, üben und überprüfen

1 Schreibe die Vornamen der Schülerinnen und Schüler deiner Klasse in alphabetischer Reihenfolge auf.

2 Stelle einen deiner Mitschülerinnen und Mitschüler in einem kurzen Text, der aus fünf Sätzen besteht, vor. Verrate darin, was an ihr oder ihm besonders ist.

3 Notiere die Bausteine eines persönlichen Briefes. Vergleiche anschließend mit der Lernbox auf S. 23, ob du alle aufgeführt hast.

4 Pia hat folgenden Brief an ihre Oma geschrieben. Überarbeite den Brief und schreibe die verbesserte Fassung in dein Heft.

> Heepen
>
> 2010/10/14
>
> Sehr geehrte Omi, nach der ersten Woche an der neuen Schule soll ich diesen Brief schreiben. Am Montag ging ich mit Mama und Papa in die Aula. In der Aula waren viele Kinder mit ihren Eltern versammelt. Dann gingen wir mit unserem Klassenlehrer, der Herr Winter heißt, in unsere Klasse. Ich sitze neben Jasmin. Wir haben viele neue Lehrer und Lehrerinnen. Außerdem gibt es neue Fächer, z. B. Biologie. Das ist interessant. Mehr kann ich dir nächste Woche erzählen, wenn du uns besuchen kommst.
>
> Mit freundlichen Grüßen, Pia

5 Das ist der Fahrplan, der an der Haltestelle aushängt, an der Serkan jeden Morgen den Bus zur Schule nimmt. Er besucht die Anne-Frank-Schule, die sich im Schulzentrum seiner Stadt befindet.

Linie 24
Richtung Schillerstraße

Uhr	Montag – Freitag	Samstag	Sonntag
4			
5			
6	44 □		
7	14◆ 22 29* 44*		
8	14◆ 44		
9	14◆ 44*	14 44	09
10	14 44	14 44	09
11	14 44	14 44	09
12	14 44	14 44	09
13	14 44	14 44	09
14	14 44		09
15	14 29 44		09
16	14 44		09
17	14 44		09
18	14 44		09

Fahrtzeit in ca. Minuten ab Elsterweg

Elsterweg
01 Südwall
02 Bahnhof
05 Adelbertstraße
06 Schulzentrum
07 Hauptstraße
08 Kardinal von Galen Straße
09 Ferdinandstraße
10 Friedrich-Ebert-Straße
11 Am Kirschenkamp
18 Eibenweg
20 Malvenweg
22 Eichendorffstraße
25 Schillerstraße

◆ = bis Schulzentrum * = nur an Schultagen □ = hält nicht am Schulzentrum

Beantwortet folgende Fragen:

- Serkan steigt am Südwall in die Linie 24 ein. Wann muss er den Bus nehmen, wenn er am Freitag vor den Sommerferien zu den Bundesjugendspielen um 9.00 Uhr am Sportplatz der Schule sein soll?
- An welchen Stationen hält der Bus auf seinem Weg zum Sportplatz?
- Am Mittwoch hat Serkan erst zur dritten Stunde Unterricht, die um 9.45 Uhr beginnt. Weil er morgens allein zu Hause ist, geht er meistens zu Fuß zu seinem Freund Patrick, der in Bahnhofsnähe wohnt. Von dort fahren sie dann gemeinsam zur Schule.
  Welchen Bus müssen die beiden spätestens nehmen, um pünktlich zum Unterricht im Schulzentrum zu sein?
- Dienstags hat Serkan in regelmäßigen Abständen um 8.00 Uhr einen Termin bei seinem Kieferorthopäden in der Eichendorffstraße. Welchen Bus kann er nehmen, um seinen Termin wahrzunehmen?
- Welchen Bus muss er in den Schulferien nehmen, um pünktlich um 8.00 Uhr beim Kieferorthopäden zu sein?
- Woran kann Serkan erkennen, welche Busse der Linie 24 nicht an seinem Schulzentrum halten?

Von Schülern und Lehrern – Geschichten aus der Schule

In diesem Kapitel wirst du von verschiedenen Autoren Geschichten zum Thema Schule kennenlernen. Darunter findest du lustige, aber auch etwas traurigere Erlebnisse und Erfahrungen, die Kinder in der Schule machen.

Du lernst in diesem Kapitel,

- dich in die Lage einzelner Figuren hineinzuversetzen, indem du z. B. innere Monologe zu Situationen schreibst, die sie erleben,
- gemeinsam mit anderen Mitschülern und Mitschülerinnen einen Text in Lesegruppen zu lesen und zu erschließen,
- Figuren und ihre Beziehungen zu anderen Figuren zu beschreiben,
- dir einen Überblick über den Inhalt einer Geschichte zu verschaffen, indem du sie z. B. in Sinnabschnitte gliederst.

Außerdem bieten dir diese Geschichten sicher auch viele Gelegenheiten, über eigene Erfahrungen in der Schule nachzudenken und zu sprechen.

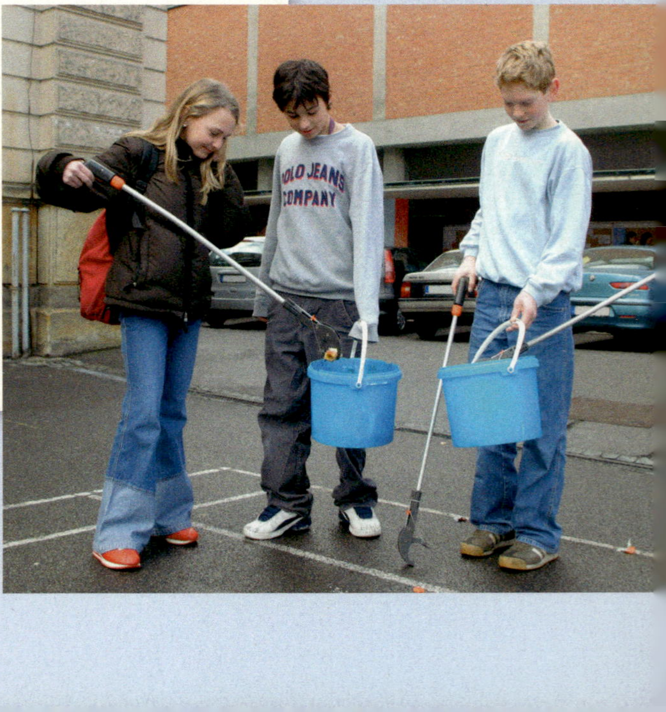

1 Beschreibt die Bilder. Welche Situationen zeigen sie?

2 Zu allen Bildern kann man Schulgeschichten erzählen:

- Sucht euch ein Bild aus und überlegt eine passende Geschichte dazu.
- Erzählt den anderen, wovon eure Geschichte handelt und was darin passiert.

3 Durchstarten! So könnt ihr weiterarbeiten:

a Erzählt von einem besonderen Erlebnis an der Schule, an das ihr euch gerne oder auch weniger gerne erinnert.

b Schreibt eigene Schulgeschichten über besondere Ereignisse und Erlebnisse.

1.

„Kribbeln im Bauch“ – einen inneren Monolog schreiben

Ingrid Hintz

Kribbeln im Bauch

Das Kribbeln im Bauch wollte nicht verschwinden. Florian stellte fest, dass zwar drei seiner Mitschüler aus der Grundschule in seine neue Klasse kamen, aber Thore war nicht dabei. Sein Freund Thore, der ihm mindestens so wichtig war wie regelmäßiges Spaghetti-Essen und Fußball am Nachmittag! Warum musste Thore auch unbedingt in diese andere Schule gehen, die seine Eltern für ihn ausgesucht hatten? Dabei hatten die beiden Freunde sich schon vorgenommen, in der neuen Klasse auf jeden Fall nebeneinanderzusitzen. Ob Thore ähnliche Gefühle hatte wie er?

1 Florian gehen an seinem ersten Schultag eine Menge Dinge durch den Kopf.

- Schreibe einige Sätze auf, die in den Gedankenblasen stehen könnten.
- Erkläre dann mithilfe dieser Gedanken mit deinen Worten Florians Situation.

2 Was wird Florian noch alles an diesem Tag erleben? Sammelt Ideen und Vermutungen, wie die Geschichte weitergehen könnte.

Es gelang Florian immer noch nicht, entspannt aufzuatmen. Natürlich war die neue Schule anders als die kleine Grundschule in seinem Stadtteil, die er zu Fuß erreichen konnte. Jetzt musste er viel früher aufstehen und mit dem Bus fahren, der heute so überfüllt gewesen war, dass er die ganze Zeit stehen musste. Andererseits war er jetzt kein Grundschüler mehr. Als Elfjähriger konnte er sich zu den Größeren zählen, die in den nächsten Jahren viele neue und schwierigere Dinge lernen würden. In der Pausenhalle hatte die Klassenverteilung stattgefunden. 15 Jungen und 14 Mädchen gehörten zu seiner Klasse 5 b. An so viele Mitschülerinnen und Mitschüler war er nicht gewöhnt. Würde er neue Freunde finden, solche wie Thore?

Es klingelte zur Pause. Viele stürmten auf den Schulhof, einige gingen suchend und zögernd den Flur entlang. Florian hielt sich in der Nähe von Murat auf. Zwei Mädchen rannten ihn fast um. Ihr Lachen konnte er noch lange hören. Zusammen mit Murat ging er zu einer Gruppe von Jungen, die gerade dabei waren, eine umgedrehte Bank zu einem Tor aufzustellen und zwei Mannschaften einzuteilen. Wenn Thore nur hier wäre! Mit ihm hätte er es schon geschafft, sich als Fußballprofi vorzustellen. Doch neben Murat fühlte er sich wenigstens nicht ganz allein.

Die anderen Jungen und Mädchen schienen sich irgendwie zu kennen, jedenfalls wirkte es auf Florian so. Einer der beiden Mannschaftsführer, die sich nacheinander ihre Mitspieler aussuchen konnten, guckte sich suchend um. „Da, nimm den!“, hörte er plötzlich eine Stimme sagen und er sah, wie Murat auf ihn zeigte. „Der kann auch Fußball spielen.“ Der Junge nickte mit dem Kopf: „Na gut!“ Und schon kickten sie gemeinsam mit einem Softball um die Wette. Als es ihm gelungen war, den Ball durch die Bank zu schießen, gab es Beifall. Florian musste zum ersten Mal an diesem Tag lächeln. Das Kribbeln im Bauch war schon fast verschwunden.

3 Wie versteht ihr den letzten Satz der Geschichte?

4 Welche Gedanken und Gefühle hat Florian vor der Pause in Bezug auf seine neue Schule? Sucht aus dem Abschnitt Z. 1–19 Textstellen heraus, die zeigen, wie sich Florian fühlt und was er denkt.

5 Erklärt mit euren Worten, was während der Pause passiert und warum dies so wichtig für Florian ist. Lest euch dazu eventuell noch einmal den Abschnitt von Z. 28–36 durch.

6 Am Ende der Geschichte wird erzählt: „Florian musste zum ersten Mal an diesem Tag lächeln. Das Kribbeln im Bauch war schon fast verschwunden.“ (Z. 34–36)

- Welche Gedanken könnten Florian in diesem Augenblick durch den Kopf gehen?
- Übernimm die Zeichnung in dein Heft und schreibe mögliche Gedanken Florians in die Sprechblasen.

7 Stellt euch die Gedanken, die ihr für Florian formuliert habt, gegenseitig vor.

- Prüft, ob sie zu der Situation Florians passen.
- Ergänzt dabei eure eigene Sammlung von Gedanken.

Als Hausaufgabe sollten sich die Schüler und Schülerinnen der Klasse 5 d in Florians Situation am Ende der Geschichte hineinversetzen und aufschreiben, was er denken könnte. Leon hat seine Hausaufgabe so begonnen:

Florian dachte: „Zum Glück habe ich nicht vorbeigeschossen! Das wäre vielleicht peinlich gewesen. Bestimmt denken die jetzt, dass ich ganz gut Fußball spielen kann. So wollen sie sicher auch in der nächsten Pause wieder mit mir spielen. Die Jungen der Klasse scheinen doch ganz okay zu sein …"

8 Was haltet ihr von Leons Text? Beurteilt, ob dies mögliche Gedanken Florians am Ende der Geschichte sein könnten. Begründet eure Meinung.

9 Schreibe diesen inneren Monolog (= Florians Gedanken) weiter. Lies dazu die Lernbox unten und beachte die Hinweise, die du dort erhältst.

10 **Durchstarten! So könnt ihr weiterarbeiten:**

a) Zeichne die Situation, als die Jungen die Mannschaften wählen. Schreibe in Sprechblasen dazu, was Murat, Florian und die anderen Jungen in dieser Situation denken könnten.

b) Verfasse einen inneren Monolog für Murat in der Situation, als er zu einem der beiden Mannschaftsführer sagt, er solle Florian nehmen (s. Z. 29–32).

c) Du kannst auch einen inneren Monolog für den Jungen schreiben, der Florian in seine Mannschaft wählt (s. Z. 32).

d) Schreibe Florian eine E-Mail oder einen Brief. Teile ihm darin mit, was du von seinem ersten Schultag und davon, wie er ihn erlebt hat, hältst. Du kannst ihm auch von deinen eigenen Erfahrungen schreiben.

e) Verfasse eine Geschichte über den ersten Tag an einer neuen Schule. Schreibe in der Ich-Perspektive (Perspektive = Sicht). Vielleicht kannst du eigene Erfahrungen einbeziehen.

→ Aus der Sicht von Figuren schreiben
SB, S. 114–120
AH, S. 18–19

So gehst du vor

Einen inneren Monolog schreiben

Wenn man die Gedanken und Gefühle einer Figur **in der Ich-Form** aufschreibt, nennt man das einen inneren Monolog. Durch das Schreiben eines inneren Monologs kann man sich gut in eine Figur in einer bestimmten Situation versetzen und diese dann besser verstehen. Gehe dabei so vor:

- Achte beim Lesen auf Hinweise im Text, die Informationen liefern, was in einer Figur vor sich geht.
- Versetze dich in die entsprechende Lage der Figur. Was könnte sie in diesem Moment fühlen und denken?
- Mache Notizen zu Gefühlen und Gedanken.
- Verfasse deinen Text in der Ich-Perspektive.
- Benutze das Präsens.

2.

Streit um Robert – einen Text in Lesegruppen erschließen

In der Klasse 5 b findet heute eine besondere Lesestunde statt. Die Schülerinnen und Schüler möchten eine Geschichte von Paul Maar gemeinsam in Lesegruppen lesen und erschließen. Damit das gelingt, hat die Lehrerin die Geschichte bereits in fünf Abschnitte eingeteilt. So kann jeder in der Gruppe einmal die Rolle des Vorlesers übernehmen. Die anderen müssen aufmerksam mitlesen, da sie sich anschließend gegenseitig Fragen zum gelesenen Abschnitt stellen. Damit sie wissen, wie sie genau vorgehen sollen, hat sich jede Lesegruppe zuvor mit der Lernbox auf S. 37 beschäftigt.

1 Lest die Geschichte gemeinsam in Lesegruppen und erschließt ihren Inhalt. Geht dabei so vor, wie es in der Lernbox auf S. 37 beschrieben wird.

Paul Maar (geb. 1937)

Die neue Klasse

1

Nun ist Robert schon drei Wochen in der neuen Klasse.
Aber Freunde hat er immer noch nicht.
Manche aus seiner Klasse kann er gut leiden. Aber die haben schon alle einen Freund. Am besten gefällt ihm die Simone aus der zweiten Bank. Simone hat kurze dunkle Haare. Wenn Simone lacht, werden ihre Augen ganz schmal. Wie bei einer Eskimofrau. Simone lacht oft. Das gefällt Robert so gut an ihr. Ihm hat sie auch schon einmal zugelacht.

Aber Simone ist ausgerechnet mit Frank befreundet. Und den kann Robert überhaupt nicht leiden.
Frank ist der Stärkste der Klasse. Das will er jeden Tag beweisen. Außerdem ist er ein Angeber.
Robert kann gar nicht verstehen, was Simone an Frank findet.

2

In der großen Pause, als Frank gerade mit Jürgen rauft, geht Robert zu Simone.
Sie steht am Zaun und isst ihr Pausenbrot.
„Was meinst du, wer gewinnt?", fragt Robert.
„Frank oder Jürgen?"
„Ist mir doch egal", sagt Simone.
„Das ist dir egal?", fragt Robert erstaunt.
„Frank ist doch dein Freund. Willst du nicht, dass er gewinnt?"
„Wer sagt denn, dass Frank mein Freund ist? Außerdem kann ich Schlägereien sowieso nicht leiden."
„Ach so", sagt Robert. Er kramt in seiner Jackentasche und holt eine Dose heraus. Er öffnet sie. Sie ist bis an den Rand gefüllt mit weißen Kügelchen.

3

„Magst du ein Bonbon?", fragt Robert und hält Simone die Dose hin.
„Das sind Bonbons? Die sehen aus wie Kopfschmerztabletten", sagt Simone.
„Das sind Pfefferminzbonbons. Probier doch mal! Sie schmecken gut", sagt Robert.
Als Simone gerade in die Dose greifen will, kommt Frank zurück.
Er schlägt von unten gegen die Dose. Alle Bonbons fliegen heraus und liegen auf dem Schulhof.
„Schaut mal: ein Wunder! Es hat geschneit!", ruft Frank. „In diesem Jahr kommt der Winter schon im September. Eine Sensation! Das müssen wir gleich dem Fernsehen melden!"

4

Alle, die herumstehen, lachen.
Sogar Simone muss unwillkürlich lachen. Dabei will sie es eigentlich gar nicht. Aber die weißen Bonbons auf dem Boden sehen wirklich wie Schnee aus. Robert könnte heulen vor Wut. Er steckt die leere Dose in die Tasche und geht. Die Bonbons lässt er liegen. Er geht ganz schnell. Die anderen sollen nicht sehen, dass ihm die Tränen in die Augen steigen. Sogar Simone hat gelacht über ihn! So eine Gemeinheit.
„Die sind alle gemein", murmelt Robert vor sich hin.
„Ich will keinen von denen als Freund. Ich spiele nur noch mit Trebor!"
Simone schaut hinter Robert her.

5

„Jetzt ist er beleidigt“, sagt sie zu Frank. „Du bist schuld daran!“
„Na und?“, sagt Frank und lacht.
„Was kann ich dafür, wenn er so schnell beleidigt ist und keinen Spaß versteht?“
„Ich find es trotzdem doof von dir, dass du die Bonbons ausgeschüttet hast“, sagt Simone.
„Du findest mich doof? Sag das noch einmal!“, sagt Frank drohend.
„Ja, ich find dich doof!“, sagt Simone mutig und dreht Frank den Rücken zu. Aber all das hat Robert nicht gehört, weil er ja so schnell weggegangen ist.

So gehst du vor

Einen Text in Lesegruppen lesen und erschließen

Es hilft dir, den Inhalt eines Textes, z. B. einer Geschichte, genau zu verstehen, wenn du ihn mit anderen in kleinen Gruppen gemeinsam liest und besprichst. Bildet dazu mit jeweils drei oder vier Schülern kleine **Lesegruppen** und geht so vor:

1. **Gliedert den Text in** kleinere **Abschnitte**, die ihr nacheinander lest und besprecht.
2. Nun **liest einer** aus der Gruppe den ersten **Textabschnitt laut**, **langsam und deutlich** vor.
3. Die **anderen** aus der Gruppe stellen jeweils **zwei Fragen zum Inhalt** des Textabschnittes. Mithilfe des Textes werden die Fragen beantwortet.
4. Danach schlägt jeder eine **Überschrift für den Textabschnitt** vor und begründet seinen Vorschlag.
5. Die Gruppe einigt sich auf eine **passende Überschrift** und schreibt sie (auf einer Kopie) über den Textabschnitt oder an den Rand des Textabschnittes.
6. Genauso werden **die nächsten Abschnitte bearbeitet**. Bei jedem neuen Abschnitt liest ein anderes Gruppenmitglied den Textabschnitt laut vor.

Es ist wichtig, dass ihr nicht einfach nachlest, wie die Geschichte oder der Text weitergeht. Verdeckt deshalb die Textabschnitte, die ihr noch nicht besprochen habt, mit einem Blatt.

2 Überprüft, wie gut ihr die Geschichte gelesen habt. Welche der folgenden Aussagen sind richtig und welche nicht? Belegt eure Antworten mit entsprechenden Textstellen.

- Robert mag Simone, die oft lacht.
- Frank und Robert können sich gut leiden und werden deshalb Freunde.
- Simone will von Robert nichts wissen; sie findet ihn doof.

- Simone sagt Frank genau, was sie von ihm hält.
- Frank ist der Stärkste in der Klasse und will dies immer wieder beweisen.
- Robert ist besonders darüber sauer, dass Simone über ihn lacht.
- Robert macht es nichts aus, dass Frank sich über ihn lustig macht.

3 Tragt zusammen, was ihr über Simone, Frank und Robert und ihre Beziehungen zueinander in der Geschichte erfahrt.

Marcel aus der 5 b hat schon angefangen, das, was er über die drei und ihre Beziehungen zueinander herausgefunden hat, in einem Schaubild darzustellen.

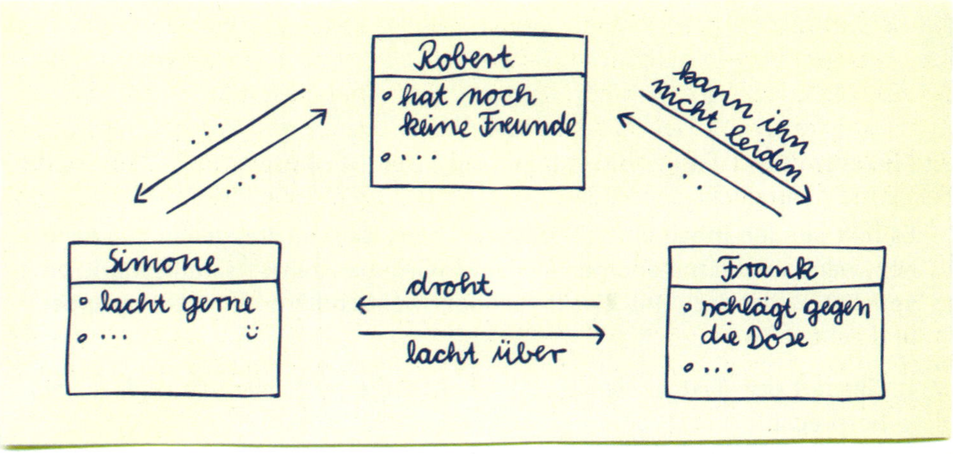

4 Beschreibt, wie Marcel vorgegangen ist.

5 Übernehmt Marcels Schaubild in eure Hefte und vervollständigt es.

6 Durchstarten! So könnt ihr weiterarbeiten:

➔ Eine Geschichte genau lesen
AH, S. 7–9

a Verfasst innere Monologe zu verschiedenen Situationen:
- Schreibt z. B. einen inneren Monolog für Robert, als er weggeht (Z. 44).
- Ihr könnt auch einen inneren Monolog für Simone oder Frank in der Situation schreiben, als Simone zu Frank sagt: „Ja, ich find dich doof!“ (Z. 58).

Hilfen für das Schreiben eines inneren Monologs findet ihr in der Lernbox auf S. 34.

b Ist Simone mutig? Begründe deine Meinung in wenigen Sätzen. Du kannst ihr auch einen Brief schreiben, in dem du ihr mitteilst, was du von ihr und ihrem Verhalten hältst.

c Verfasst einen Dialog zwischen Simone und Frank. Stellt euch vor, sie treffen sich in der nächsten Pause und unterhalten sich über den Vorfall mit Robert. Schreibt dieses Gespräch auf.
Tragt den Dialog mit verteilten Rollen der Klasse vor. Ihr könnt ihn auch als kleine Szene einüben und eurer Klasse vorspielen.

3.

Mario und der Fetz – eine Figur beschreiben

Uta-Maria Heim (geb. 1963)

Der Klassenkasper

A

Der Mario ist unser Klassenkasper. Der Mario hat nur Käs[1] im Kopf. Immer macht er Mist. Trotzdem find ich nicht, dass er ein Quatschkopf ist.

Am schlimmsten ist es montags. Montags in der ersten Stunde haben wir Englisch. Ausgerechnet Englisch, und meistens geht es auch noch damit los, dass der Fetz die neuen Wörter abhört. Das gibt einem den Rest, wie der schon in die Klasse stürmt, um Viertel vor acht und bester Laune. Dann steht er vor dem Pult und federt mit den Zehenspitzen rauf und runter, weil er nämlich klein ist, der Fetz. Und dann guckt er der Klasse tief in die Augen, pickt sich einen raus und sagt „you –".

Er sagt „you", das heißt „du", und es klingt wie ein Pfeil: „jjjiiiuuuo". Dann zeigt er auch noch mit dem Finger auf einen, dass es durch Mark und Bein geht. Widerlich ist das, besonders dann, wenn man die Wörter nicht gelernt hat. Wer lernt denn schon am Sonntag Wörter? Natürlich hätte man sie auch schon am Freitag lernen können, aber wer hat denn dazu am Freitag noch Lust?

B

Ich heiße Meral. Ich bin in der Bundesrepublik geboren. Dass ich Türkin bin, sieht man nicht, weil meine Haare nicht schwarz sind, sondern rot. Ja wirklich, sie sind rot, feuerrot wie eine Karotte. Meine beiden Schwestern haben braune Haare, und die Haare von meinem großen Bruder sind fast schwarz. Es ist merkwürdig, dass ich rote Haare habe. Rote Haare sind bei türkischen Kindern sehr selten. Deshalb und weil ich fließend Deutsch spreche, wundern sich die Leute immer über meinen Namen. Meral Acar. Da ist es dann klar, dass ich keine Deutsche bin.

C

Mario ist auch kein Deutscher. Er ist Italiener. Wir sind die einzigen Ausländerkinder in unserer Klasse. Das heißt, Helga ist noch bei uns, die ist aus Rumänien, und Sonja und Johannes kommen aus der DDR. Aber das ist etwas anderes. Die haben ja alle deutsche Namen, die sind auch Deutsche, bei denen fällt das nicht auf.

D

Bei Mario und mir schon. Am Anfang haben sie oft gelacht über mich, weil ich rote Haare habe. „Rottürk", haben sie zu mir gesagt, „Rottürk." – „Das gibt's doch gar nicht, Türken mit roten Haaren", haben sie gesagt. Da hab ich ihnen

---
[1] Käs: Unsinn

die Zunge rausgestreckt und bin weggelaufen. Manchmal hab ich auch geweint auf dem Klo, heimlich, und gesagt, ich hätte den Schnupfen. Rote Haare und rote Augen, das hat alles noch schlimmer gemacht.

E

Über Mario lachen sie auch immer. Aber der will das so: Bei dem ist es etwas anderes. Der macht dauernd Quatsch und Blödsinn und hat die verrücktesten Einfälle, wenn es darum geht, einen Lehrer zu ärgern.

F

Letzten Montag also war das so: Da kam der Fetz rein, putzmunter wie immer, und hat gleich so auf den Zehen gewippt. Er sah ganz besonders gut gelaunt aus, und da war schon klar, heute nimmt er den Mario dran, den will er piesacken. Weil der Mario am Montag die neuen Wörter nämlich immer am allerwenigsten gelernt hat von allen. Also schaut der Fetz den Mario an, so durch und durch und sagt – „jjjiiiuuuo“, sagt er, und es klingt wie ein Pfeil.
Der Mario springt auf und starrt ihn an, mit offenem Mund starrt er ihn an, und die Ersten fangen an zu kichern. So bleibt der Mario dann stehen, als sei er vom Schlag getroffen, er bleibt einfach stehen mit offenem Mund. Das Gekicher wird lauter, aber man merkt schon, wie die Ersten nervös werden. Auch der Fetz wird nervös, „Mario“, sagt er, „Mario, setz dich bitte wieder hin.“ Der Mario setzt sich hin, wie eine Wachspuppe setzt er sich hin und starrt ihn weiter an, den Fetz. „Mach den Mund zu“, sagt der Fetz, „mach endlich den Mund zu.“ Er spricht deutsch, obwohl er fast nie deutsch spricht, wir haben ihn ja in Englisch, und er meint, dass wir das am besten lernen, wenn er nur englisch spricht. Wenn er aufgeregt ist, vergisst er das aber, und dann spricht er deutsch. Jetzt ist der Fetz sehr aufgeregt, denn das dauert nun schon arg lange, dass der Mario ihn anstarrt.

G

Plötzlich fängt der Mario an zu reden. Er redet in einer fremden Sprache, es muss Italienisch sein, natürlich ist es Italienisch. Er redet laut wie einer, der wirklich was sagen will, und rudert wild mit den Armen dabei. Es klingt sehr schön, wie er redet, obwohl ich nichts verstehe, gar nichts.

Niemand in der Klasse versteht was. Seine Augen funkeln und glühen, und er sieht schön aus, wobei er immer schön aussieht, der Mario.
Gleich wird er toben, der Fetz. Gleich wird er dem Mario ins Gesicht schlagen. Obwohl ein Lehrer nicht schlagen darf. Der Fetz hat auch noch nie geschlagen, aber irgendwann wird er den Mario schlagen, das weiß ich.
Einen knallroten Kopf hat der Fetz. Langsam, ganz langsam wird er wieder blasser. Die Augenwinkel rutschen ein klein wenig nach oben. Er lächelt, ja wirklich, der Fetz lächelt. Und Mario redet und redet. Er kann gar nicht mehr aufhören damit. In der Klasse ist es still geworden. Keiner mehr da, der kichert. Alle hören zu, was Mario zu sagen hat.

1 Ordnet den Überschriften die Buchstaben der Abschnitte zu und ergänzt die Zeilenangaben.

– Merals feuerrote Haare	Abschnitt B (Zeile 15–22)
– Der ungeliebte Englischlehrer	
– Marios wortlose Provokation	
– Merals Kummer	
– Marios wortreiche Rede	
– Eine internationale Klasse	
– Mario und seine verrückten Einfälle	

2 Bringt die Überschriften in die richtige Reihenfolge.

3 Erklärt, was mit den folgenden Aussagen gemeint ist. Sprecht darüber, welche Bedeutung sie in der Geschichte haben.

- „Trotzdem find ich nicht, dass er [Mario] ein Quatschkopf ist.“ (Z. 2)
- „Es ist merkwürdig, dass ich rote Haare habe.“ (Z. 18–19)
- „Die haben ja alle deutsche Namen, die sind auch Deutsche, bei denen fällt das nicht auf.“ (Z. 26–27)
- „Manchmal hab ich auch geweint auf dem Klo, heimlich, und gesagt, ich hätte den Schnupfen.“ (Z. 31–32)
- „Er lächelt, ja wirklich, der Fetz lächelt.“ (Z. 65–66)
- „Alle hören zu, was Mario zu sagen hat.“ (Z. 67–68)

4 Sowohl über Meral als auch über Mario wird oft in der Klasse gelacht. Beschreibe, wie sie jeweils darauf reagieren. Erkläre, warum sie sich so unterschiedlich verhalten.

5 Beschreibe, wie sich Mario in der Stunde verhält und wie die Klasse und der Fetz darauf reagieren. Warum verhalten sie sich jeweils so? Versuche, dies zu erklären.

Als Hausaufgabe sollten die Schüler und Schülerinnen der 5 b Mario in einem Text beschreiben. Till hat diesen Text geschrieben:

Mario

Mario ist ein spanischer Junge, der die 4. Klasse der Grundschule besucht. In seiner Klasse spielt er die Rolle des Klassenkaspers. Gerne lachen die anderen Kinder über seinen Quatsch und Blödsinn. Sie finden es lustig, wenn sich die Lehrer, besonders der Mathelehrer Fetz, über Mario ärgern. Die Mädchen mögen Mario und finden ihn wegen seiner blonden Haare und blauen Augen schön. Außerdem kann er alle mit seinen Spanischkenntnissen beeindrucken. Aber der Liebling der Lehrer ist Mario nicht. Zum Lernen hat er wenig Lust und ist daher auch nicht gerade fleißig. So bekommt er jeden Montag Ärger, weil er seine Englischvokabeln nicht gelernt hat.

6 Besprecht Tills Beschreibung von Mario. Geht dabei auf folgende Punkte ein:

- Welche Fehler enthält Kevins Beschreibung?
- Welche Informationen über Mario fehlen in Tills Beschreibung? Die Lernbox auf S. 132 kann dir helfen, dies herauszufinden.

7 Überarbeite und verbessere Tills Figurenbeschreibung.

8 **Durchstarten! So könnt ihr weiterarbeiten:**

➔ Figuren beschreiben SB, S. 127–135

a) Meral läuft vor den anderen immer wieder weg oder weint, wenn sie „Rottürk“ (Z. 29) genannt wird. Schreibe dazu einen inneren Monolog aus Merals Sicht. Versuche, darin zu erklären, warum sie sich so verhält. Hilfen für das Schreiben eines inneren Monologs erhältst du in der Lernbox auf S. 34.

b) Schreibe einen Text, in dem du Meral vorstellst und beschreibst.

c) Was sagt Mario wohl auf Italienisch? Versetze dich in seine Situation und erzähle der Klasse, was er gesagt haben könnte.

d) Beschreibe den Fetz in einem Text und stelle ihn vor.

4.

„Ich finde, man kann nicht …“ – den Inhalt einer Geschichte zusammenfassen

Irmela Wendt (geb. 1916)

Uli und ich

Quer durch meine Schrift ging ein Strich, und deswegen bekam ich keine Zwei. Zu Hause haben sie gesagt, ich brauchte es mir nicht gefallen zu lassen. „Ich will nicht mehr neben Uli sitzen“, habe ich zu meiner Lehrerin gesagt. „Wo willst du denn sitzen, Petra?“, hat sie gefragt. „Neben Peter“, habe ich gesagt. Ich habe meine Sachen vom Tisch genommen und bin einfach gegangen und habe kein Wort zu Uli gesagt. Und Uli hat auch nichts gesagt. Er ist dagestanden und hat geguckt und hat ganz nasse Augen gehabt.

Dann hat Rolf sich zu Uli gesetzt, und ich habe gedacht, wie lange das wohl gut geht. Gleich am nächsten Tag hat Rolf gepetzt, dass Uli mit dem Stuhl wackelt, dass Uli an den Füller stößt, dass Uli das Radiergummi nimmt, dass Uli abguckt. Um jede Kleinigkeit hat Rolf aufgezeigt, und es hat mich ganz nervös gemacht.

Jörg ist wieder da; er war lange krank. Er hat sonst neben Peter gesessen, und es ist selbstverständlich, dass er seinen Platz wieder nimmt. In unserer Klasse sind vierzig Plätze, acht Plätze bleiben immer frei, weil wir nur zweiunddreißig sind. Ich gucke mich um. Ich sehe, der Platz neben Uli ist auch frei; Rolf fehlt. Ich weiß selbst nicht, weshalb ich mich wieder auf meinen alten Platz setze.

Ich will meine Sachen auspacken, da sagt Uli: „Ich finde, man kann nicht einfach wiederkommen, wenn man einmal weggegangen ist.“ Ich habe nicht erwartet, dass Uli so was sagt. Ich weiß nicht, was ich tun soll. Ich denke daran, dass er geweint hat, als ich weggegangen bin. Da fragt meine Lehrerin: „Was sagst denn du dazu, Petra?“ Ich bringe kein Wort heraus.

Da fragt sie noch mal. Ich sage: „Uli hat recht.“ – „Ja, und?“, fragt die Lehrerin. „Heute bleibe ich hier sitzen. Morgen kann ich mich ja woanders hinsetzen“, sage ich.

Keiner hat weiter ein Wort dazu gesagt. Auch nicht am nächsten Tag. Und nicht die anderen Tage. Ich weiß nicht, wie lange ich schon wieder neben Uli sitze. Manchmal stößt er mich an, und verschrieben habe ich mich seinetwegen auch. Aber man kann sich auch was gefallen lassen, finde ich. Und so unruhig wie früher ist er gar nicht mehr.

1 Gliedert die Geschichte in fünf Abschnitte und ordnet die folgenden Überschriften den einzelnen Abschnitten zu.

Überschrift des Textabschnitts	**Zeilenangaben**
Der Platzwechsel	Z. – Z.
Rolf, der Petzer	Z. – Z.
Jörg kehrt zurück	Z. – Z.
Ulis Ablehnung	Z. – Z.
Wieder neben Uli	Z. – Z.

2 Ihr könnt die Geschichte wieder gemeinsam in Lesegruppen erschließen. Geht dabei so vor, wie es in der Lernbox auf S. 37 beschrieben wird.

3 Was bedeuten die folgenden Aussagen von Petra? Klärt, was sie jeweils meint und warum sie es sagt:

- „Ich habe nicht erwartet, dass Uli so was sagt. Ich weiß nicht, was ich tun soll." (Z. 19–20)
- „Aber man kann sich au ch was gefallen lassen, finde ich." (Z. 29)
- „Und so unruhig wie früher ist er gar nicht mehr." (Z. 29–30)

Die Klasse 5 a hat als Hausaufgabe, den Inhalt der Geschichte von Uli und Petra zusammenzufassen. Olga hat folgende Zusammenfassung geschrieben. Allerdings hat sie ihr Deutschbuch in der Schule vergessen. Sie hat den Inhalt deshalb aus ihrer Erinnerung wiedergegeben:

Petra sitzt neben Markus. Weil Uli einen Fleck in Petras Heft gemacht hat, will sie nicht mehr gerne neben ihm sitzen. Sie setzt sich auf Rolfs Platz, der länger fehlt. Uli ist darüber froh, denn er hat ganz funkelnde Augen. Jörg hat sich zu Uli gesetzt. Aber er hat immer wieder gequatscht, weil er meint, dass Uli zu ruhig ist. Als Rolf wieder da ist, setzt sich Petra wieder neben Markus. Sie findet es jetzt auch nicht mehr schlimm, wenn Uli allein sitzt.

4 Überprüft, welche Fehler Olgas Zusammenfassung enthält. Vergleicht dazu jeden Satz von Olga mit der Geschichte.

5 Überarbeitet Olgas Zusammenfassung und schreibt die verbesserte Fassung in euer Heft. Arbeitet zu zweit und geht wieder Satz für Satz vor.

6 Was haltet ihr von Uli und Petra? Stellt in Stichworten zusammen, was ihr an ihrem Verhalten gut verstehen könnt und was ihr daran falsch findet.

7 Entwickelt ein Gespräch, in dem es zwischen Uli und Petra zu einer Aussprache kommt. Tragt euren Dialog in verteilten Rollen vor. Ihr könnt ihn auch als kleine Theaterszene einüben und diese der Klasse vorführen. Euer Dialog könnte so beginnen:

Uli: Erst weggehen und dann wiederkommen. So etwas geht nicht. Wenn einer einfach weggeht, kann man nicht mehr befreundet sein.

Petra: Was soll das denn jetzt? Du hast mir doch immer die Hefte verschmiert. Trotzdem waren wir immer Freunde. Ich nehme dir die Sache mit den Heften doch auch nicht mehr übel.

Uli: ...

8 **Durchstarten! So könnt ihr weiterarbeiten:**

a Gestalte die Geschichte von Uli und Petra als Bilderfolge oder Comic.

b Sieh dir noch einmal die Textstelle genau an, in der Petra einfach von Uli weggeht (Z. 3–7).
- Sammle mögliche Gedanken und Gefühle, die Uli und Petra in dieser Situation gehabt haben könnten.
- Schreibe für eine der beiden Figuren einen inneren Monolog. Arbeite dabei wieder mit der Lernbox auf S. 34.

c Stell dir vor, Uli schreibt Petra einen Brief. In diesem Brief erklärt er Petra, warum er gesagt hat, sie könne nicht einfach wiederkommen (vgl. Z. 18–19). Schreibe einen möglichen Brief Ulis an Petra.

d Du kannst deinen Brief mit dem eines Mitschülers/einer Mitschülerin austauschen. Schreibe dann aus der Sicht Petras einen Antwortbrief.

Alles klar? – Wiederholen, üben und überprüfen

1 Weißt du noch, wie man vorgeht, um einen Text in Lesegruppen zu lesen und zu erschließen? Ordne die folgenden Arbeitsschritte und schreibe sie in der richtigen Reihenfolge in dein Heft.

- Einer aus der Gruppe liest den ersten Textabschnitt laut, langsam und deutlich vor.
- Die Gruppe einigt sich auf eine passende Überschrift.
- Jeder schlägt eine Überschrift für den Textabschnitt vor.
- Gliedert den Text in kleinere Abschnitte.
- Die anderen stellen jeweils zwei Inhaltsfragen zu dem Abschnitt.
- Mithilfe des Textes werden die Fragen beantwortet.
- Genauso werden die nächsten Abschnitte bearbeitet.

Deine Lösung kannst du mit der Lernbox auf S. 37 vergleichen. Ein Arbeitsschritt aus der Lernbox wurde hier in zwei Schritte aufgeteilt.

2 Lies die Geschichte „Ich bin so gemein gewesen“ von Irina Korschunow. Du kannst sie auch mit deinen Mitschülerinnen und Mitschülern in Lerngruppen lesen und erschließen. Arbeitet dabei mit der Lernbox auf S. 37 und den Hinweisen in Aufgabe 1.

Irina Korschunow (geb. 1925)

Ich bin so gemein gewesen

Ich heiße Anne. Ich sitze in der Schule neben Carola. Früher war sie meine Freundin. Wir haben uns fast jeden Nachmittag getroffen; bei ihr zu Hause oder bei mir. Am liebsten haben wir Theater gespielt. Wir hatten einen großen Karton mit Kram zum Verkleiden und manchmal waren unsere Mütter zum Zugucken da. Aber das ist jetzt alles vorbei, bloß wegen der blöden Brille. Und weil ich so gemein war.

Die Brille hat Carola vor zwei Wochen bekommen. Sie wollte sie nicht aufsetzen. Sie hat geweint und ich habe gesagt, dass sie sich nicht anstellen soll. „So viele Menschen tragen eine Brille“, habe ich gesagt. „Sogar der Rudi Carrell[1]! Das ist doch wirklich nichts Besonderes.“

Aber als Carola mit der Brille in die Schule kam, hat Udo Hoffmann „Brillenschlange“ hinter ihr hergerufen.

[1] Rudi Carrell (1934–2006): erfolgreicher Showmaster im Fernsehen

Dieser eklige Kerl! Carola hat gleich wieder geheult und seitdem war sie in der Schule ganz anders als früher. Sie redete kaum noch. Sie hat sich auch nicht mehr gemeldet. Sie saß da und guckte auf den Tisch, sonst nichts. Nur nachmittags beim Theaterspielen war sie manchmal so lustig wie früher. Bis zum vorigen Dienstag. Am Dienstag wollten wir bei mir zu Hause „Die Prinzessin und der Schweinehirt" spielen. Ich hatte ein altes Nachthemd von meiner Mutter bekommen, oben und an den Ärmeln mit Spitzen.

„Das ziehe ich als Prinzessin an", sagte ich.
„Nein, ich", sagte Carola. „Du warst schon so oft Prinzessin."
„Nicht öfter als du", sagte ich. Und plötzlich wurde Carola wütend. Das war noch nie passiert. „Du willst immer recht haben!", schrie sie mich an. Da fing ich auch an zu schreien.
„Das Nachthemd gehört mir!", schrie ich.
„Dann spiel doch allein mit deinem blöden Nachthemd. Du denkst wohl, mit mir kannst du alles machen!", schrie Carola, und weil ich das so ungerecht fand und weil ich Carola eins auswischen wollte, schrie ich: „Hau doch ab, du Brillenschlange!"

Ich weiß noch, was für einen Schreck ich bekam, als mir das Wort herausrutschte. Am liebsten hätte ich es gleich zurückgeholt. Aber gesagt ist gesagt.
Carola starrte mich an. Sie war ganz still. Sie nahm ihre Sachen und ging. Und nun redet sie nicht mehr mit mir. Sie guckt an mir vorbei, als ob ich nicht da bin.

Ich möchte ihr gern etwas sagen. „Es tut mir leid", möchte ich sagen. „Ich war so gemein. Ich will es nie mehr tun. Vertrag dich wieder mit mir."
Doch wenn ich mit Carola reden will, dreht sie sich um und geht.

3 Schreibe einen inneren Monolog für Carola zu der Situation, als Anne sie anschreit: „Hau doch ab, du Brillenschlange!" (Z. 29–30)

4 In den folgenden Text über Anne und Carola haben sich einige Fehler eingeschlichen. Findet sie heraus. Findet mindestens zehn falsche Aussagen.

Fehlertext

Anne und Carola

Anne sitzt in der Schule neben Carla. Fast jeden Nachmittag treffen sie sich bei Carola zu Hause und spielen Theater. Die ganze Nachbarschaft schaut ihnen dabei manchmal zu. Eines Tages schämt sich Carola, weil sie eine Zahnspange bekommen hat. Anne beachtet diese nicht, aber von den Mitschülern wird Carola am nächsten Tag in der Schule als „Monstergesicht" beschimpft. Carola lacht darüber und ist weiterhin so lustig wie früher. Als die beiden Freundinnen eines Nachmittags wieder Theater spielen wollen, streiten sie sich um die Hauptrolle in dem Stück „Die Prinzessin und der Schweinehirt". Anne ist so wütend auf Carola, die auch den Schweinehirten spielen möchte, dass sie zu ihr sagt: „Mit dir zu spielen macht keinen Spaß mehr!" Sofort erkennt Anne an der Reaktion der Freundin, dass sie sehr gemein war, merkt aber, dass sich an der Freundschaft nichts ändert.

Lernen ..., aber wie?! – Das Lernen lernen

Immer suchst du nach dem Lineal, die spielende Schwester im Zimmer lässt dich nicht in Ruhe arbeiten, abends um acht Uhr fällt dir ein, dass du die Erdkundeaufgaben noch nicht gemacht hast ... Vielleicht kennst du solche Situationen auch.

In diesem Kapitel bekommst du einige Hilfen, wie du erfolgreich lernen kannst. Du erhältst Tipps dazu,
- in welcher Reihenfolge du deine Hausaufgaben sinnvoll erledigen kannst,
- wie du deinen Arbeitsplatz einrichtest,
- wie du deine Hefte ordentlich führst und
- wie du dich auf den kommenden Schultag vorbereitest.

Darüber hinaus lernst du,
- wie man Aufgabenstellungen richtig versteht und
- mit den Lernboxen in diesem Buch arbeitet.

Damit ihr in eurer Klasse gut miteinander lernen könnt, ist ein angenehmes Klassenklima notwendig. Der letzte Teil dieses Kapitels zeigt euch, wie ihr Gesprächsregeln für eure Klasse entwickelt und auf einem Plakat festhaltet.

1 Hier seht ihr einige Abbildungen, die mit dem Thema „Lernen“ zu tun haben. Beschreibt, welche Situation jeweils dargestellt ist.

2 Kennt ihr auch solche Situationen? Erzählt von euren Erfahrungen.

Nachdem sich die Schülerinnen und Schüler der 5 a in den vergangenen Wochen in ihrer neuen Schule eingelebt haben, findet nun ein Projekttag zum Thema „Lernen ..., aber wie?!“ statt. Frau Rosenfels, die Deutschlehrerin der Klasse, möchte ihren Schülerinnen und Schülern an diesem Tag einige Tipps dazu geben, wie man am besten lernen kann.

Frau Rosenfels: Erzählt doch einmal, was anders ist als an eurer Grundschule.
Karin: Ich habe viel länger Schule als früher.
Nicole: Mir macht Schule viel mehr Spaß, weil wir jetzt Fächer haben, die wir in der Grundschule noch nicht hatten.
Alexander: Aber die Hausaufgaben! Ich sitze ganz lange daran und kann erst spät draußen spielen.
Tom: Ja, das war bei mir anfangs auch so. Aber ich finde schon, dass man so nach und nach immer besser mit dem Erledigen der Hausaufgaben zurechtkommt.
Christina: ...

3 Macht ihr die gleichen Erfahrungen mit euren Hausaufgaben wie Alexander oder geht es euch eher wie Tom? Tauscht euch darüber aus.

Das ist der Stundenplan von Kerstin aus der 5 a:

	Montag	Dienstag	Mittwoch	Donnerstag	Freitag
1. Stunde 8.00 – 8.45	Deutsch	Sport	Deutsch	Musik	Mathe
2. Stunde 8.50 – 9.35	Englisch	Sport	Religion	Religion	Englisch
3. Stunde 9.55 – 10.40	Musik	Englisch	Mathe	Englisch	Deutsch
4. Stunde 10.45 – 11.30	Mathe	Mathe	Englisch	Deutsch	Deutsch
5. Stunde 11.45 – 12.30	Biologie	Kunst	Erdkunde	Mathe	Biologie
6. Stunde 12.35 – 13.20	Technik	Kunst	Erdkunde	Technik	Sport
7. Stunde 13.50 – 14.35	Soziales Lernen		AG	Förder Mathe	
8. Stunde 14.40 – 15.25			AG		

4 Wahrscheinlich sieht euer Stundenplan ähnlich aus. Was hat sich gegenüber der Grundschule geändert?

1.

Zu Montag – Hausaufgaben planen

Im Hausaufgabenheft von Kerstin steht:

Aufgaben

Fach | Montag, den 22.3.10

Deutsch: innerer Monolog von Pippi Langstrumpf
Englisch: Vokabeln lernen
Musik: Lied auswendig lernen
Mathe: S. 23, Nr. 5a–f, Nr. 6
Bio: Zeichnung eines Hundes

Fach | Dienstag, den

1 Sicher schreiben viele von euch ihre Aufgaben in ein Hausaufgabenheft. Warum sollte man ein solches Heft führen?

2 Sammelt Tipps, worauf man beim Eintragen ins Aufgabenheft achten muss.

3 Stell dir vor, du hättest Kerstins Hausaufgaben an diesem Tag zu erledigen. In welcher Reihenfolge würdest du die Aufgaben machen? Erkläre, warum du so vorgehen würdest.

4 Welche Aufgaben kann Kerstin auf einen anderen Tag verlegen? Schau dir hierfür noch einmal ihren Stundenplan an. Begründe deine Entscheidungen.

Thomas ist Kerstins Mitschüler. Er hat die Aufgaben folgendermaßen notiert:

Aufgaben

Fach | für Montag, den 22.3 2010

Fach | für Dienstag, den 23.3 2010

Englisch: Vokabeln lernen
Mathe: S. 23, Nr. 5a–f, Nr. 6

Fach | für Mittwoch, den 24.3 2010

Deutsch: innerer Monolog von Pippi Langstrumpf

Aufgaben

für Donnerstag, den 25.3 20 10 | Fach

Musik: Lied auswendig lernen

für Freitag, den 26.3 20 10 | Fach

Bio: Zeichnung eines Hundes

für Samstag, den 27.3 20 10 | Fach

5 Wie ist Thomas vorgegangen? Vergleicht seine Methode mit der von Kerstin.

6 Besprecht in der Klasse Vor- und Nachteile der Methoden von Kerstin und Thomas, ihr Hausaufgabenheft zu führen.

7 Entscheidet euch, welche Methode ihr selbst nutzen wollt. Legt mit eurem Lehrer gemeinsam fest, wie ihr euer Hausaufgabenheft führen wollt.

8 Sicher kennt ihr das: Ihr wollt gerade mit den Hausaufgaben beginnen, da schellt das Telefon und ein Freund ruft an. Solche Störungen nennt man auch „Zeitdiebe“.
Beschreibt das Bild und erklärt das Wort „Zeitdiebe“.

9 Welche Störungen kennt ihr, die euch daran hindern, eure Aufgaben schnell und konzentriert zu erledigen?

10 Sammelt Ideen, was ihr machen könnt, um die „Zeitdiebe“ zu überlisten.

11 Lies dir die Lernbox auf dieser Seite durch. Lege anschließend in deinem Heft eine Tabelle an, in der du notierst, was dir beim Anfertigen der Hausaufgaben schon gut gelingt und was du in Zukunft noch anders machen musst.

So gehst du vor

Hausaufgaben anfertigen

Die folgenden Tipps zum Anfertigen von Hausaufgaben können dir sicherlich helfen, zügig und gut zu arbeiten:

- Lege dir einen übersichtlichen Stundenplan neben dein Aufgabenheft.
- Entscheide, mit welcher Aufgabe du als Erstes beginnen solltest. Hilfreich ist es, mit einer Aufgabe zu beginnen, die dir leichtfällt.
- Beende eine begonnene Aufgabe vollständig und kontrolliere sie. Fange dann mit der nächsten Aufgabe an oder lege eine Pause ein.
- Hake in deinem Hausaufgabenheft die erledigten Aufgaben deutlich ab.
- Wechsle zwischen der Bearbeitung von mündlichen und schriftlichen Aufgaben ab.
- Arbeite an einem ruhigen Platz. Du solltest, während du die Hausaufgaben erledigst, keine Musik hören. Auch der Fernseher und der Computer sollten ausgeschaltet sein!
- Sinnvoll ist es auch, wenn du nach dem Erledigen der Hausaufgaben nicht sofort am Computer spielst oder Fernsehen siehst. Du behältst das Gelernte dann besser, weil es in deinem Kopf Zeit hat, sich zu „setzen“.
- Es kann dir helfen, wenn du einen Zeitplan dafür machst, wann du z. B. die Hausaufgaben erledigst, dich mit Freunden triffst usw.

12 **Durchstarten! So könnt ihr weiterarbeiten:**

a Erstellt für euren Klassenraum einen großen, übersichtlichen Stundenplan.

b Erstellt ein Lernplakat mit Tipps zum Anfertigen von Hausaufgaben. Hängt es in der Klasse auf.

2.

Die Schultasche – sich auf den nächsten Schultag vorbereiten

Patrick: Den Tipp, erledigte Aufgaben in meinem Hausaufgabenheft abzuhaken, finde ich super. Ich weiß dann wenigstens schon einmal, dass ich alle Aufgaben für den nächsten Tag erledigt habe. Dennoch kommt es vor, dass ich Bücher und Hefte zu Hause vergesse oder auch in der Schule ein Heft nicht finde, obwohl es doch in meinem Schulranzen sein müsste. Meine Mutter meint, meine Schultasche sehe aus wie eine kleine Müllhalde.

1 Sieht es in eurer Schultasche ähnlich wie bei Patrick aus? Besprecht, welche Dinge in die Schultasche gehören und welche nicht.

2 Kontrolliert eure eigene Schultasche. Achtet besonders auf überflüssige Dinge, die ihr am heutigen Schultag nicht braucht.

3 Patrick hat am Dienstag die Unterrichtsfächer Sport, Englisch, Mathe und Kunst. Helft ihm, seine Schultasche zu packen. Schreibt auf, was er mitnehmen muss.

4 Lest die Lernbox. Erklärt dann einem Lernpartner, welche Tipps ihr beachten solltet, um euch auf den kommenden Schultag vorzubereiten.

So gehst du vor

Sich auf den nächsten Schultag vorbereiten

- Packe deine Schultasche immer direkt, nachdem du deine Hausaufgaben erledigt hast. So musst du am nächsten Morgen nur noch an dein Frühstück denken.
- Ein übersichtlicher Stundenplan hilft dir dabei, nur das einzupacken, was du wirklich am kommenden Schultag benötigst.
- Kontrolliere in deinem Hausaufgabenheft, ob du noch an etwas Besonderes denken musst (z. B. an Geld für einen Wandertag, den Elternsprechtagszettel …).
- Überprüfe deine Schultasche mindestens einmal in der Woche und sortiere überflüssige Dinge aus. Hefte lose Arbeitsblätter richtig ab oder klebe sie in die entsprechenden Hefte ein. Kontrolliere auch dein Etui/deine Federmappe und ergänze fehlende Dinge.

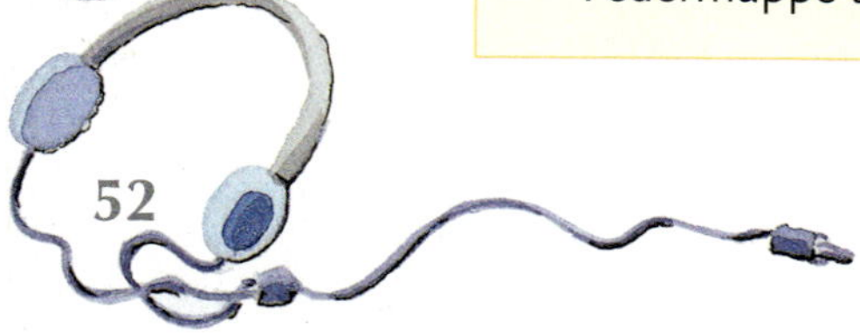

3.

Ordnung oder Chaos – den Arbeitsplatz gestalten

Petra: Auch wenn ich mir die Reihenfolge der Aufgaben vorher gut überlegt habe, kann ich manchmal gar nicht richtig arbeiten. Irgendetwas muss ich immer zuerst suchen, bevor es losgehen kann. Neulich brauchte ich für die Matheaufgaben dringend mein Lineal, aber es war nicht aufzufinden. Den ganzen Schreibtisch habe ich durchwühlt. Als ich das Ding dann endlich gefunden hatte, hatte ich schon gar keine Lust mehr anzufangen.

1 Dies ist Petras Schreibtisch. Was hältst du von dem Arbeitsplatz?

Die Schülerinnen und Schüler der 5 c haben aufgeschrieben, wo und wie sie ihre Hausaufgaben erledigen:

- Ich mache meine Hausaufgaben an unterschiedlichen Orten, meistens da, wo viel los ist.
- Mein Schreibtisch steht am Fenster, damit ich immer genug Licht habe.
- Auf meinem Arbeitsplatz liegt immer alles herum, womit ich mich gern beschäftige.
- Ich mache meine Hausaufgaben meistens am Küchentisch.
- Ich lerne in meinem Zimmer am Schreibtisch, damit ich in Ruhe arbeiten kann.
- Was ich für meine Hausaufgaben benötige, suche ich mir nach und nach zusammen.

2 Welcher Satz trifft für die Art, wie du deine Hausaufgaben machst, am ehesten zu? Berichte davon, wo und wie du deine Hausaufgaben erledigst.

Computer · Fotoapparat · Kuscheltier · Flaschenöffner · Taschenmesser
Getränkeflasche · Sticker · MP3-Player · Globus · Schulbücher · Zeitschrift
Sonnencreme · Lexikon · Lineal · Tintenpatronen · Taschentücher
Schreibtischlampe · Textmarker · Stundenplan · Fotoalbum · Kalender
Fußball · Musik-CDs · Taschenrechner · Kugelschreiber · Gameboy
Taschenlampe · Geodreieck · Radiergummi · Filzstifte · Schreibblock
Inliner · Klebestift · Wörterbuch · Socken · Anspitzer

3 Was sollte deiner Meinung nach immer an deinem Arbeitsplatz liegen? Suche die Gegenstände heraus und ergänze Fehlendes.

4 Zeichne einen Schreibtisch mit Schubladen und ein Regal in dein Heft und gib den einzelnen Gegenständen aus Aufgabe 3 einen sinnvollen Platz.

5 Überprüfe deinen Arbeitsplatz zu Hause. Gestalte ihn so, dass du dich an ihm wohl fühlst und gerne dort arbeitest. Die Tipps aus der Lernbox können dir dabei helfen.

So gehst du vor

Den Arbeitsplatz gestalten

Die Gestaltung deines Arbeitsplatzes ist wichtig, um in Ruhe und zielstrebig arbeiten zu können. Beachte hierfür:

- Erledige deine Aufgaben an einem festen Arbeitsplatz.
- Damit du nicht gestört wirst, sollte dein Schreibtisch in einem ruhigen Raum sein.
- Auf deinem Schreibtisch sollte wirklich nur das liegen, was du zum Erledigen deiner Aufgaben benötigst.
- Achte darauf, dass es an deinem Arbeitstisch hell ist. Eine Schreibtischlampe sollte bei Rechtshändern links und bei Linkshändern rechts stehen. So wirft deine Hand beim Schreiben keinen Schatten auf das Papier.
- Bevor du mit der Bearbeitung deiner Aufgaben beginnst, solltest du alles griffbereit hinlegen.
- Bringe einen Stundenplan gut sichtbar im Bereich deines Arbeitsplatzes an. Damit kannst du leichter die Reihenfolge der Hausaufgaben planen und die Schultasche packen.

6 **Durchstarten! So könnt ihr weiterarbeiten:**

a) Ihr könnt gemeinsam in der Klasse euren Tisch für die nächste Stunde vorbereiten: Sprecht darüber, welche Gegenstände notwendig sind, und legt nur diese übersichtlich auf den Tisch. Übt das auch für andere Unterrichtsfächer.

b) Entwerft eine Checkliste für euer Etui und überprüft den Inhalt. Ergänzt gegebenenfalls Fehlendes.

c) Beschreibe, wie du deinen Arbeitsplatz umgestaltet hast. Vielleicht kannst du ein Vorher- und ein Nachher-Foto machen. Dann können deine Mitschüler auch sehen, was du verändert hast.

4.

Datum, Überschrift … – Hefte übersichtlich führen

Kathrin: Selbst wenn ich einen guten Arbeitsplatz wähle und auch genau weiß, wann und in welcher Reihenfolge ich die Hausaufgaben mache, meckern manche Lehrer an meinen Aufgaben herum. Sie wollen, dass sie ordentlich aussehen und dass das Heft gut geführt ist.
Frau Rosenfels: Ja, neben dem „wo“ und „wann“ ist auch das „wie“ wichtig, um gut arbeiten zu können.
Felix: Das verstehe ich nicht.

1 Erzählt, wie ihr eure Hausaufgaben in euren Heften anfertigt. Gibt es ein bestimmtes Muster, an dem ihr euch orientiert?

2 Vielleicht habt ihr mit euren Lehrern festgelegt, wie ihr eure Hefte führt: Datum, Überschrift, Thema … Welchen Sinn hat es, diese Angaben aufzuschreiben?

3 Beschreibe, wie Tim sein Heft gestaltet hat. Was hat Tim bereits gut gemacht und worauf sollte er noch achten?

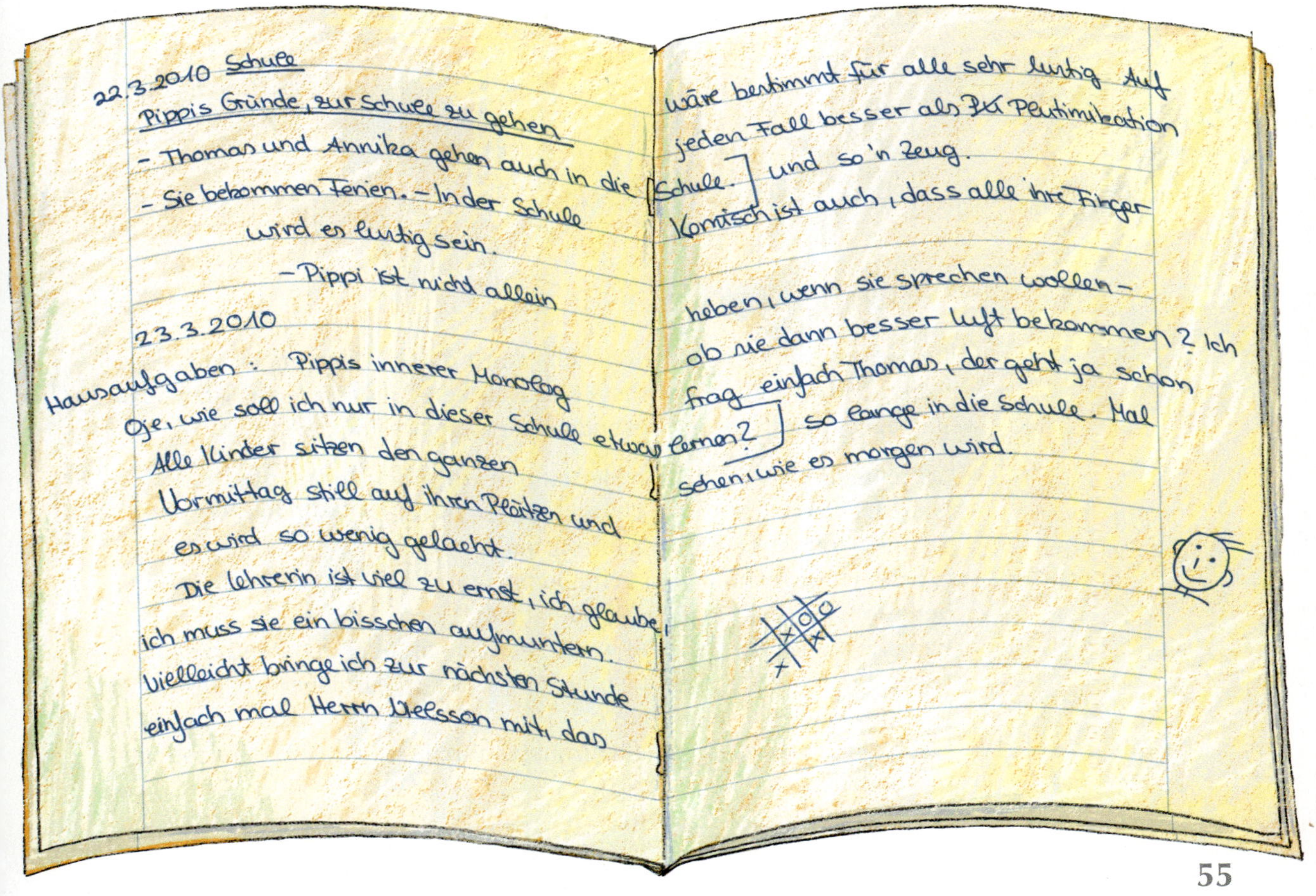

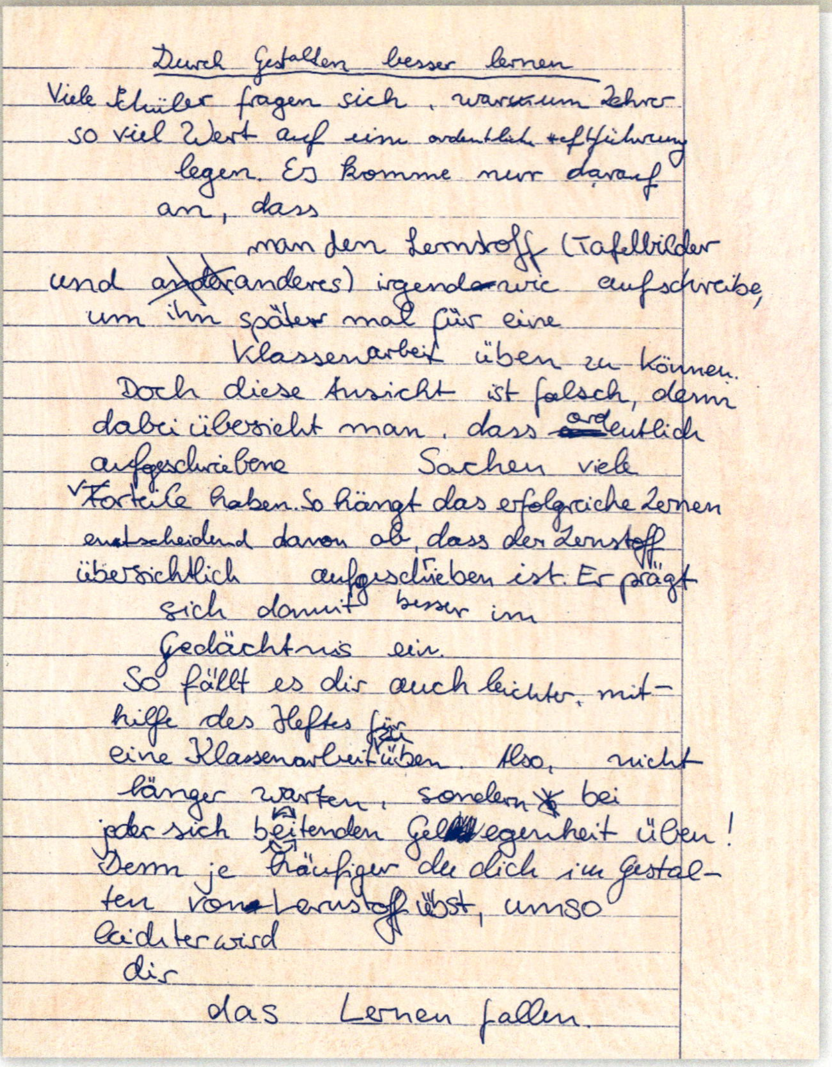
Durch Gestalten besser lernen
Viele Schüler fragen sich, warum Lehrer
so viel Wert auf eine ordentliche Heftführung
legen. Es komme nur darauf
an, dass
man den Lernstoff (Tafelbilder
und anderes) irgendwie aufschreibe,
um ihn später mal für eine
Klassenarbeit üben zu können.
Doch diese Ansicht ist falsch, denn
dabei übersieht man, dass ordentlich
aufgeschriebene Sachen viele
Vorteile haben. So hängt das erfolgreiche Lernen
entscheidend davon ab, dass der Lernstoff
übersichtlich aufgeschrieben ist. Er prägt
sich damit besser im
Gedächtnis ein.
So fällt es dir auch leichter, mit-
hilfe des Heftes für
eine Klassenarbeit üben. Also, nicht
länger warten, sondern bei
jeder sich bietenden Gelegenheit üben!
Denn je häufiger du dich im Gestal-
ten von Lernstoff übst, umso
leichter wird
dir
das Lernen fallen.

Links siehst du eine Heftseite aus Lenas Deutschheft abgebildet.

4 Was fällt euch bei der Gestaltung von Lenas Heftseite auf? Sammelt Tipps, worauf Lena bei ihrer Heftführung achten sollte.

5 Verbessere Lenas Hefteintrag, indem du ihn sauber und übersichtlich in dein Heft überträgst. Ergänze dabei auch fehlende Angaben. Nimm hierfür die folgende Lernbox, in der Tipps für eine gute Heftführung festgehalten sind, zu Hilfe.

So gehst du vor

Hefte führen

Mit einem ordentlich gestalteten Heft kannst du den Unterrichtsstoff besser behalten und dich auf die nächste Klassenarbeit gut vorbereiten. Achte deswegen bei der Heftführung besonders auf folgende Punkte:

- Schreibe das Datum an den Heftrand in Höhe der Überschrift.
- Hebe Überschriften durch Unterstreichen mit dem Lineal hervor.
- Schreibe immer den Arbeitsauftrag auf.
- Gib bei Übungen aus dem Schulbuch auf jeden Fall die Seite und Aufgabennummer an (z. B. Seite 51, Aufgabe 8).
- Beginne am linken Heftrand und schreibe nicht über den Rand hinaus.
- Lasse eine Zeile frei, wenn ein neuer Abschnitt, ein neuer Gedanke oder eine neue Aufgabe beginnt.
- Hebe alles, was du dir merken musst, durch farbige Unterstreichungen hervor.

5.

Was ist hier gemeint? – Die Aufgabe verstehen

Andreas: Nachdem ich letzte Woche meine Hausaufgabe in Erdkunde vorgelesen habe, hat mein Lehrer zu mir gesagt, dass ich die Aufgabe wohl nicht richtig verstanden hätte. Wie kann ich denn an Aufgabenstellungen herangehen, damit ich sie richtig verstehe und mir so etwas nicht mehr passiert?

Frau Rosenfels: Dieses Problem haben auch andere Schülerinnen und Schüler. Es gibt aber einen guten Weg, wie man lernen kann, Aufgaben richtig zu verstehen. Lasst es uns einmal gemeinsam versuchen.

Frau Rosenfels schreibt folgende Aufgabe zu zwei Gedichten aus dem Deutschbuch an die Tafel:

Aufgabe

Übertrage die folgende Tabelle in dein Heft und ordne die Wörter mit lang gesprochenen Vokalen aus den zwei Gedichten in die Tabelle ein.

einfacher langer Vokal	h nach langem Vokal	verdoppelter Vokal	ie
Nashorn	wühlt	Teufelsmoor	geniest
da	ihn	See	aufgespießt

1 Suche aus der Aufgabe von Frau Rosenfels die Verben heraus, die darauf verweisen, was du tun sollst.

2 Ordnet den Verben ihre jeweilige Bedeutung, die ihr in dem Kasten findet, richtig zu, z. B.: erklären = etwas deutlich machen.

erklären =
zusammenfassen =
vergleichen =
Stellung nehmen =
begründen =
(be)nennen =
ergänzen =

Gründe für etwas finden
das Wichtigste in eigenen Worten nennen
etwas deutlich machen
einem Text Informationen entnehmen
Fehlendes hinzufügen
eine eigene Meinung äußern
Gemeinsamkeiten und Unterschiede aufzeigen

3 Versuche, der Klasse mit eigenen Worten zu erklären, wie du die Aufgabe von Frau Rosenfels bearbeiten musst.

4 Überlegt, welche Arbeitsschritte für die Bearbeitung der Aufgabe notwendig sind. Vervollständigt dafür die angefangene Auflistung.

1. Gedichte lesen
2. Tabelle ins Heft zeichnen
3. ...

5 Welche Arbeitsschritte werden von euch durch die folgenden Beispielaufgaben verlangt? Klärt die Aufgabenstellungen mithilfe der Lernbox auf dieser Seite.

- Schreibt den Text in eure Hefte und ergänzt die fehlenden Kommas bei den Aufzählungen.
- Dies ist ein Ausschnitt aus einer Erzählung. Sammelt Ideen dazu, was vor dieser Szene passiert sein könnte und wie die Erzählung weitergehen könnte.
- Vergleicht die beiden Abbildungen miteinander. Welche Informationen aus dem Text findet ihr darin wieder?
- Der Text enthält viele lustige Stellen. Nennt einige und begründet, warum ihr etwas komisch findet.

So gehst du vor

Eine Aufgabe verstehen

Bevor du an die Bearbeitung einer Aufgabe gehst, solltest du dir ganz genau im Klaren darüber sein, *wie* du die Aufgabe bearbeiten sollst. Dies hilft dir nicht nur bei der Erledigung von Aufgaben in der Schule und zu Hause, sondern auch bei Klassenarbeiten. Gehe dabei so vor:

- Lies dir die Aufgabenstellung zunächst aufmerksam durch.
- Markiere die Verben, die deutlich machen, was von dir verlangt wird, farbig und überlege, welche Bedeutung sie haben.
- Mache dir in deinen eigenen Worten klar, wie du die Aufgabe bearbeiten musst.
- Überlege, welche einzelnen Arbeitsschritte du erledigen musst, und bearbeite die Aufgabe in dieser Reihenfolge.

6 **Durchstarten! So könnt ihr weiterarbeiten:**

a) Sucht euch zu zweit aus eurem Deutschbuch fünf weitere Aufgabenstellungen aus verschiedenen Kapiteln heraus. Erklärt euch gegenseitig, was ihr für die Bearbeitung der Aufgabe jeweils machen müsst. Geht dabei so vor, wie es in der Lernbox beschrieben ist.

b) Nehmt Bücher und Arbeitshefte anderer Fächer hinzu. Wählt wieder fünf Aufgaben aus und erklärt sie euch gegenseitig.

6.

So gehst du vor – mit den Lernboxen arbeiten

Bei der Arbeit mit P.A.U.L. D. stoßt ihr in allen Kapiteln auf besonders hervorgehobene Lernboxen. Die Lernboxen mit dem Titel „**So gehst du vor**“ vermitteln euch methodische Anleitungen zur Vorgehensweise.

In den Lernboxen „**Das musst du lernen und wissen**“ wird der zu lernende Stoff zusammengefasst.

Die Lernboxen vermitteln euch das Grundwissen, das ihr für eine erfolgreiche Arbeit im Deutschunterricht sowie in anderen Unterrichtsfächern benötigt.

Damit euch die Lernboxen jederzeit zur Verfügung stehen, solltet ihr euch ein Merkheft für sie anlegen, in welchem ihr die wichtigsten Inhalte der Lernboxen festhaltet. Dies kann eine dicke Kladde oder auch ein Schnellhefter sein, in den ihr die Blätter mit euren Zusammenfassungen heftet. Dabei ist es wichtig, dass ihr ein Inhaltsverzeichnis anlegt, damit ihr die Lernboxen schnell wiederfindet.

1 Bereitet ein solches Merkheft für die Lernboxen mit einem Inhaltsverzeichnis vor.

Paul aus der 5 a hat sich folgendes Merkheft angelegt:

2 Beschreibe Pauls Merkheft. Wie hat er es angelegt?

Dies ist eine Lernbox zum Thema Sachtexte:

So gehst du vor

Einen Sachtext erschließen

Wenn du **Sachtexte erschließen** und ihnen **Informationen entnehmen** willst, kannst du so vorgehen:

- **Überfliege** den Text zunächst. **Achte** besonders **auf Überschriften, Abbildungen oder Hervorhebungen** im Text (z. B. fett gedruckte Textstellen).
- **Lies** dir den Text ein erstes Mal durch, **ohne** etwas zu **markieren** oder anzustreichen. Mache dir klar, was das **Thema** des Sachtextes ist und welche Informationen er dazu enthält.
- **Gliedere** den Text **in Sinnabschnitte. Gib jedem Textabschnitt eine passende Überschrift.** Oft kannst du besonders wichtige Wörter aus den einzelnen Abschnitten dafür benutzen. Einen Sinnabschnitt kannst du z. B. daran erkennen, dass das Thema wechselt oder eine neue Frage beantwortet wird.
- **Hebe das Wichtigste durch farbige Markierungen oder Unterstreichungen hervor.** Überlege bei jedem Wort, ob du es wirklich farbig markieren oder unterstreichen musst!
- Notiere unter den Überschriften die wichtigsten Informationen der einzelnen Textabschnitte in **Stichworten am Rand des Textes**.

Paul möchte das Wesentliche aus der Lernbox „Einen Sachtext erschließen" in sein Merkheft schreiben. Er beginnt so:

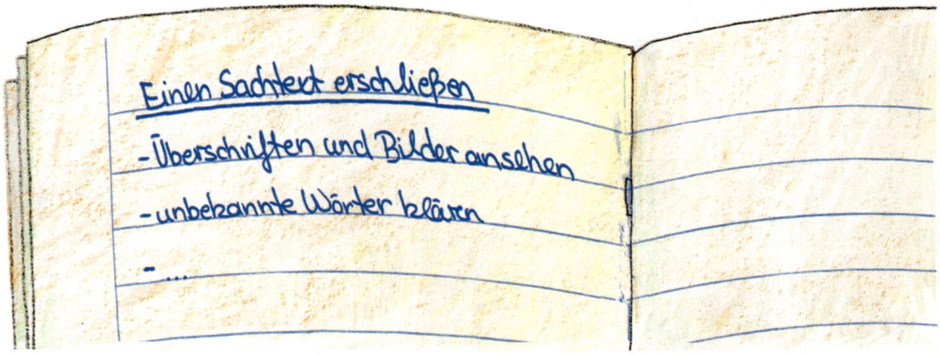

3 Beschreibe, wie Paul bei der Zusammenfassung des Inhalts der Lernbox vorgegangen ist.

4 Übernimm die Zusammenfassung der Lernbox in dein Heft und vervollständige sie.

5 Sucht euch drei weitere Lernboxen aus dem Kapitel „Lernen ..., aber wie?!" heraus und fasst ihren Inhalt jeweils stichwortartig zusammen. Arbeitet dabei zu zweit oder zu dritt. Hilfen erhaltet ihr in der Lernbox auf S. 61.

So gehst du vor

Mit den Lernboxen arbeiten

Die Lernboxen fassen das Wichtigste zu den Methoden und Inhalten eines Themas oder Kapitels in P.A.U.L. D. zusammen. Du kannst sie gut zum eigenständigen Lernen nutzen, wenn du folgendermaßen mit ihnen arbeitest:

- Lies dir die Lernbox aufmerksam durch.
- Überprüfe, ob du alles verstanden hast. Wenn dir noch etwas unklar ist, kläre dies mit einem deiner Mitschüler.
- Fasse den Inhalt der Lernbox stichwortartig zusammen und schreibe ihn in dein Deutschheft oder Merkheft.
- Lass in deinem Merkheft genügend Platz zwischen den einzelnen Zusammenfassungen der Lernboxen.
- Präge dir die Zusammenfassungen der Lernboxen gut ein.

Hanna kann sich Wichtiges am besten merken, wenn sie es aufmalt oder aufzeichnet. Dies hat sie auch für die Lernbox oben gemacht:

6 Erkläre, welchen Merksatz aus der Lernbox oben Hanna jeweils mit ihren Bildern festgehalten hat.

7 Bringe die Bilder in die richtige Reihenfolge für das Arbeiten mit den Lernboxen.

8 Male die Bilder in dein Heft und schreibe den jeweiligen Merksatz daneben. Wenn du möchtest, kannst du auch eigene Symbole oder Bilder malen.

7.

Streit um eine Klassenaktion – Gesprächsregeln entwickeln

Janany und Daniel aus der Klasse 9 d haben die Aufgabe übernommen, sich als Paten um die Klasse 5 a zu kümmern. Am Ende des Projekttages zum Thema „Lernen …, aber wie?!“ besuchen sie ihre Patenklasse, um mit ihr eine gemeinsame Klassenaktion zu planen.

Janany: Schön, dass wir euch wieder einmal besuchen dürfen.
Daniel: Nachdem ihr an eurem Projekttag so einiges über erfolgreiches Lernen erfahren habt, möchten wir als einen besonderen Abschluss des Tages mit euch planen, welche gemeinsame Klassenaktion wir demnächst machen können.
Rayhana: Wir beschließen einfach, dass die Schule ausfällt. Das ist doch wohl eine gute Idee.
Jonas: Du kannst aber auch nie ernst sein. Lasst uns doch mal richtig darüber sprechen!
Maria: Genau. Ich fände es toll, wenn wir uns nachmittags mal zum Plätzchenbacken in der Schule treffen würden. Da können dann alle mitmachen und lecker …
Matthias: … Ach, typisch Mädchen! Das ist doch langweilig. Ich schlage einen DVD-Nachmittag vor. Das finden sowieso alle viel besser. Außerdem solltest gerade du keine Plätzchen essen, Maria.
Maria: Wie meinst du das denn?
Matthias: War nur 'nen Witz.
Carolin: Super Idee, das mit den DVDs, das machen wir.
Aslihan: Ich bringe Filme von meinem großen Bruder mit. Der hat ganz viele.
Jana: Filme haben wir auch ganz viele zu Hause. Ich finde „Ronja Räubertochter“ immer noch richtig gut und ich denke …
Thomas: Ach, hör schon auf. Den Film habe ich schon tausendmal gesehen …
Tim: So ein Quatsch!
Janany: Ich glaube, so kommen wir nicht weiter.

1 Lest das Gespräch mit verteilten Rollen.

2 Beschreibt, worum es in dem Klassengespräch geht. Wo verläuft das Gespräch gut und wo verläuft es schlecht?

3 Janany sagt am Ende: „Ich glaube, so kommen wir nicht weiter.“ Welches Problem ist in dem Klassengespräch entstanden?

4 Was schlagen Rayhana, Maria und Matthias als Klassenaktionen in dem Gespräch vor? Sprecht darüber, wie die anderen auf die Vorschläge reagieren.

5 Erklärt mithilfe der Abbildung, was „Fertigmacher“ in einem Gespräch sind.

6 Erklärt, warum folgende Aussagen „Fertigmacher“ sind.

- „Du kannst aber auch nie ernst sein.“
- „Ach, typisch Mädchen.“
- „Das ist doch langweilig.“
- „Außerdem solltest gerade du keine Plätzchen essen, Maria.“
- „Ach, hör schon auf. Das will doch keiner hören.“

7 Sammelt zunächst alles, was dazu beiträgt, dass ein Gespräch misslingt. Legt hierfür eine Tabelle nach folgendem Muster an und füllt zunächst nur die linke Spalte aus.

So misslingt ein Gespräch	
– laut dazwischenrufen – ...	

8 Entwickelt nun Regeln, an die ihr euch in einem Gespräch halten solltet, damit es gelingt. Tragt diese in die rechte Spalte der Tabelle ein.

So misslingt ein Gespräch	So gelingt ein Gespräch
– laut dazwischenrufen – ...	– den anderen ausreden lassen – ...

9 Wählt gemeinsam Gesprächsregeln für eure Klasse aus. Schreibt diese Regeln auf ein großes Plakat und hängt es gut sichtbar in der Klasse auf.

10 **Durchstarten! So könnt ihr weiterarbeiten:**

a Erprobt eure Gesprächsregeln in einem Klassengespräch. Wählt hierfür ein Thema aus, das euch derzeit beschäftigt und das die ganze Klasse etwas angeht.

b Ihr könnt jede Gesprächsregel auf eine Extrakarte (DIN-A3) schreiben. Damit könnt ihr von Woche zu Woche eine Regel in den Mittelpunkt eurer Aufmerksamkeit stellen. Hierfür bringt ihr die jeweilige Karte gut sichtbar neben oder über der Tafel an.

c Schreibt Formulierungen auf, die euch helfen, in einem Gespräch auf eure Vorredner einzugehen (z. B.: Ich finde deine Idee gut, möchte aber noch Folgendes dazu ergänzen ...).

Alles klar? – Wiederholen, üben und überprüfen

Mia: Mir hat der Projekttag zum Thema „Lernen“ richtig Spaß gemacht. Ein paar der Lerntipps kannte ich zwar schon, aber ich habe auch ganz viel Neues gelernt. Ich werde meiner Freundin gleich eine E-Mail schreiben und ihr über unseren Tag berichten. Vielleicht findet sie ja auch noch ein paar Tipps, die sie gut gebrauchen kann.

Dies ist der Anfang von Mias E-Mail an ihre Freundin Jana:

> Hallo Jana!
>
> Wir hatten gestern einen Projekttag zum Thema „Lernen ..., aber wie?!“. An diesem Tag haben wir Tipps zum erfolgreichen Lernen und Arbeiten bekommen. Als Erstes habe ich heute meinen Schreibtisch aufgeräumt. Auf dem Schreibtisch liegt nun nur noch das, was ich ____ wirklich brauche. Heute Nachmittag werde ich mir noch einen ____ Stundenplan gestalten und ihn ____. Mit einem gut geführten Hausaufgabenheft und diesem Stundenplan kann ich die ____ leichter planen.
> Bei den Hausaufgaben kann man leicht durch die ____, wie z. B. Fernseher, Telefon oder Computerspiele, gestört werden. Um dies zu vermeiden, hilft es, wenn man sich vorher einen ____ macht, wann man die Hausaufgaben erledigt und wann man Zeit für seine Hobbys hat. Hast du deinen Arbeitsplatz zu Hause eigentlich in einem ____ Raum? Ich erledige meine Aufgaben ab jetzt möglichst immer an einem ____ Arbeitsplatz. Ich bin heute Morgen übrigens fast zu spät zur Schule gekommen, weil ich meine Schultasche noch nicht vollständig gepackt hatte. Das hätte echt nicht sein müssen! Schließlich haben wir an dem Projekttag den Tipp bekommen, die Tasche immer ____ nach dem Erledigen der Hausaufgaben zu packen. Dabei sollte man auch ____, was man am kommenden Schultag benötigt. Oft hat man viele Dinge in der Tasche, die man gar nicht benötigt ...

1 Beim Schreiben ihrer E-Mail hat Mia mit einer Taste ihres Computers versehentlich Wörter und Textteile aus ihrem Text ausgeschnitten. Füge die Wörter und Textteile wieder ein.

- nur das einpacken
- „Zeitdiebe“
- ruhigen
- übersichtlichen
- direkt
- Reihenfolge der Hausaufgaben
- Plan
- festen
- zum Erledigen meiner Aufgaben
- an meinem Schreibtisch befestigen

2 Setze die E-Mail fort. Schreibe Jana weitere Tipps, wie man z. B. Hefte führt oder in welcher Reihenfolge man die Hausaufgaben erledigt.

3 Weißt du, was bei den folgenden Aufgabenstellungen von dir verlangt wird?

- Schreibe aus allen drei Aufgabenstellungen die Verben heraus. Erkläre ihre Bedeutungen.
- Unter den Aufgabenstellungen stehen jeweils drei Möglichkeiten für die Bearbeitung der Aufgabe. Entscheide dich für die richtige Bearbeitungsmöglichkeit und notiere die jeweilige Lösungszahl. Addierst du abschließend alle drei Lösungszahlen, ergibt sich durch 5 geteilt die Zahl 5.

Aufgabe: *Unterstreiche in den folgenden Märchenanfängen alle Verben. Sie stehen in der Tempusform Präsens.*

Du sollst
- alle Märchenanfänge im Präsens unterstreichen (9),
- alle Märchenanfänge unterstreichen (2),
- alle Verben in den Märchenanfängen unterstreichen (13).

Aufgabe: *Schreibe aus dem Text alle Wörter mit einem doppelten Konsonanten nach kurzem, betontem Vokal heraus. Zeichne den Doppelkonsonanten farbig nach.*

Du sollst
- zunächst alle Wörter mit Doppelkonsonanten aus dem Text herausschreiben und diese anschließend farbig nachzeichnen (21),
- zunächst alle Wörter mit Doppelkonsonanten nach kurzem, betontem Vokal aufschreiben und anschließend den jeweiligen Doppelkonsonanten in den Wörtern farbig nachzeichnen (2),
- zunächst alle Doppelkonsonanten nach kurzem, betontem Vokal farbig einkreisen und anschließend aufschreiben (7).

Aufgabe: *Erklärt, warum Erich Kästner zufrieden damit ist, das einzige Kind seiner Eltern zu sein, und weshalb er sich keine Geschwister wünscht.*

Du sollst
- mit Beispielen aufschreiben, warum Erich Kästner damit zufrieden ist, Einzelkind zu sein, und weshalb er sich keine Geschwister wünscht (10),
- mit deinen eigenen Worten aufschreiben, wie sich Erich Kästner ohne Geschwister fühlt (12),
- entscheiden, ob es gut ist, dass Erich Kästner ein Einzelkind ist und sich keine Geschwister wünscht (6).

Komm mit in eine andere Welt – Märchen

„Es war einmal …“ – diesen Satz habt ihr bestimmt schon einmal gehört. Viele Märchen beginnen so. In diesem Kapitel begegnen euch Märchen, die ihr schon kennt, aber sicher auch solche, die euch noch unbekannt sind.

Ihr lernt,

- wie man sich einen Überblick über eine Märchenhandlung verschafft,
- wie man Märchen anschaulich vortragen kann,
- welche typischen Merkmale Märchen besitzen und welche Eigenschaften Märchenfiguren haben.

Ihr könnt auch zu Märchen schreiben, indem ihr Interviews mit Märchenfiguren entwickelt. Am Ende des Kapitels erhaltet ihr Ideen zu Projekten rund um das Thema „Märchen“. Vielleicht habt ihr ja Lust, euer eigenes Klassenmärchenbuch zu gestalten.

1 Auf diesem Bild seht ihr verschiedene Märchenfiguren. Welche kennst du und was weißt du über sie? Erzählt von den Märchen, in denen die Figuren vorkommen.

2 Könnt ihr die Gegenstände auf dem Bild den passenden Märchen zuordnen? Übernehmt die Tabelle in eure Hefte und vervollständigt sie.

Märchen/Märchenfigur (Zahl)	Gegenstand/Figur (Buchstabe)
(1) Sterntaler	(C) Münzen
(2) Frau Holle	(...) ...
...	...

3 Erkläre, welche Bedeutung die Gegenstände in dem jeweiligen Märchen haben.

4 Erzähle von deinem Lieblingsmärchen. Berichte deinen Mitschülern und Mitschülerinnen, worum es in dem Märchen geht und welche Märchengestalten darin vorkommen.

5 **Durchstarten! So könnt ihr weiterarbeiten:**

a) Legt eine Märchenbücherei in eurer Klasse an. Hierzu könnt ihr Märchenbücher, Märchenfilme oder Märchen-CDs mitbringen. Während eurer Beschäftigung mit Märchen könnt ihr euch diese Bücher, CDs usw. gegenseitig ausleihen. Ihr könnt auch in der Schule mithilfe eurer Märchenbibliothek z. B. gemeinsam Märchen lesen, euch gegenseitig daraus vorlesen oder Märchen-CDs anhören.

b) Gestalte dein eigenes individuelles Märchenbuch, in welchem du z. B. Märchen sammeln und Bilder dazu einkleben kannst. Natürlich kannst du auch eigene Märchen schreiben und Bilder dazu zeichnen und diese in deinem Märchenbuch sammeln.

1.

„Es war einmal …“ – Märchen vortragen

Brüder Grimm
Sterntaler

Es war einmal ein kleines Mädchen, dem waren Vater und Mutter gestorben. Es war so arm, dass es kein Kämmerchen[1] mehr hatte, um darin zu wohnen, und kein Bettchen mehr, darin zu schlafen, und gar nichts mehr als die Kleider auf dem Leib und ein Stückchen Brot in der Hand, das ihm ein mitleidiger Mensch geschenkt hatte. Es war aber gut und fromm. Und weil es so von aller Welt verlassen war, ging es im Vertrauen auf den lieben Gott hinaus ins Feld.

Da begegnete ihm ein armer Mann, der sprach: „Ach, gib mir etwas zu essen, ich bin so hungrig.“ Es reichte ihm das ganze Stückchen Brot und sagte: „Gott segne dir's!“, und ging weiter.

Da kam ein Kind, das jammerte und sprach: „Es friert mich so an meinem Kopfe, schenk mir etwas, womit ich ihn bedecken kann.“ Da tat das Mädchen seine Mütze ab und gab sie ihm.
Und als es noch eine Weile gegangen war, kam wieder ein zweites Kind und hatte kein Leibchen[2] an und fror; da gab es ihm seins.

Und dann ging es weiter, da traf es ein drittes Kind, das bat um ein Röckchen. Auch das gab das Mädchen hin.
Endlich gelangte es in einen Wald und es war schon dunkel geworden, da kam noch ein Kind und bat um ein Hemdlein und das fromme Mädchen dachte: „Es ist dunkel Nacht, da sieht dich niemand, du kannst wohl dein Hemd weggeben“, und zog das Hemd ab und gab es auch noch weg.

Und wie es so stand und gar nichts mehr hatte, fielen auf einmal die Sterne vom Himmel und waren lauter harte, blanke Taler[3]; und ob es gleich sein Hemdlein weggegeben hatte, so hatte es ein neues an und das war vom allerfeinsten Leinen[4]. Da sammelte es die Taler hinein und war reich für sein Lebtag.

---

[1] Kämmerchen: ein sehr kleines Zimmer
[2] Leibchen: Hemd, Unterhemd
[3] Taler: Geldmünze, Geldstück
[4] Leinen: ein grober Baumwollstoff

1 Lies dir die Aussagen zu dem Märchen durch. Welchen Aussagen stimmst du zu und welchen nicht?

2 Das kleine Mädchen trifft im Verlauf des Märchens auf viele Menschen. Verschafft euch zunächst einen Überblick über die Märchenhandlung. Übernehmt dazu die Tabelle und vervollständigt sie.

Zeilen/Abschnitt	**Überschrift**	**Inhalt**
Zeilen 1–7	Ausgangssituation des Mädchens	– Mädchen hat keine Eltern – Mädchen ist arm – …
Zeilen 8–11	Treffen mit dem armen Mann	– armer Mann ist hungrig – …
Zeilen 12–…	Treffen mit dem ersten frierenden Kind	– …
Zeilen …	Treffen mit …	– frierendes Kind bittet um ein Leibchen
Zeilen …	Treffen mit …	– …
Zeilen …	Treffen mit dem vierten frierenden Kind	– Kind bittet um ein Hemd
Zeilen 29–32	Schluss	– Mädchen …

➔ Inhalt eines Märchens erschließen
AH, S. 23–25

3 Was erfährst du am Anfang des Märchens über das Mädchen? Suche in Z. 1–7 entsprechende Textstellen heraus.

4 Das Mädchen ist am Ende des Märchens reich. Weshalb passiert das deiner Meinung nach? Beachte dabei, was am Beginn des Märchens über das Mädchen erzählt wird.

Die Klasse 5 b plant ein Märchencafé. Die Schüler und Schülerinnen möchten ihre Eltern einladen und Märchen vortragen. Nicole, Lars, Mehtap und Lilly haben sich das Märchen „Sterntaler“ ausgesucht, um es vorzutragen.

5 Wie sollten Nicole und die anderen vorgehen und worauf sollten sie achten, damit ihnen ihr Märchenvortrag gut gelingt? Sammelt Vorschläge und Tipps.

Nicoles Gruppe hat beschlossen, abschnittsweise vorzugehen. Dazu haben sie das Märchen in vier Abschnitte aufgeteilt. Dies ist der erste Abschnitt, den Nicole für ihren Vortrag vorbereitet hat:

> Es war einmal ein kleines Mädchen, / dem waren Vater und Mutter gestorben. // Es war so arm, dass es kein Kämmerchen mehr hatte, um darin zu wohnen, / und kein Bettchen mehr, darin zu schlafen, / und gar nichts mehr als die Kleider auf dem Leib und ein Stückchen Brot in der Hand, / das ihm ein mitleidiger Mensch geschenkt hatte. // Es war aber gut und fromm. / Und weil es so von aller Welt verlassen war, / ging es im Vertrauen auf den lieben Gott hinaus ins Feld.

6 Seht euch Nicoles Vorarbeiten an. Wie ist sie vorgegangen und was könnten die Markierungen und Unterstreichungen bedeuten?

7 Bereitet nun einen Vortrag des Märchens „Sterntaler“ vor. Arbeitet dabei in Kleingruppen und geht so vor:

- Teilt das Märchen so auf, dass jeder einen Abschnitt vorträgt.
- Lest euren Abschnitt mehrmals, möglichst laut, durch.
- Bereitet euren Vortrag so vor wie Nicole. Markiert Pausen mit Schrägstrichen und unterstreicht Wörter, die ihr besonders betonen möchtet.
- Übt gemeinsam einen wirkungsvollen Vortrag des Märchens ein: Jeder trägt einen Abschnitt des Märchens vor, die anderen hören zu und geben Verbesserungsvorschläge. Achtet vor allem darauf, an welchen Stellen der Sprecher noch deutlicher oder betonter sprechen müsste.
- Einzelne Gruppen stellen der Klasse ihren Vortrag des Märchens vor. Besprecht dann gemeinsam, was an den Vorträgen gut gelungen ist und was man noch verbessern könnte.

Brüder Grimm

Der Bauer und der Teufel

Es war einmal ein kluges Bäuerlein, von dessen Streichen viel zu erzählen wäre: Die schönste Geschichte ist aber doch, wie er den Teufel einmal nicht nur besiegt hat, sondern sich auch lustig über ihn gemacht hat.

Das Bäuerlein hatte eines Tages seinen Acker bestellt und machte sich zur Heimfahrt bereit, als die Dämmerung schon eingetreten war. Da erblickte er mitten auf seinem Acker einen Haufen feuriger Kohlen, und als er voll Verwunderung hinzuging, so saß oben auf der heißen, glühenden Kohle ein kleiner schwarzer Teufel. „Du sitzt wohl auf einem Schatz?“, sprach das Bäuerlein. „Jawohl“, antwortete der Teufel, „auf einem Schatz, der mehr Gold und Silber enthält, als du dein Lebtag gesehen hast.“ „Der Schatz liegt auf meinem Feld und gehört mir“, sprach das Bäuerlein. „Er ist dein“, antwortete der Teufel, „wenn du mir zwei Jahre lang die Hälfte von dem gibst, was auf deinem Acker gewachsen ist: Geld habe ich genug, aber ich möchte unbedingt die Früchte der Erde.“

Das Bäuerlein ging auf den Handel ein. „Damit aber kein Streit bei der Teilung entsteht“, sprach das Bäuerlein, „so soll dir gehören, was über der Erde ist, und mir, was unter der Erde ist.“ Dem Teufel gefiel das wohl, aber das listige Bäuerlein hatte Rüben[1] gesät. Als nun die Zeit der Ernte kam, so tauchte der Teufel auf und wollte seine Frucht holen. Er fand aber nichts als die gelben welken Blätter, und das Bäuerlein, ganz vergnügt, grub seine Rüben aus.

„Einmal hast du gewonnen“, sprach der Teufel, „aber für das nächste Mal soll das nicht gelten. Dein ist, was über der Erde wächst, und mein, was darunter ist.“ „Mir auch recht“, antwortete das Bäuerlein. Als aber die Zeit zur Aussaat kam, säte das Bäuerlein nicht wieder Rüben, sondern Weizen. Die Frucht wurde reif, das Bäuerlein ging auf den Acker und schnitt die Halme bis zur Erde ab. Als der Teufel kam, fand er nichts als die Stoppeln und fuhr wütend in eine Felsenschlucht hinab. „So muss man die, die sich für klug halten, behandeln“, sprach das Bäuerlein, ging hin und holte sich den Schatz.

---

1 Rüben sind eine Frucht, bei der der essbare Teil unter der Erde wächst. Über der Erde wachsen nur die Blätter.

1 Prüft, wie gut ihr das Märchen verstanden habt. Sucht Textstellen heraus, die auf die folgenden Fragen antworten:

- Was erfahrt ihr gleich zu Beginn des Märchens über den Bauern?
- Welchen Handel schlägt der Teufel dem Bauern vor?
- Welche List denkt sich der Bauer für das erste Jahr aus?
- Wie überlistet er den Teufel im zweiten Jahr?
- Wie endet das Märchen?

2 Beschreibe das Bild auf S. 71. Was ist hier genauso wie in dem Märchen und was ist anders?

3 Der Bauer schreibt einem anderen Bauern, der auch Ärger mit dem Teufel hat, einen Brief. Er warnt ihn darin vor dem Teufel und berichtet, wie er ihn überlistet hat. Schreibe diesen Brief.

4 Übt einen Vortrag des Märchens ein. Geht wieder so vor, wie ihr es bei dem Märchen „Sterntaler“ gelernt habt. Arbeitet dabei auch mit der Lernbox auf dieser Seite.

5 **Durchstarten! So könnt ihr weiterarbeiten:**

a) Was macht der Bauer mit seinem Schatz? Erzähle das Märchen weiter.

b) Suche dir ein kurzes Märchen aus (nutze dazu z. B. die Klassenbücherei oder das Internet). Übe einen Vortrag des Märchens ein und stelle es deiner Klasse vor.

c) Spielt das Märchen eurer Klasse vor. Überlegt, wer welche Rolle übernimmt und wer was und wie sagt.

So gehst du vor

Ein Märchen vortragen

Ein Märchen vorzutragen bedeutet, dass du das Märchen spannend und lebendig vorliest. Du kannst ein Märchen für einen Vortrag allein vorbereiten oder aber mit anderen zusammenarbeiten. Wenn ihr es zu mehreren vorbereitet, dann übernimmt jeder den Vortrag eines Abschnittes.

Gehe so vor, um den Vortrag eines Märchens einzuüben:

- Teile das Märchen in Abschnitte ein.
- Lies jeden Abschnitt genau durch und kläre zunächst alle unbekannten Wörter.
- Bereite den Text nun vor, indem du Markierungen vornimmst, die dir das Vortragen erleichtern. Du kannst folgende Zeichen verwenden:

  / kurze Pause   // lange Pause   fromm (unterstrichen) betonte Wörter
- Lies jeden Abschnitt nun mehrfach laut vor und probiere verschiedene Sprechweisen (z. B. laut – leise, schnell – langsam ...) aus. Versuche dabei, die wörtliche Rede der Figuren so zu sprechen, dass es zu ihren Gefühlen und den Situationen, in denen sie sich befinden, passt.
- Trage dein Märchen zunächst z. B. einem Mitschüler oder deinen Eltern vor. Besprecht zusammen, was du noch verbessern kannst.

So vorbereitet, kannst du jetzt dein Märchen auch vor einem größeren Publikum wie deiner Klasse vortragen.

2.

Märchen unter der Lupe – Merkmale von Märchen erkennen und untersuchen

Feen, Zauberer und Wünsche – Märchenmerkmale sammeln

A

B

C

D

E

F

G

H

1 Schau dir die Zeichnungen an. Welche Märchen erkennst du?

2 Erkläre, woran du erkennen kannst, dass es sich bei den Zeichnungen um Bilder zu Märchen handelt.

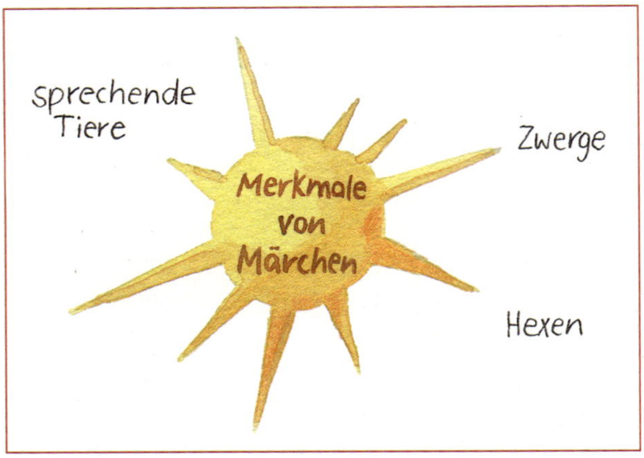

3 Sammelt alle Merkmale, die für Märchen typisch sind. Geht so vor:

- Übernehmt den Ideenstern in eure Hefte.
- Ergänzt den Ideenstern. Tragt dazu zusammen, welche Merkmale von Märchen auf den Zeichnungen auf S. 66/67 und S. 73 dargestellt sind.
- Ergänzt den Ideenstern mit eigenen Ideen.

Typisch für Märchen ist … – einem Sachtext Informationen entnehmen

Tanja Heinemann

Märchen

Märchen gibt es seit vielen Jahrhunderten bei allen Völkern und in allen Ländern dieser Erde. Früher wurden Märchen zunächst nur mündlich weitererzählt. Erst später wurden sie dann auch aufgeschrieben.
Das mündliche Überliefern von Märchen hat dazu geführt, dass es von einigen Märchen unterschiedliche Fassungen gibt. Schaut man sich Märchen aus verschiedenen Ländern an, so erkennt man, dass sie häufig viele Gemeinsamkeiten und Ähnlichkeiten haben. Daraus kann man schließen, dass dieselben Märchen in verschiedene Länder überliefert und in unterschiedliche Sprachen übertragen worden sind.

Später begann man, Märchen zu sammeln, und schrieb sie dazu auf. In Deutschland geschah dies vor circa 200 Jahren durch die Brüder Grimm. Die beiden Brüder, Jacob Grimm (1785–1863) und Wilhelm Grimm (1786–1859), hatten sich dies zur Lebensaufgabe gemacht. Die Märchen entstammten nicht ihrer eigenen Fantasie, sondern sie wurden nach alten, vorwiegend mündlich überlieferten Geschichten von ihnen zusammengetragen und mehr oder weniger stark überarbeitet und verändert. Eine ihrer wichtigsten Quellen waren die Märchen, die ihnen die Märchenerzählerin Dorothea Viehmann erzählte. Das berühmte Buch der Brüder Grimm, die „Kinder- und Hausmärchen" von 1857, enthält eine Sammlung dieser Märchen.

Typisch im Märchen ist die sogenannte Märchenwelt. In ihr scheint nichts unmöglich zu sein, obwohl sie äußerlich unserer Welt auf den ersten Blick sehr ähnlich ist. Es können dort jedoch merkwürdige Dinge geschehen, die in unserer Welt nicht möglich sind. Es gibt beispielsweise Gegenstände und Figuren, die es im wirklichen Leben nicht geben kann, etwa Wesen mit übernatürlichen Kräften, wie Drachen, Zauberer und Feen. Zudem tauchen auch sprechende Tiere und Gegenstände auf. Gelegentlich helfen sie dem Helden oder der Heldin des Märchens, Gefahren zu überwinden und scheinbar unlösbare Aufgaben zu meistern, oder sie versuchen, ihn oder sie vor einem Unglück zu bewahren. Im Märchen kann es aber auch passieren, dass Hexen, Drachen und Zauberer vorkommen, die dem Helden oder der Heldin nicht wohlgesonnen sind, Böses im Schilde führen und verhexen, verwünschen oder verfluchen. Allerdings tauchen in Märchen auch häufig gute Feen oder andere Wesen auf, die die Menschen beschützen. Ebenso typisch für Märchen ist, dass die Zeit- und Ortsangaben fehlen. Meistens erfährt man nur, dass es irgendwann und irgendwo einmal passiert sei.

Eine Eigenschaft von Märchenfiguren ist, dass sie keinen eigenen Namen haben. Sie werden z. B. nur als Königssohn oder Prinz, Königstochter oder Prinzessin bezeichnet. Die Charaktereigenschaften der Figuren sind hingegen eindeutig verteilt. Märchenfiguren sind entweder gut oder böse, faul oder fleißig, dumm oder klug usw. Diese Eigenschaften behalten die Märchenfiguren während des ganzen Märchens bei. Sie verändern sich nicht.

Beruhigend ist jedoch, dass in der Märchenwelt immer das Gute siegt. Die Guten werden belohnt und die Bösen bestraft. Am Ende eines Märchens findet immer eine Belohnung der guten Märchenfiguren statt, indem sie z. B. einen Schatz erhalten, erlöst werden oder Herrscher eines Königreiches werden. Besiegelt wird das glückliche Ende meist mit einer Märchenhochzeit. Anschließend leben die Märchenfiguren glücklich bis an ihr Lebensende oder sie leben weiter, „wenn sie nicht gestorben sind“.

Bevor jedoch dieses glückliche Ende eintritt, müssen die Märchenhelden oder Märchenheldinnen noch schwierige Situationen überwinden oder unlösbar erscheinende Aufgaben meistern und Prüfungen bestehen.
Meist sind es drei Prüfungen oder Aufgaben. Die Zahlen „drei“ und „sieben“ haben in Märchen eine besondere Bedeutung. So treten sieben Zwerge auf und sieben Geißlein wehren sich gegen den gemeinen Wolf, drei Prinzen lösen Aufgaben und erben somit das Königreich ihres Vaters.

Oft spielen bei den Abenteuern, Prüfungen und Aufgaben der Märchenfiguren Zauberformeln oder besondere Sprüche eine große Rolle. Auch der Anfang und das Ende eines Märchens bestehen oft aus formelhaften Sätzen. Häufig beginnen die Märchen mit den Formeln „Es war einmal“ oder „Vor langer Zeit begab es sich, dass ...“ und sie enden mit Sätzen wie „Sie lebten glücklich bis an ihr Lebensende“ oder „Und wenn sie nicht gestorben sind, dann leben sie noch heute“.

Die Brüder Grimm bei der Märchenerzählerin Dorothea Viehmann in Niederzwehren

1 Lest den Sachtext über Märchen Abschnitt für Abschnitt genau durch. Überlegt, auf welche Fragen jeder Textabschnitt antwortet. Formuliert dann für jeden Textabschnitt eine Überschrift.

2 Welche Informationen enthält der Text zu folgenden Fragen? Arbeite mit Markierungen und Unterstreichungen in verschiedenen Farben. Wenn dir das Buch nicht gehört, arbeite mit einer Folie oder Kopie des Textes.

- Was erfährst du über das Erzählen und die Weitergabe von Märchen vor der Zeit der Brüder Grimm?
- Welche Informationen gibt der Text dem Leser über die Brüder Grimm?
- Was wird in dem Sachtext über Märchenfiguren gesagt?
- Welche Elemente oder Merkmale sind typisch für Märchen?

3 Überprüft, wie gut ihr den Sachtext erschlossen habt. Wählt dazu eine der folgenden Möglichkeiten aus:

- Verteilt die einzelnen Abschnitte des Sachtextes an die Schüler eurer Klasse. Jeder Schüler fasst zusammen, worüber sein Abschnitt informiert. Baut aber zwei Fehler in eure Zusammenfassungen ein. Lest eure Texte zu den Abschnitten vor. Die anderen versuchen, die Fehler zu finden.
- Formuliert zehn Fragen, die mithilfe der Informationen aus dem Text beantwortet werden können. Tauscht eure Fragen untereinander aus und beantwortet sie.

4 Ergänzt mithilfe des Textes den Ideenstern von S. 74 in eurem Heft. Welche Eigenschaften von Märchenfiguren und weiteren Merkmale von Märchen, die ihr noch nicht gesammelt habt, werden in dem Sachtext aufgeführt?

Zwei Kinder und die böse Wassernixe – Märchenmerkmale nachweisen

Brüder Grimm

Die Wassernixe

1

A Ein Brüderchen und ein Schwesterchen spielten einmal an einem Brunnen, und wie sie so spielten, plumpsten sie beide hinein. Da war unten eine Wassernixe, die sprach: „Jetzt hab ich euch, jetzt sollt ihr mir brav arbeiten." Und sie führte sie mit sich fort. Dem Mädchen gab sie verwirrten, garstigen Flachs[1] zu spinnen und es musste Wasser in einem hohlen Fass herbeischleppen. Der Junge aber sollte einen Baum mit einer stumpfen Axt hauen. Und sie bekamen nichts zu essen als steinharte Klöße.

[1] Flachs: eine Faserpflanze, die man zum Weben benutzt

B Da wurden zuletzt die Kinder so ungeduldig, dass sie warteten, bis eines Sonntags die Nixe in der Kirche war; da entflohen sie. Und als die Kirche vorbei war, sah die Nixe, dass die Kinder ausgeflogen waren, und setzte ihnen mit großen Sprüngen nach. Die Geschwister erblickten sie aber von Weitem und das Mädchen warf eine Bürste hinter sich. Das gab einen großen Bürstenberg mit tausend und tausend Stacheln, über den die Nixe mit großer Mühe klettern musste. Endlich aber kam sie doch hinüber.

2

C Wie das die Kinder sahen, warf der Knabe einen Kamm hinter sich. Das gab einen großen Kammberg mit tausendmal tausend Zinken[2]; aber die Nixe wusste sich daran festzuhalten und kam zuletzt doch drüber.

3

D Da warf das Mädchen einen Spiegel hinter sich, welcher einen Spiegelberg machte. Der Spiegelberg war so glatt, dass die Wassernixe nicht darüber konnte. Da dachte sie: „Ich will schnell nach Hause gehen und meine Axt holen und den Spiegelberg entzweihauen."
Bis sie aber wiederkam und das Glas aufgehauen hatte, waren die Kinder längst entflohen und die Wassernixe musste sich wieder in ihren Brunnen trollen.

4

---

[1] Zinken: die spitzen Enden einer Bürste oder eines Kamms

1 Lies das Märchen gründlich Abschnitt für Abschnitt und schau dir die Bilder an. Welches Bild gehört zu welchem Abschnitt? Begründe deine Zuordnung.

Textabschnitt	Bild
Abschnitt A	Bild Nr. ■
Abschnitt B	Bild Nr. ■
Abschnitt C	Bild Nr. ■
Abschnitt D	Bild Nr. ■

2 Beantworte jetzt folgende Fragen:

- Was passiert den Kindern am Anfang des Märchens?
- Was müssen die Kinder für die Nixe tun?
- Wie entkommen die Kinder der Nixe?

3 Lest die Lernbox auf S. 78. Beantwortet dann folgende Fragen:

- Welche typischen Eigenschaften und Merkmale besitzen die Figuren in diesem Märchen?
- Welche weiteren Märchenmerkmale lassen sich in diesem Märchen noch finden?

➔ Merkmale von Märchen nachweisen
AH, S. 26

4 **Durchstarten!** So könnt ihr weiterarbeiten:

a Was könnten der Junge oder das Mädchen während ihrer Flucht vor der Nixe gedacht und gefühlt haben? Schreibe einen inneren Monolog für eine der beiden Märchenfiguren in dieser Situation. Hilfen, wie du dabei vorgehen kannst, erhältst du in der Lernbox auf S. 34.

b Bereite einen Vortrag des Märchens vor. Arbeite dazu wieder mit der Lernbox auf S. 72.

c Wähle eines der anderen Märchen in diesem Kapitel aus und untersuche, welche typischen Merkmale von Märchen es besitzt.

d Erzähle das Märchen nach. Ergänze dabei das Märchen um typische Märchenmerkmale. Baue formelhafte Wendungen ein, beispielsweise Zaubersprüche wie „Bürste, vervielfache dich, schütze das Brüderchen und mich“, die das Mädchen oder auch der Junge auf der Flucht sagen könnten. Ebenso kannst du einen formelhaften Anfang und ein formelhaftes Ende einfügen.

Das musst du lernen und wissen

➔ Texte zum Thema „Märchen“ SB, S. 295–299

Merkmale von Märchen

Die wichtigsten Merkmale von Märchen sind folgende:

- Am **Anfang** eines Märchens steht oft eine Notlage oder eine Aufgabe, die der Märchenheld oder die Märchenheldin lösen muss.
- Die **Personen**, die sich im Märchen gegenüberstehen, sind meistens sehr **gegensätzlich**, z. B. gut – böse, tapfer – feige, schön – hässlich, klug – dumm, arm – reich. Diese Eigenschaften behalten sie bei, die Märchenfiguren ändern sich nicht.
- Vielfach kommen in Märchen **besondere Wesen**, z. B. Zauberer, Hexen, Feen und sprechende Tiere, oder besondere Gegenstände, z. B. verzauberte Bäume, vor.
- Eine besondere Rolle spielen die **Zahlen** (z. B. drei Brüder, drei Federn, sieben Geißlein) sowie häufig wiederkehrende **Zauberformeln** und besondere **Sprüche** („Knusper, knusper, knäuschen – wer knuspert an meinem Häuschen?“).
- Die meisten Märchen enden damit, dass das **Böse besiegt** wird, das **Gute siegt** und der Märchenheld oder die Märchenheldin **belohnt** wird.
- Märchen haben zudem oft einen **formelhaften Anfang** („Es war einmal ...“) und ein **formelhaftes Ende** („Sie lebten glücklich bis ...“ oder „Wenn sie nicht gestorben sind, dann leben sie noch heute“).

3.

„Es war einmal ein König …“ – ein Märchen erschließen

Das folgende Märchen stammt aus Portugal:

Der Prinz mit den Eselsohren

A Es war einmal ein König, der war sehr traurig, weil er keine Kinder hatte; und er ließ drei Feen rufen, die sollten ihm helfen, dass die Königin ihm einen Sohn schenkte. Die Feen versprachen ihm, seine Wünsche zu erfüllen, und sagten ihm, sie würden bei der Geburt zugegen sein. Nach neun Monaten wurde dem Königspaar ein Sohn geboren, und die Feen schenkten dem Kind ihre Gaben. Die erste Fee sprach: „Du sollst der schönste Prinz der Welt werden.“ Die zweite Fee sprach: „Du sollst zudem sehr tugendsam und verständig werden.“ Die dritte Fee ärgerte sich, dass die beiden ersten schon so viele gute Gaben ihr vorweggenommen hatten. Es wollte ihr nichts Besseres mehr einfallen, und darum rief sie: „Aber dir sollen Eselsohren wachsen, damit du nicht stolz und hochmütig werden kannst.“ Der König war außer sich und bat sie, diesen Wunsch zurückzunehmen. Wie konnte einer mit Eselsohren dereinst König werden!

B Aber die drei Feen gingen wieder fort, und bald darauf wuchsen dem Prinzen Eselsohren. Nun beschloss der König, dass keiner erfahren durfte, dass der zukünftige König Eselsohren habe; darum ließ er eine Mütze anfertigen, die dem Prinzen fest auf dem Kopf saß und auch die Ohren verdeckte. Er legte sie Tag und Nacht nicht ab. Der Prinz wurde von Tag zu Tag schöner. Und niemand am Hof ahnte, dass er Eselsohren hatte. Aber allmählich kam er in das Alter, da er rasiert werden musste, zudem war es nötig, ihm einmal die Haare zu schneiden.

C Da ließ der König einen Barbier[1] rufen und sagte zu ihm: „Du sollst den Prinzen rasieren, aber wenn du auch nur einem Menschen sagst, was du unter seiner Kappe gesehen hast, so musst du sterben.“

D Der Barbier hatte große Lust zu erzählen, was er gesehen hatte, aber die Angst, sterben zu müssen, ließ ihn schweigen. Eines Tages ging er zur Beichte und sagte zu seinem Beichtvater: „Ich habe ein Geheimnis, das drückt mich so sehr, weil mich der König töten lässt, wenn ich es jemandem anvertraue, aber wenn ich es niemandem anvertraue, gehe ich unter der Last des Geheimnisses zugrunde. Sage mir, Vater, was soll ich tun?“

---

[1] Barbier: veraltet für Friseur

Der Beichtvater antwortete ihm, er solle in ein Tal gehen, dort ein Loch graben und das Geheimnis so oft da hineinsprechen, bis er von der Last befreit sei, und dann das Loch mit Erde wieder zuschütten. Die Erde würde es dann schon bewahren. Der Barbier tat es; und nachdem er das Loch zugeschüttet hatte, ging er erleichtert nach Hause zurück.

E Nach einiger Zeit wuchs an der Stelle, wo der Barbier das Loch gegraben hatte, Schilfrohr, und wenn die Hirten mit ihren Herden vorüberkamen, schnitten sie das Rohr und machten sich Flöten daraus; und wenn sie dann auf den Flöten spielten, so erklangen Stimmen, die sagten: „Prinz mit den Eselsohren – Prinz mit den Eselsohren." Da verwunderten sich alle sehr, und die Neuigkeit verbreitete sich in der ganzen Stadt, sodass sie sogar dem König zu Ohren kam. Er befahl, dass einer der Hirten mit seiner Flöte zu ihm kommen solle, um auf seiner Flöte zu spielen. Wirklich erklangen immer dieselben Melodien und Stimmen, und was der Hirte auch zu spielen versuchte, alle bekannten Lieder übertönten die Worte: „Prinz mit den Eselsohren." Auch der König selbst spielte; und bei jedem Mal hörte er wieder die Stimmen.

F Da ließ der König den Barbier rufen und wollte ihn richten lassen; aber der junge Prinz bat für sein Leben, zog seine Mütze ab und rief: „So mögen alle wissen, dass ich Eselsohren habe, und es nicht nur im Geheimen flüstern. Ich kann ihnen trotzdem ein guter König sein." Doch siehe, als er seine Mütze abgezogen hatte und der ganze Hof rings um ihn versammelt war, sahen alle, dass er gar keine Eselsohren mehr hatte. Wie groß war da die Freude des Königs, der Königin und des jungen Prinzen. Von dem Tag an hörte man auch die Worte „Prinz mit den Eselsohren" aus dem Schilf nicht mehr.

1 Verschaffe dir zunächst einen Überblick über die Handlung. Gehe dazu so vor:

- Ordne die folgenden Überschriften den einzelnen Textabschnitten zu.
- Bringe die Überschriften in die richtige Reihenfolge.

Überschrift des Textabschnittes	Buchstabe des Textabschnittes
a) Der Prinz versteckt seine Eselsohren unter einer Mütze.	B
b) Der Barbier befreit sich von der Last seines Geheimnisses.	???
c) Die Flöten der Hirten verbreiten das Geheimnis des Prinzen.	???
d) Der neugeborene Prinz wird von einer Fee verwünscht.	???
e) Der Prinz ist von der Last der Eselsohren befreit.	???
f) Ein Barbier erfährt von den Eselsohren des Prinzen.	???

2 Nachdem ihr das Märchen nun aufmerksam gelesen habt, könnt ihr bestimmt folgende Fragen beantworten:

- Welche Rolle spielen die drei Feen in dem Märchen und was wünschen sie dem Prinzen?
- Wie reagiert der König nach dem Besuch der Feen?
- Weshalb weiß der Barbier von den Eselsohren des Prinzen und welche Probleme hat er?
- Wohin geht der Barbier und wozu wird ihm dort geraten?
- Wie erfahren die Menschen von den Eselsohren?
- Was passiert am Schluss des Märchens?

3 Am Ende des Märchens hat der Prinz keine Eselsohren mehr. Erkläre, warum dies deiner Meinung nach geschieht.

4 **Durchstarten! So könnt ihr weiterarbeiten:**

a) Stell dir vor, der Prinz setzt sich am Abend des Tages, an dem seine Eselsohren verschwunden sind, hin und schreibt in sein Tagebuch. Verfasse einen möglichen Tagebucheintrag, in dem der Prinz von sich und seinem Leben erzählt.

b) Welche typischen Merkmale besitzt dieses Märchen? Suche sie heraus. Hilfen findest du in der Lernbox auf S. 78.

c) Besorgt euch Märchen aus anderen Ländern und stellt sie der Klasse vor (z. B. indem ihr sie vortragt oder nacherzählt). Sicher sind in eurer Klasse Schüler oder Schülerinnen aus anderen Ländern. Lasst euch von ihnen Märchen aus ihrer jeweiligen Heimat vorstellen.

4.

Wie war es wirklich? – Interviews mit Märchenfiguren erfinden

Der Wolf und die sieben Geißlein – zu Bildern ein Märchen nacherzählen

1 Sicher kennen die meisten von euch das Märchen vom Wolf und den sieben Geißlein. Seht euch die Bilder an und erzählt es mithilfe der Bilder nach.

Der Wolf packt aus – ein Interview mit einer Märchenfigur weiterführen

Elke Kahlert

Jetzt rede ich. Endlich die Wahrheit über die sieben Geißlein

(Unser fliegender Reporter Ronald Eichelhäher sprach mit Herrn Wolf.)

Reporter: Herr Wolf, wir freuen uns, dass Sie sich bereit erklärt haben zu reden. Die Geschichte hat ja damals viel Staub aufgewirbelt. Nun endlich sollen unsere Leser die volle Wahrheit über Sie und die sieben Geißlein erfahren. Also, Herr Wolf, wie war es wirklich?

Wolf: An der dummen Geschichte ist ja eigentlich überhaupt nichts dran. Es gab damals zwei Reporter, die mich schwer verleumdet[1] haben. Sie wissen es vielleicht, es handelt sich um zwei Brüder, Grimm heißen sie. Den Namen werde ich mein Lebtag nicht vergessen, denn die haben mir die ganze Sache eingebrockt. Es war alles reine Sensationsmache. Denn dass ich versucht haben soll, sieben Geißlein zu ermorden, also, ich bitte Sie, Herr Eichelhäher, sehe ich wie ein Mörder aus?

Reporter: Nein, nein, Herr Wolf, aber bitte sprechen Sie weiter.

Wolf: [...]

---

1 verleumden: jemandem etwas, das er nicht gesagt hat, nachsagen

1 Was fragt der Reporter den Wolf? Welche Antworten gibt ihm der Wolf?

2 Erkläre, welche Absichten der Wolf mit seinen Antworten verfolgt.

3 In welcher Form hat Elke Kahlert die Märchenvorlage verändert? Beschreibt, wie sie vorgegangen ist.

4 Wie könnte das Interview weitergehen? Sammelt zunächst Fragen des Reporters und denkt euch mögliche Antworten des Wolfs aus. Schreibt das Interview in euer Heft. Ihr könnt es auch zu zweit vorstellen.

5 Durchstarten! So könnt ihr weiterarbeiten:

Denkt euch noch weitere Interviews mit euch bekannten Märchenfiguren aus. Schreibt die Interviews in euer Heft. Anschließend könnt ihr die Interviews mit verteilten Rollen vorlesen oder vorspielen.

5.

Projektideen rund um Märchen

Eine Märchenlesung veranstalten

Verwandelt eure Klasse in eine „Märchenstube“, in der ihr euch gegenseitig Märchen vortragt. Ihr könnt auch andere Klassen oder eure Eltern zu eurer Märchenlesung einladen. So könnt ihr eure Lesung vorbereiten und durchführen:

- Sucht euch kurze Märchen aus, die ihr vortragen möchtet.
- Bereitet das bzw. die Märchen vor, wie ihr es gelernt habt. Was ihr dabei beachten müsst, könnt ihr in der Lernbox auf S. 72 nachlesen.
- Ihr könnt die Märchen auch vorspielen. Ein Erzähler liest das Märchen vor und die anderen stellen das Geschehen auf der Bühne dar. Ihr könnt das Märchen natürlich auch als richtiges kleines Theaterstück aufführen. Überlegt euch dazu, was die Märchenfiguren sagen und wie sie sich verhalten.
- Gestaltet euren Klassenraum passend zum Thema „Märchen“. Fertigt z. B. zu euren Lieblingsmärchen Illustrationen an und hängt sie auf. Oder sammelt möglichst viele verschiedene Märchenbücher und stellt sie auf Büchertischen aus.

Ein Klassenmärchenbuch gestalten

Ihr könnt gemeinsam als Klasse ein Märchenbuch erstellen. Jeder Schüler und jede Schülerin eurer Klasse kann Märchen oder Märchenbilder hinzufügen. Das fertige Märchenbuch könnt ihr dann ausstellen, z. B. am Tag der offenen Tür oder in der Schulbibliothek.

So könnt ihr bei der Erstellung eines Klassenmärchenbuches vorgehen:

- Jeder sucht sich ein Märchen aus, das ihm besonders gut gefällt. Gut eignen sich z. B. Märchen, die nicht so bekannt sind. Natürlich könnt ihr auch eigene Märchen für das Märchenbuch schreiben.
- Schreibt die Märchen sauber und ordentlich ab oder tippt sie am Computer und druckt sie aus.
- Wenn ein Märchentext zu lang ist, arbeitet in kleinen Gruppen und teilt das Märchen auf. Jeder schreibt oder tippt dann einen Abschnitt des Märchens ab.
- Fertigt auch eine oder mehrere Zeichnungen zu euren Märchen an.
- Ihr könnt zu eurem Märchen auch schreiben, warum ihr es ausgewählt habt und was euch daran so gut gefällt.
- Sammelt alle Märchen ein und heftet sie z. B. in einen Ordner oder lasst sie in einem Copyshop binden.
- Fertigt für euer Märchenbuch zuvor auch ein Deckblatt und ein Inhaltsverzeichnis an.

Alles klar? – Wiederholen, üben und überprüfen

1 Finde die richtige Antwort heraus und schreibe sie in dein Heft.

A Märchen gibt es
- nur in Deutschland.
- nur in Schulbüchern.
- in unterschiedlichen Fassungen in verschiedenen Ländern.

B Im Märchen
- bleiben die Guten immer gut und die Bösen immer schlecht.
- werden die Guten böse und die Bösen lieb.
- bleiben die Guten gut und auch die Bösen werden gut.

C Die Brüder Grimm haben
- die Märchen selber geschrieben.
- Märchen gesammelt.
- ein altes Märchenbuch gefunden und veröffentlicht.

D Märchen haben häufig
- eine Hexe als Märchenfigur.
- einen formelhaften Anfang und ein formelhaftes Ende.
- eine lustige Märchenfigur.

E Märchen wurden zunächst
- einmal aufgeschrieben und dann verbessert.
- mündlich überliefert.
- gleich aufgeschrieben.

F Welche Zahlen haben in Märchen eine besondere Bedeutung?
- 11 und 77
- 4 und 13
- 3 und 7

G Märchen gibt es
- schon immer.
- seit den Brüdern Grimm.
- seit Hunderten von Jahren.

H In Märchen siegt immer
- die Hexe.
- das Böse.
- das Gute.

Jakob und Wilhelm Grimm

2 In dem Kasten sind vier Märchen durcheinandergeraten. Bringt die Märchenteile in die richtige Reihenfolge. Ihr erhaltet dann zu jedem Märchen ein Lösungswort, das mit dem Thema „Märchen“ zu tun hat.

Ausgangs-situation	**Märchenfiguren**	**Märchenhaftes**	**Aufgaben, Zaubersprüche, Wendungen**	**Schluss**
Ein armes Mädchen besitzt nicht mehr als seine Kleidung. **H**	ein Bauer und ein Teufel **Ö**	ein Teufel **N**	Flöte: „Prinz mit den Eselsohren – Prinz mit den Eselsohren.“ **R**	Der Bauer darf den Schatz behalten. **G**
Ein Teufel und ein Bauer schließen eine Wette darüber ab, wer den Schatz behalten darf. **K**	ein König, drei Feen, ein Prinz, ein Barbier **I**	goldene Taler **X**	Brüderchen und Schwesterchen spielten einmal ... **N**	Der Prinz hat keine Eselsohren mehr. **E**
Eine Nixe fängt ein Brüderchen und ein Schwesterchen. **P**	ein armes Mädchen, vier kleine Kinder und ein armer Mann **E**	Eselsohren, eine sprechende Flöte **E**	Ein Bauer muss zwei Wetten gewinnen. **I**	Brüderchen und Schwesterchen ist die Flucht geglückt. **Z**
Ein Prinz hat Eselsohren, die er mit einer Mütze bedeckt. **T**	eine Nixe, ein Brüderchen und ein Schwesterchen **R**	ein Bürstenberg, ein Berg aus Zinken, ein Spiegelberg **I**	teilt ihr weniges Hab und Gut mit anderen Menschen **E**	Es regnet harte und blanke Taler vom Himmel. **N**

Gedichte zu jeder Jahreszeit

Sicher kennst du schon viele Gedichte, manche vielleicht sogar auswendig.

In diesem Kapitel lernst du

- Gedichte anschaulich vorzutragen,
- die unterschiedlichen Formen von Gedichten kennen,
- sprachliche Bilder zu erkennen und zu deuten,
- Methoden kennen, mit denen du Gedichte auswendig lernen kannst,
- selber Gedichte zu schreiben.

1 Ordne die Texte unten den Bildern zu.

2 An welchen Wörtern und Textstellen kannst du erkennen, welcher Text zu welchem Bild passt?

3 Welches ist deine Lieblingsjahreszeit? Schreibe auf, warum du sie magst. So könntest du z. B. beginnen:

Mir gefällt am Frühling besonders gut, dass die Bäume wieder Blätter bekommen.
Wenn es im Winter schneit ...

Die Luft ist blau, das Tal ist grün,
die kleinen Maienglocken blühn
und Schlüsselblumen drunter;
der Wiesengrund
ist schon so bunt
und malt sich täglich bunter.
[...]

[...]
Die Luft schmeckt
So bitter
Die Vögel sind
Über alle Berge
Der Nebel macht
Die Häuser bleich
Aufs Dach trommeln
Kastanien
[...]

Nordwind bläst. Und Südwind weht.
Und es schneit. Und taut. Und schneit.
Und indes die Zeit vergeht,
bleibt uns doch nur eins: die Zeit.
[...]

Wenn morgens kein Wecker klingelt,
wenn die Sonne den ganzen Tag strahlt,
wenn das Freibad knackend voll ist,
wenn ich nach acht noch unterwegs sein darf,
[...]

1.

Eines Morgens ist der Frühling da – Gedichte vortragen

James Krüss (1926 – 1997)
Frühlinter

Im April aufzusagen

Wer im April
spazieren will, /
was tut er? / Was beginnt er? /
Er jubelt: / Frühl... // Dann schweigt er still
und murmelt matt: /
Frühlinter! //

Sein Schuh im Matsch
macht quitsch und quatsch, /
halb Frühling ist's, halb Winter. /
Ein bisschen plitsch, ein bisschen platsch,
von jedem was: //
Frühlinter. //

Wohin das zielt?
Was das bezweckt?
Es kommt kein Mensch dahinter.
Wenn ein Kind sich mit Lust bedreckt,
dann frag nicht, was dahintersteckt.
Es ist April:
Frühlinter!

1 Erkläre, von wem in dem Gedicht gesprochen wird. In welcher Situation befindet er sich und was denkt und fühlt er?

2 Erkläre die Bedeutung des Wortes „Frühlinter". Was ist damit wohl gemeint? Suche die Textstellen, die helfen können, das Wort zu erklären.

3 Für einen Gedichtvortrag hat Leon die erste und zweite Strophe des Gedichts vorbereitet. Sieh dir die Markierungen und Unterstreichungen von Leon an und versuche, sie zu erklären. Was könnten die Zeichen / und // und das Unterstreichen eines Wortes jeweils bedeuten?

4 Tragt euch die ersten beiden Strophen mithilfe von Leons Markierungen gegenseitig vor.

5 In der dritten Strophe fehlen die Markierungen zur Vorbereitung des Vortrags. Lest die Strophe mehrmals durch und ergänzt die fehlenden Markierungen (arbeitet auf einer Folie oder einer Kopie dieser Seite). Geht dabei so vor wie Leon. Weitere Hilfen erhaltet ihr in der Lernbox auf S. 93.

6 Übe nun den Vortrag des Gedichts ein. Arbeite dazu wieder mit der Lernbox auf S. 93.

7 Tragt euch das Gedicht gegenseitig vor und sprecht darüber, was an den Vorträgen gut gelungen ist und was der Sprecher noch verbessern könnte.

➔ Ein Gedicht vortragen
AH, S. 10

Christine Nöstlinger (geb. 1936)
Frühling

Anja *hört* den Frühling.
Neben ihr, auf dem Dach,
singen die Vögel.

Unten vor dem Haus
steigt Vater in sein Auto.
Er *fühlt* den Frühling.
Die Sonne scheint warm
auf sein Gesicht.

Eines Morgens ist der Frühling da.
Die Mutter sagt,
sie *riecht* ihn in der Luft.

Aber *schmecken*
kann man den Frühling noch nicht.
Bis die Erdbeeren reif sind,
dauert es noch lange.

Pit *sieht* den Frühling.
An den Sträuchern im Garten
sind hellgrüne Tupfen.

1 Das Gedicht von Christine Nöstlinger ist durcheinandergeraten. Bringt die einzelnen Teile des Gedichts wieder in die richtige Reihenfolge. Schreibt das Gedicht dazu auf. Beachtet folgende Punkte:

- Der erste Vers (= Zeile) des Gedichts beginnt so: „Eines Morgens ist der …“.
- Achtet bei der Wiederherstellung des Gedichts darauf, was man am Frühling sehen, hören, schmecken und riechen kann.

2 Woran erkennen die einzelnen Personen, dass der Frühling kommt? Erkläre dies und suche entsprechende Textstellen heraus.

3 Bereite einen wirkungsvollen Vortrag des Gedichts vor. Arbeite dabei mit der Lernbox auf S. 93.

4 Präsentiert euch eure Vorträge zuerst gegenseitig in kleinen Gruppen. Wählt besonders gelungene aus und stellt sie dann der Klasse vor. Begründet, was ihr an diesen Vorträgen gut findet.

Christine Busta (1915 – 1987)

Die Frühlingssonne

Unhörbar wie eine Katze,
kommt sie über die Dächer,
springt in die Gasse hinunter,
läuft durch Wiesen und Wald.

Oh, sie ist hungrig! Aus jedem
verborgenen Winkel schleckt sie
mit ihrer goldenen Zunge den Schnee.

Er schwindet dahin wie Milch
in einer Katzenschüssel.
Bald ist die Erde wieder blank.

Die Zwiebelchen unter dem Gras
spüren die Wärme ihrer Pfoten
und beginnen neugierig zu sprießen.

Eins nach dem andern blüht auf:
Schneeglöckchen, Krokus und Tulpe,
weiß, gelb, lila und rot.
Die zufriedene Katze strahlt.

1 Carsten aus der 5 a hat zu dem Gedicht ein Bild gemalt. Finde Textstellen, die zu dem Bild passen.

2 Erkläre mit eigenen Worten, in welcher Form die Frühlingssonne beschrieben wird.

3 Was könnte damit gemeint sein, wenn die Katze „mit ihrer goldenen Zunge den Schnee" (Z. 7) schleckt? Von den folgenden drei Antworten sind zwei richtig und eine falsch:

- Mit der Katze ist die Sonne gemeint.
- Katzen mit goldenen Zungen schlecken den Schnee weg.
- Die goldene Zunge sind die Sonnenstrahlen, die den Schnee zum Schmelzen bringen.

4 Erklärt jetzt, wie folgende Verse gemeint sind.

- Unhörbar wie eine Katze, / kommt sie über die Dächer, (Z. 1–2)
- Er schwindet dahin wie Milch, / in einer Katzenschüssel. (Z. 8–9)
- Die Zwiebelchen [...] / [...] beginnen neugierig zu sprießen. (Z. 11–13)

5 Bereite einen Vortrag des Gedichts vor und übe ihn ein. Beachte dabei die Hinweise in der Lernbox. Stellt euch eure Gedichtvorträge vor. Besprecht dann, was euch an euren Vorträgen schon gut gelungen ist und was ihr noch verbessern könnt.

So gehst du vor

Gedichte vortragen

Damit du an der Beschäftigung mit Gedichten Freude hast und sie besser verstehen kannst, hilft es dir, sie laut vorzutragen. Auch deine Zuhörer sollen Spaß an deinem Vortrag haben. Deshalb musst du den Vortrag eines Gedichts gut vorbereiten und einüben. Dabei solltest du folgende Hinweise beachten:

- Lies das Gedicht mehrfach genau durch und bereite es mit Markierungen und Unterstreichungen für einen Vortrag vor. Folgende Zeichen kannst du dafür benutzen:

  _ : Hervorhebung eines Wortes durch Betonung
  / : kurze Sprechpause
  // : lange Sprechpause

- Beim Vortragen des Gedichts musst du auf Folgendes achten:
  - Beachte deine Pausenzeichen. Bei einer kurzen Sprechpause zählst du in Gedanken 3, 4, 5.
  - Bei einer langen Pause zählst du lautlos 11, 12, 13, 14, bevor du weitersprichst.
  - Betone besonders die Wörter, die du markiert hast.
  - Versuche, die Stimmung des Gedichts wiederzugeben. Überlege dir dazu, welche Stellen du z. B. laut, leise, fröhlich oder traurig vortragen musst.

- Besonders gut gelingt dir ein Vortrag, wenn
  - du das Gedicht vorher mehrmals jemandem (z. B. deiner Mutter, deinem Vater oder einem Mitschüler) vorträgst.
  - ihr den Gedichtvortrag zu zweit einübt und jeder abwechselnd eine Strophe vorträgt.
  - ihr den Inhalt des Gedichts auch mit Mimik (= Gesichtsausdruck) und Gestik (= Körpersprache) verdeutlicht (z. B., wenn es heißt, dass jemand etwas riecht oder hört).

➔ Ein Gedicht vortragen
AH, S. 10

2.

„Kinder, ist das eine Hitze!" – Die Form von Gedichten bestimmen

Shel Silverstein (1930 – 1999)

Auf dem Sprungbrett

Du stehst auf dem 5-Meter-Brett, und alles ist so weit ganz nett. Das Sprungbrett ist auch nicht zu glatt, sodass man einen Halt drauf hat, und was ist, wenn das Sprungbrett bricht? Nein, es hält spielend dein Gewicht. Das Sprungbrett federt gerade richtig. Die Hose sitzt; auch das ist wichtig. Nur was das Sprungbrett echt nicht bringt, ist, dass man auch mal runterspringt.

1 Wie fühlt sich derjenige, der auf dem hohen Sprungbrett steht? Beschreibe die Situation mit eigenen Worten. Erkläre dabei genau, was der letzte Satz bedeutet.

2 Das Gedicht von Shel Silverstein besteht in der Originalfassung aus einer Strophe mit zehn Versen. Findet zunächst die zehn Reimwörter.

3 Übertrage das Gedicht in dein Heft. Schreibe dabei die einzelnen Verse untereinander auf.

4 Bei diesem Gedicht nennt man die Form der Reime „Paarreime". Warum heißt der Reim wohl so?

Die Schülerinnen und Schüler der 5a sollten als Hausaufgabe die Form des Gedichts von Shel Silverstein beschreiben. Auch Leon hat dazu einen Text geschrieben. In dem Kasten findest du eine unvollständige Version von Leons Hausaufgabe:

> *Das Gedicht mit dem Titel ______ von ______ besteht aus einer ______ mit zehn ______. Die Reime sind alle durchgehend ______.*

5 Übernimm Leons Text in dein Heft und vervollständige ihn. Verwende dabei die Fachbegriffe aus der Lernbox.

Das musst du lernen und wissen

Die Form von Gedichten bestimmen

- Gedichte bestehen aus einzelnen Zeilen, die man **Verse** nennt. Wenn mehrere Verse zu einem Abschnitt zusammengefasst sind, nennt man das **Strophe**.
- Oft enthalten Gedichte **Reime**. Zwei Wörter reimen sich, wenn sie gleich klingen, z. B.: Katze – Tatze, Fenster – Gespenster.
- Die Reihenfolge der Reime beschreibt man mit kleinen Buchstaben. Die häufigsten Reime (Reimfolgen) sind:

Paarreim

... Wolken	a
... gemolken	a
... schmeckt	b
... steckt	b

Kreuzreim

... Wolken	a
... schmeckt	b
... gemolken	a
... steckt	b

umarmender Reim

... schmeckt	a
... Wolken	b
... gemolken	b
... steckt	a

➔ Die Form von Gedichten bestimmen
AH, S. 27–28

6 **Durchstarten! So könnt ihr weiterarbeiten:**

Übt zu zweit oder in kleinen Gruppen einen Vortrag des Gedichts „Auf dem Sprungbrett“ ein und stellt pantomimisch die Szene auf dem Sprungturm nach.

Christel Süßmann
Sommerhitze

Kinder, ist das eine Hitze!
Kinder, ist das heute heiß!
Nur zwei Sachen gibt's, die nützen:
Baden gehen oder Eis.

Darum nur nicht lang gefackelt,
schnell die Badehosen her!
Ist auch unser kleines Schwimmbad
Leider nicht das große Meer.

Morgen gehen wir wieder baden –
Und der Winter ist so weit!
Sonnenschein und Wasserplantschen!
Herrlich ist die Ferienzeit!

1 Seht euch das Foto an und beschreibt es. Könnte es den Sprecher in dem Gedicht darstellen? Erklärt, was auf dem Foto genauso ist wie in dem Gedicht und was unterschiedlich ist.

2 Erklärt mit euren Worten, was der Sprecher in dem Gedicht sagt. In welcher Situation befindet er sich und welche Erfahrungen mit dem Sommer beschreibt er? Geht dabei Strophe für Strophe vor.

3 Untersuche die Form des Gedichts. Arbeite dazu mit der Lernbox auf S. 95. Halte deine Ergebnisse wie Leon auf S. 95 oben schriftlich fest.

4 Übe einen Vortrag des Gedichts „Sommerhitze“ ein. Versuche, vor allem die fröhliche Stimmung des Gedichts wiederzugeben. Arbeite dabei mit der Lernbox auf S. 93.

Ilse Kleberger (geb. 1921)

Sommer

Weißt du, wie der Sommer riecht?
Nach Birnen und nach Nelken,
nach Äpfeln und Vergissmeinnicht,
die in der Sonne welken,
nach heißem Sand und kühlem See
und nassen Badehosen,
nach Wasserball und Sonnenkrem,
nach Straßenstaub und Rosen.

Weißt du, wie der Sommer schmeckt?
[...]

Weißt du, wie der Sommer klingt?
[...]

1 Das Gedicht von Ilse Kleberger hat drei Strophen. Die erste Strophe ist vollständig. Finde das Reimschema heraus und beschreibe es mit kleinen Buchstaben.

2 Bei den beiden anderen Strophen ist nur der erste Vers vorgegeben. Setzt das Sommergedicht fort. Schreibt den zweiten und dritten Strophenanfang weiter. Geht dabei so vor:

- Sammelt gemeinsam möglichst viele Wörter, die zeigen, was man im Sommer schmecken kann oder was man im Sommer hört.
- Schreibt nun mithilfe dieser Wörter eure Gedichte. Übernehmt die erste Strophe von Ilse Kleberger und vervollständigt die beiden anderen.
- Versucht, das Reimschema der ersten Strophe einzuhalten.
- Gestaltet eure Gedichte so, dass alle drei Strophen acht Verse haben.

3 **Durchstarten! So könnt ihr weiterarbeiten:**

Gestaltet mit euren Gedichten Plakate, die ihr in der Klasse aushängen könnt:

a) Schreibt euer Gedicht besonders schön auf und illustriert es mit eigenen Zeichnungen.

b) Ihr könnt mit euren Gedichten Collagen gestalten. Schreibt euer Gedicht in die Mitte eines großen Blattes. Sucht dann Bilder in Zeitschriften oder im Internet, die zu eurem Gedicht passen. Gestaltet dann mit diesen Bildern euer Gedichtblatt.

3.

„Die Tanne spricht zum Herbste“ – sprachliche Bilder erkennen und deuten

Peter Hacks (1928–2003)

Der Herbst steht auf der Leiter

Der Herbst steht auf der Leiter
Und malt die Blätter an,
Ein lustiger Waldarbeiter,
Ein froher Malersmann.

Er kleckst und pinselt fleißig
Auf jedes Blattgewächs,
Und kommt ein frecher Zeisig[1],
Schwupp, kriegt der auch nen Klecks.

Die Tanne spricht zum Herbste:
Das ist ja fürchterlich,
Die andern Bäume färbste,
Was färbste nicht mal mich?

Die Blätter flattern munter
Und finden sich so schön.
Sie werden immer bunter.
Am Ende falln sie runter.

[1] Zeisig: ein Vogel, gehört zu den Finken

1 Beschreibe, als was der Herbst dargestellt wird und was er macht.

2 Erkläre, was Alexander an dem Gedicht stört und was Lena dazu meint. Lies dazu auch die Lernbox auf S. 99.

3 „Der Herbst steht auf der Leiter / Und malt die Blätter an“ (Z. 1–2). Um diese Verse genau zu verstehen, lies zuerst die Lernbox auf dieser Seite. Beantworte dann die folgenden Fragen:

- Warum handelt es sich hier um eine Personifikation?
- Was ist mit diesen Versen gemeint? Erkläre ihre Bedeutung mit deinen Worten.

4 Sucht noch andere Personifikationen aus dem Gedicht heraus und erklärt, was sie bedeuten.

Das musst du lernen und wissen

Sprachliche Bilder

Oft „malen“ Dichter mit Worten. Manche Formulierungen lassen in deinem Kopf Bilder entstehen. Diese Formulierungen nennt man **sprachliche Bilder**, weil in ihnen mit Sprache „gemalt“ wird. Dazu gehören:

- **Personifikationen** (z. B.: Der Herbst steht auf der Leiter): Bei Personifikationen bekommen Gegenstände menschliche Eigenschaften. Dadurch wird ein Gedicht lebendig und anschaulich, manchmal auch witzig.
- **Vergleiche** (z. B.: Augen wie Feuer): Bei einem Vergleich wird mithilfe von Vergleichswörtern (z. B. *wie* oder *so*) etwas (z. B. das Aussehen, Verhalten oder die Eigenschaften von jemandem) bildlich beschrieben.

5 **Durchstarten! So könnt ihr weiterarbeiten:**

a) Übernimm den Text aus dem Kasten in dein Heft. Setze in die Lücken die richtigen Begriffe aus der Lernbox ein und schreibe ihn zu Ende.

In dem Gedicht „Der Herbst steht auf der Leiter“ malt der Dichter Peter Hacks mit ___. Der Herbst kann gar nicht auf der Leiter stehen, es handelt sich dabei um eine ___. Diese ___ muss man so verstehen …

b) Übt zu zweit oder zu dritt einen Vortrag des Gedichts ein. Überlegt, wie ihr den Text sinnvoll aufteilen könnt. Bei eurem Vortrag könnt ihr den Inhalt des Gedichts auch pantomimisch darstellen.

Der Herbst

So bunt wie die Farben
So kalt wie der Frost
schleicht der Herbst um jedes Haus
mit Regen und Wind bepackt.

Mit dem Nebel streift er wie eine Katze
durch Felder und Wälder.
So lang wie eine Drachenschnur
dauert der Herbst.

So wie Tag und Nacht
steht er jedes Jahr vor der Tür
mit Farben für die Blätter in der Hand.
Und verscheucht lachend den Sommer.
(Alina)

1 Alina hat ein eigenes Herbstgedicht geschrieben. Welche Erfahrungen mit dem Herbst hält sie darin fest? Klärt, was jeweils in den einzelnen Strophen über den Herbst gesagt wird.

2 Sucht Textstellen heraus, in denen der Herbst personifiziert wird. Erklärt, was diese Personifikationen jeweils bedeuten.

3 Alina hat in ihrem Gedicht auch viele Vergleiche verwendet. Finde heraus, ob das Gedicht vier, fünf oder sechs Vergleiche enthält. Lies eventuell noch einmal die Lernbox auf S. 99.

4 Erklärt die Bedeutung der Vergleiche in dem Gedicht.

5 **Durchstarten! So könnt ihr weiterarbeiten:**

a) Schreibe ein eigenes Gedicht über den Herbst oder eine andere Jahreszeit. Versuche dabei, viele Vergleiche und Personifikationen zu verwenden.

b) In der Tabelle sind die Vergleiche und ihre Bedeutungen durcheinandergeraten. Ordne sie einander richtig zu.

Vergleich	Bedeutung
Er sieht wie ein begossener Pudel aus.	Er ist ein besonders kluger Mann.
Er arbeitet wie ein Pferd.	Er ist besonders tapfer.
Er ist schlau wie ein Fuchs.	Er ist sichtbar enttäuscht oder betroffen.
Er ist mutig wie ein Löwe.	Er schuftet mehr, als es ein Mensch eigentlich kann.

c) Suche in den Gedichtauszügen auf S. 89 Personifikationen heraus und erkläre sie.

Wolfgang Bächler (1925–2007)

Der Nebel

Der Nebel ______ unersättlich.
Er ______ alle Bäume, die Häuser,
die parkenden Autos,
die Sterne, den Mond.
Der Nebel ______ näher,
unförmig gemästet[1],
wird dicker und dicker,
______ gegen die Mauer,
______ an den Fenstern mit feuchter Zunge,
mit grau belegter,
______ alles,
______ dich.

(Aus lizenzrechtlichen Gründen ist dieser Text nicht in reformierter Rechtschreibung abgedruckt.)

[1] gemästet: dick, überernährt

frißt   rückt   ist   frißt
leckt   frißt   drückt

1 Bei diesem Gedicht fehlen einige Verbformen. Du findest sie in dem Kasten. Vervollständige das Gedicht und schreibe es in dein Heft.

2 Erkläre, wie der Nebel in dem Gedicht beschrieben wird. Was macht er und welche Eigenschaften hat er?

3 In dem Gedicht gibt es viele Personifikationen. Sucht sie heraus. Legt dazu in euren Heften folgende Tabelle an und vervollständigt sie:

Personifikation	**Bedeutung**
Der Nebel ist unersättlich.	Der Nebel verschlingt alles.
Er frisst alle Bäume.	Der Nebel hüllt alles ein, sogar die Bäume.
Der Nebel rückt näher.	...
...	...

Sprachliche Bilder erkennen und deuten A 1, S. 29–31

4 Schreibe ein Parallelgedicht, in dem der Nebel positiv beschrieben wird. So kannst du beginnen:

Der Nebel ist bescheiden.
Er streichelt alle Bäume,
die parkenden …

4.

„Ich male mir den Winter" – Gedichte auswendig lernen

1 Vervollständigt den Cluster (= Wortnetz) mit möglichst vielen eigenen Wörtern.

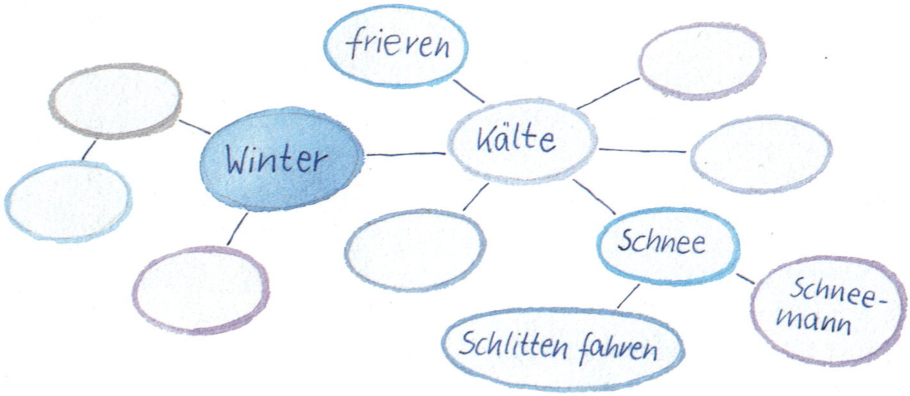

2 Schreibe ein eigenes Wintergedicht. Die Wörter des Clusters können dir dabei helfen. Dein Gedicht muss sich nicht reimen.

3 Besprecht eure Gedichte in kleinen Gruppen und macht euch gegenseitig Verbesserungsvorschläge. Überarbeitet eure Gedichtentwürfe mithilfe dieser Vorschläge.

4 Übt den Vortrag eures Gedichts ein und stellt euch eure überarbeiteten Gedichte wieder in kleinen Gruppen gegenseitig vor. Wählt zur Präsentation vor der Klasse besonders gelungene Gedichte aus.

Lucas von Valckenborch (1535–1597), Winterlandschaft

Josef Guggenmos (1922–2003)

Ich male mir den Winter

Ich male ein Bild,
ein schönes Bild,
ich male mir den Winter.
Weiß ist das Land,
schwarz ist der Baum,
grau ist der Himmel dahinter.

Sonst ist da nichts
da ist nirgends was,
da ist weit und breit nichts zu sehen.
Nur auf dem Baum,
auf dem schwarzen Baum
hocken zwei schwarze Krähen.

Aber die Krähen,
was tun die zwei,
was tun die dort auf den Zweigen?
Sie sitzen dort
und fliegen nicht fort.
Sie frieren nur und schweigen.

Wer mein Bild besieht,
wie's da Winter ist,
wird den Winter durch
und durch spüren.
Der zieht einen dicken Pullover an
vor lauter Zittern und Frieren.

1 Suche fünf Textstellen heraus, an denen deutlich wird, dass es sich bei dem Gedicht um ein Wintergedicht handelt. Das Wort „Winter" darf aber in den von dir ausgewählten Textstellen nicht vorkommen. Begründe deine Wahl.

2 Beschreibt den Inhalt des Gedichts. Geht dabei so vor:

- Erklärt, was der Sprecher des Gedichts in der ersten Strophe macht.
- Stellt euch vor, ihr möchtet das, was auf dem „Winterbild" zu sehen ist, malen.
- Sucht Textstellen in der ersten und zweiten Strophe heraus, die euch zeigen, was es auf dem Bild zu sehen gibt und was ihr im Einzelnen malen müsst.
- Beschreibt das Verhalten der Krähen in der dritten Strophe. Was zeigt ihr Verhalten?
- Was passiert, wenn sich jemand das Winterbild ansieht? Sucht Textstellen aus der vierten Strophe heraus, die auf diese Frage antworten.

Die Schüler und Schülerinnen der Klasse 5 a wollen das Gedicht auswendig lernen.

3 Wie würdet ihr vorgehen, um ein Gedicht auswendig zu lernen? Sammelt noch weitere Tipps.

4 Lernt das Gedicht auswendig und tragt es vor. So könnt ihr dabei vorgehen:

- Arbeitet in Vierer-Gruppen. Jeder in der Gruppe lernt eine Strophe auswendig und bereitet sie für einen Vortrag vor.
- Probiert beim Auswendiglernen eurer Strophen einige Tipps und Ratschläge aus. Findet jeweils heraus, mit welchen Methoden ihr besonders gut auswendig lernen könnt.

Weitere Ratschläge könnt ihr in der Lernbox auf S. 105 nachlesen.

5 **Durchstarten! So könnt ihr weiterarbeiten:**

a) Male das Bild, von dem in dem Gedicht von Josef Guggenmos die Rede ist.

b) Schreibe ein Parallelgedicht zu einer anderen Jahreszeit. Übernimm die ersten drei Verse aus dem Gedicht von Guggenmos. Verändere die restlichen Verse dann so, dass sie zu der von dir gewählten Jahreszeit passen.

Adolf Holst (1867–1945)

Eislauf

Heute, Kinder, wolln wirs wagen!
Heute wird das Eis wohl tragen,
Darum los, wer laufen kann!
Mütze auf und Schlittschuh an!

Ach, so wohlig sich zu wiegen,
Schwalben gleich dahinzufliegen,
Auf und ab im Sonnenstrahl,
Blank das Eis und blank der Stahl!

Müllers Max und Schneiders Fritze
Mit der braunen Pudelmütze,
Wie sie schwenken und sich drehn!
Habt ihr so was schon gesehn?

Hoch das Bein und kühn im Bogen
Kommen sie herangeflogen,
Eins – zwei – drei und wie der Blitz –
Bums! Da liegt der Schneider Fritz!

1 Gib den Inhalt des Gedichts Strophe für Strophe mit eigenen Worten wieder. Dafür kannst du zu jeder Strophe ein Bild malen und dann mithilfe deiner Bilder das Geschehen mit eigenen Worten beschreiben.

2 Bereite das Gedicht mit Pausenzeichen und Unterstreichungen für einen Vortrag vor. Arbeite dabei wieder mit der Lernbox auf S. 93.

3 Lies dir die folgende Lernbox durch und lerne das Gedicht mithilfe der Tipps auswendig.

4 Trage das Gedicht auswendig vor. Ihr könnt es auch zu zweit vortragen. Einer trägt eine Strophe vor und sein Partner stellt die Strophe pantomimisch dar. Bei jeder Strophe sollten die Rollen wechseln.

So gehst du vor

Ein Gedicht auswendig lernen

Ein Gedicht auswendig zu lernen ist nicht ganz einfach. Wenn es dir aber gelungen ist, wirst du merken, wie viel Spaß es macht, etwas auswendig vortragen zu können. Die folgenden Tipps können dir dabei helfen:

- Bereite das Gedicht mit **Pausenzeichen** und **Unterstreichungen** für einen Vortrag vor.
- Es ist wichtig, dass du nicht alles auf einmal lernst. Teile dir das Gedicht in **Portionen** ein und präge es dir abschnittsweise, z. B. Strophe für Strophe, ein.

Beim Auswendiglernen kannst du so vorgehen:

- Wenn du dir Gehörtes leicht merken kannst, dann **lies dir das Gedicht immer wieder abschnittsweise laut und deutlich vor**. Oft hilft es dir, wenn du die einzelnen Abschnitte jemandem (z. B. einem Freund oder deiner Mutter, deinem Vater) mehrmals vorträgst.
- Es hilft dir beim Auswendiglernen auch, wenn du das **Gedicht** fehlerfrei und sauber **abschreibst**. Dabei kannst du Schlüsselwörter durch Bilder ersetzen (z. B.: der Hund: ).

Du kannst zudem Folgendes machen:

- Schreibe auf einen **Spickzettel** Strophenanfänge, Reimwörter oder Schlüsselwörter. Benutze diesen Spickzettel als Hilfestellung bei dem Vortrag des Gedichts.
- Lass bei manchen Versen deinen **Körper mitsprechen**. Übe Bewegungen der Arme und Hände, Veränderungen des Gesichtsausdrucks und der Körperhaltung ein, die den Inhalt des Gedichts unterstreichen.
- **Nimm das Gedicht** (z. B. mit einem Kassettenrekorder) **auf** und höre es dir immer wieder an.

5.

Gedichtewerkstatt – Gedichte schreiben und gestalten

Mit Lauten spielen

1 Übe einen Vortrag dieses Gedichts ein. Sprich das Gedicht so, als hättest du etwas, an dem du sehr hängst, verloren (z. B. deinen Glücksbringer).

2 Nun sprich das Gedicht so, als wärest du gerade sehr glücklich, weil du z. B. eine Eins in Mathematik geschrieben hast.

3 Denk dir eine Situation aus (z. B. hast du beim Fußball ein Tor geschossen). Arbeite nun so mit dem Gedicht:

- Trage das Gedicht so vor, dass es zu dieser Situation passt.
- Begleite deinen Vortrag durch entsprechende Mimik und Gestik.
- Deine Zuhörer sollen erraten, welche Gefühle du mit deinem Vortrag darstellst und um welche Situation es sich handeln könnte.

Elfchen schreiben

Grau
Der Nebel
Er umschließt mich
Ich sehe nichts mehr
Allein
(Janis)

1 Lies dir das Elfchen durch. Erkläre mithilfe der Lernbox auf S. 107, warum es sich um ein Elfchen handelt.

2 Schreibe mithilfe der Lernbox eigene Elfchen. Du kannst zu folgenden Themen schreiben:

Schule – Hausaufgaben – Ferien – Freunde – Tiere – Sport – Eltern – Noten – Bücher – Sonne – Streit – Jahreszeiten

Natürlich kannst du dir auch ein eigenes Thema aussuchen.

So gehst du vor

Elfchen schreiben

Das Elfchen ist ein kurzer Text aus nur elf Wörtern, aus denen fünf Verse gebildet werden. Um ein Elfchen zu schreiben, musst du die elf Wörter so auf die fünf Verse verteilen:

1. Vers:	Eine Farbe oder Eigenschaft (**1 Wort**)	z. B.	Orange
2. Vers:	Etwas, das diese Farbe oder Eigenschaft hat (**2 Wörter**)		Die Sonne
3. Vers:	Wo es ist, was es tut, wie es ist (**3 Wörter**)		Es ist Sommer
4. Vers:	Was ich dazu sagen kann/wie es auf mich wirkt (**4 Wörter**)		Alle wollen Eis essen
5. Vers:	Abschließender Eindruck/Zusammenfassung (**1 Wort**)		Sommerhitze

Haikus schreiben

Schön schillernder Lachs
voll Lebenskraft flussaufwärts
ins Netz des Fischers
(Marian)

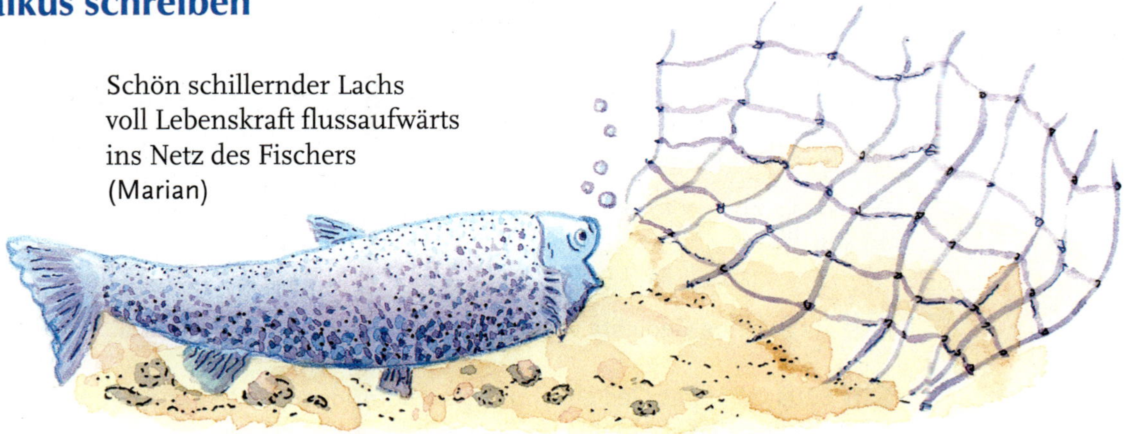

1 Trage das Haiku so vor, dass seine Stimmung deutlich wird.

2 Erkläre mit deinen eigenen Worten, was der Lachs macht und wie sein Leben endet.

3 Weist anhand der Lernbox auf S. 108 nach, warum es sich bei dem Text um ein Haiku handelt.

4 Schreibe selbst Haikus über Tiere oder die Natur. Arbeite dabei wieder mit der Lernbox auf S. 108.

So gehst du vor

Ein Haiku schreiben

Das Haiku ist ein japanisches Kurzgedicht, bei dem **17 Silben auf 3 Verse** verteilt sind. Um ein Haiku zu schreiben, musst du die drei Verse so gestalten:

1. Vers = 5 Silben	z. B.	Die ruhige See
2. Vers = 7 Silben		Keine Möwe zu sehen
3. Vers = 5 Silben		Ein Sturm wird kommen

Haikus handeln oft von Lebewesen, Gegenständen und Vorgängen aus der Natur.

Parallelgedichte verfassen

Eugen Gomringer (geb. 1925)

avenidas

avenidas
avenidas y flores

flores
flores y mujeres

avenidas
avenidas y mujeres

avenidas y flores y mujeres
un admirador

Unterricht

Unterricht
Unterricht und Pause

Pause
Pause und Spaß

Unterricht
Unterricht und Spaß

Unterricht und Pause und Spaß
eine Erholung
(Eduard)

1 Trage beide Gedichte vor.

2 Eduard hat das Gedicht von Eugen Gomringer gelesen und dann ein eigenes Gedicht geschrieben. Beschreibe, wie er vorgegangen ist.

3 Schreibe ein eigenes Gedicht nach dem Muster dieser Gedichte.

4 Durchstarten! So könnt ihr weiterarbeiten:

a) Das Gedicht von Eugen Gomringer ist in spanischer Sprache verfasst. Sicher willst du wissen, wie es auf Deutsch lautet. Übersetze das Gedicht. Benutze dabei ein Wörterbuch oder das Internet. (Deine Übersetzung kannst du im Anhang auf S. 320 kontrollieren.)

b) Vielleicht sprecht ihr noch andere Sprachen. Schreibt Gedichte in diesen Sprachen nach dem Muster des Gedichts von Eugen Gomringer.

Gedichte mit Schrift gestalten

James Krüss (1926–1997)
Gewitterlied

Schwarz sind die Wolken
Ein erster Blitz.
Die Hähne krähen
So schrill und spitz.
Die Vögel zittern
Und sind so stumm.

Da rollt der Donner:
Rummbumm, rummbumm
Mit Blitz und Regen
Und Wolken schwer
braust das Gewitter
Von Westen her.

1 Bei dem Gedicht von James Krüss kann man das Gewitter miterleben. Schreibe das Gedicht so ab, dass man richtig „sehen" kann, was geschieht. Du kannst auch in die Wörter hineinmalen.

Eine Schülerin hat so begonnen:

Eduard Mörike (1804–1875)
Septembermorgen

Im Nebel ruhet noch die Welt,
Noch träumen Wald und Wiesen:
Bald siehst du, wenn der Schleier fällt,
Den blauen Himmel unverstellt,
Herbstkräftig die gedämpfte Welt
In warmem Golde fließen.

2 Lies das Gedicht von Eduard Mörike. Wenn du die Augen schließt, kannst du vermutlich den Morgennebel sehen. Schreibe das Gedicht so in dein Heft, dass du einige Wörter durch Bilder ersetzt oder sie malst.

3 Suche dir ein anderes Gedicht, z. B. aus diesem Kapitel, aus und gestalte es so, dass man seinen Inhalt „sehen" kann.

Alles klar? – Wiederholen, üben und überprüfen

1 Was bedeuten die beiden Zeichen / und //, wenn du ein Gedicht für einen Vortrag vorbereitest? Schreibe die Erklärungen in dein Heft.

2 Übernimm den folgenden Text in dein Heft und ergänze ihn.

Bei einem Gedichtvortrag zähle ich bei einer kurzen Pause in Gedanken ______.
Bei einer langen Pause zähle ich ______.
Unterstrichene Wörter ______ ich besonders.

3 Die Personifikationen/Vergleiche und ihre Bedeutungen sind durcheinandergeraten. Ordne sie einander richtig zu.

Personifikation/Vergleich	Bedeutung
a) Es gießt wie aus Kübeln.	1. Es stürmte heftig.
b) Sie redet wie ein Wasserfall.	2. Es regnet sehr stark.
c) Die weißen Spitzen der Alpen grüßen.	3. Jemand redet ununterbrochen.
d) Der Wind heulte.	4. Auf den hohen Bergen liegt Schnee.

Christian Morgenstern (1871–1914)

Wenn es Winter wird

Der See hat eine Haut bekommen,
sodass man fast drauf gehen kann,
und kommt ein großer Fisch geschwommen,
so stößt er mit der Nase an.

Und nimmst du einen Kieselstein
und wirfst ihn drauf, so macht es klirr
und titscher – titscher – titscher – dirr...
Heißa, du lustiger Kieselstein!

Er zwitschert wie ein Vögelein
und tut als wie ein Schwälblein fliegen –
doch endlich bleibt mein Kieselstein
ganz weit, ganz weit auf dem See draußen liegen.

Da kommen die Fische haufenweis
und schaun durch das klare Fenster von Eis
und denken, der Stein wär etwas zum Essen;
doch sosehr sie die Nase ans Eis auch pressen,
das Eis ist zu dick, das Eis ist zu alt,
sie machen sich nur die Nasen kalt.

Aber bald, aber bald
werden wir selbst auf eignen Sohlen
hinausgehn können und den Stein wiederholen.

4 Welche Reimfolgen hat das Gedicht „Wenn es Winter wird“? Schreibe das Reimschema mit kleinen Buchstaben auf. Beginne mit aba …

5 Unterstreicht die Personifikationen und Vergleiche mit einem Buntstift. Arbeitet dabei mit zwei Farben.

6 Erkläre die Bedeutung von zwei sprachlichen Bildern. Du kannst dazu einen Text schreiben oder mit einem Mitschüler mündlich arbeiten.

7 Die Verse eines Sommergedichts und eines Herbstgedichts sind durcheinandergeraten. Das Sommergedicht besteht aus zwölf Versen und hat Paarreime. Das Herbstgedicht hat acht Verse und reimt sich nach dem Kreuzreim. Schreibt die beiden Gedichte getrennt auf.

Bei Sonne blau,
Dies ist ein Herbsttag, wie ich keinen sah!
bei Regen grau.
Die Luft ist still, als atmete man kaum,
Sand
Und dennoch fallen raschelnd, fern und nah,
zwischen Wasser und Land
Die schönsten Früchte ab von jedem Baum.
Erst hell
O stört sie nicht, die Feier der Natur!
und schnell,
Dies ist die Lese, die sie selber hält,
dann lautes Getöse,
Denn heute löst sich von den Zweigen nur,
als wäre jemand böse.
Was vor dem milden Strahl der Sonne fällt.
Erdreistet sich einer
ohne zu fragen –
Krambambarumbum! –
irgendwo einzuschlagen.

8 Um welche Form handelt es sich bei den beiden folgenden Gedichten? Erkläre, wie die Texte aufgebaut sind.

Blau
mein Wellensittich
auf der Gardinenstange
er spricht mit mir
Hallo!

Rot
eine Tomate
aufgewachsen in Italien
ich möchte sie essen
jetzt!

Ein Freund ist wie ein zweites Ich – Jugendbücher lesen und vorstellen

In diesem Kapitel beschäftigst du dich mit Jugendbüchern, in denen es um das Thema „Freundschaft" geht. Die verschiedensten Arten von Freundschaft werden dir in den Textauszügen auf den folgenden Seiten begegnen. Dabei müssen manche Freundschaften auch harte Bewährungsproben bestehen.

In diesem Kapitel lernst du, wie man

- Figuren aus einem Jugendbuch und ihre Beziehungen zueinander beschreibt,
- eine Figurenbeschreibung überarbeitet,
- einen Text in Sinnabschnitte gliedert,
- den Spannungsverlauf eines Erzähltextes untersucht,
- aus der Sicht einer Figur erzählt und
- ein Buch vorstellt.

1 Schau dir die Cover der Jugendbücher an. Welches der Bücher interessiert dich aufgrund des Titels oder des Titelbildes? Begründe deine Wahl.

2 Was glaubst du, worum es in den abgebildeten Jugendbüchern jeweils gehen könnte?

3 Kennst du weitere Jugendbücher, in denen es um Freundschaft geht? Berichte davon. Erzähle auch, warum sie dir gut oder nicht so gut gefallen.

Cornelia Funke
HERR DER DIEBE
DRESSLER

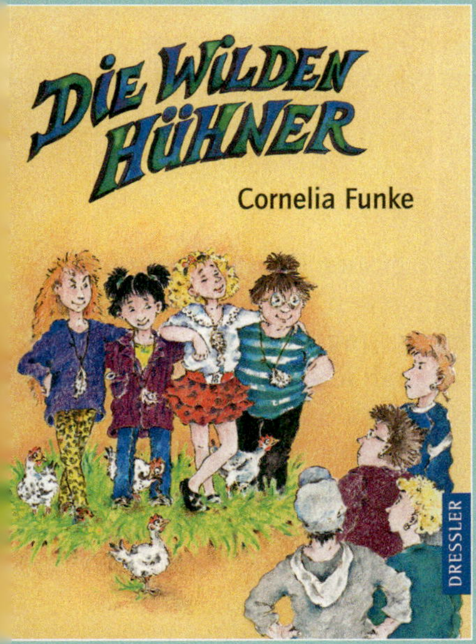
DIE WILDEN HÜHNER
Cornelia Funke
DRESSLER

NINA SCHINDLER
ZickenALARM
Arena

Joachim Friedrich
4 1/2 FREUNDE
Thienemann

ANDREAS STEINHÖFEL
RICO, OSKAR UND DIE TIEFERSCHATTEN
CARLSEN
MIT BILDERN VON PETER SCHÖSSOW

Astrid Lindgren
Ronja
Räubertochter
Oetinger

1.

Andreas Steinhöfel: Rico, Oskar und die Tieferschatten – sich mit Figuren auseinandersetzen

Andreas Steinhöfel wurde 1962 in Battenberg (Hessen) geboren. Der bekannte Kinder- und Jugendbuchautor arbeitet auch für den Rundfunk und das Fernsehen. Für seine Bücher hat er zahlreiche Auszeichnungen erhalten. Sein Buch „Rico, Oskar und die Tieferschatten“, aus dem die folgenden Auszüge stammen, erhielt 2009 den „Katholischen Kinder- und Jugendpreis“ und wurde für den „Deutschen Jugendliteraturpreis“ vorgeschlagen. Der Autor lebt heute in Berlin, wo auch einige seiner Romane spielen. Rico z. B. lässt Steinhöfel in derselben Straße wohnen, in der er selbst wohnt.

Rico und Oskar – aus der Sicht einer Figur schreiben

■ Rico ist ein Junge, der allein mit seiner Mutter in Berlin lebt. Er bezeichnet sich selbst als „tiefbegabt“. Zurzeit hat er gerade Schulferien. Da lernt er auf der Straße einen Jungen namens Oskar kennen. ■

Die Fundnudel

Ich ging langsam über den Gehsteig, den Blick auf die grauen Pflastersteine am Boden gerichtet, ich sah ein zerknülltes Duplo-Papierchen. Ich sah ein paar Scherben, die vor den großen Altglascontainern lagen, und eine ausgetretene alte Zigarettenkippe. Dann sah ich zwei kleine Füße mit hellen Strümpfen in offenen Sandalen.

Ich hob den Kopf. Der Junge, der da vor mir stand, reichte mir gerade so bis an die Brust. Das heißt, sein dunkelblauer Sturzhelm reichte mir bis an die Brust. Es war ein Sturzhelm, wie ihn Motorradfahrer tragen. Ich hatte gar nicht gewusst, dass es die auch für Kinder gibt. Es sah völlig beknackt aus, das Durchguckding vom Helm war hochgeklappt. [...]

„Was machst du da?“, sagte der Junge. Seine Zähne waren riesig. Sie sahen so aus, als könnte er damit ganze Stücke aus großen Tieren rausreißen, einem Pferd oder einer Giraffe oder dergleichen.

„Ich suche was.“

„Wenn du mir sagst, was, kann ich dir helfen.“

„Eine Nudel.“

Er guckte sich ein bisschen auf dem Gehsteig um. Als er den Kopf senkte, brach sich spiegelnd und blendend Sonnenlicht auf seinem Helm. An seinem kurzärmligen Hemd, bemerkte ich, war ein winziges knallrotes Flugzeug befestigt wie eine Brosche. Eine Flügelspitze war abgebrochen. Zuletzt guckte der kleine Junge kurz zwischen die Büsche vor dem Zaun vom Spielplatz, eine Idee, auf die ich noch gar nicht gekommen war.

„Was für eine Nudel ist es denn?“, sagte er.

„Auf jeden Fall eine Fundnudel. Eine Rigatoni, aber nur vielleicht. Genau kann man das erst sagen, wenn man sie gefunden hat, sonst wäre es keine Fundnudel, ist doch wohl logisch, oder?“

„Hm ...“ Er legte den Kopf leicht schräg. Der Mund mit den großen Zähnen drin klappte wieder auf. „Kann es sein, dass du ein bisschen doof bist?“

Also echt!

„Ich bin ein tiefbegabtes Kind.“

„Tatsache?“ Jetzt sah er wirklich interessiert aus. „Ich bin hochbegabt.“

Nun war ich auch interessiert, obwohl der Junge viel kleiner war als ich, kam er mir plötzlich viel größer vor. [...]

„Ich muss jetzt weiter“, sagte ich endlich zu dem Jungen. „Bevor es dunkel wird. Sonst verlaufe ich mich womöglich.“

„Wo wohnst du denn?“

„Da vorn, das gelbe Haus. Die 93. Rechts.“ [...]

Der Junge schaute an meinem ausgestreckten Arm entlang. Als er die 93 sah, rutschte seine Stirn erst rauf, als wäre ihm gerade eine tolle Erleuchtung gekommen oder so was, und dann wieder runter, als würde er gründlich über etwas nachdenken.

Zuletzt wurde seine Stirn wieder ganz glatt und er grinste. „Du bist wirklich doof, oder? Wenn man etwas direkt vor Augen hat und nur geradeaus gehen muss, kann man sich unmöglich verlaufen.“

Immerhin stimmte die Straßenseite. Trotzdem wurde ich langsam sauer. „Ach ja? Ich kann das. Und wenn du wirklich so schlau wärst, wie du behauptest, wüsstest du, dass es Leute gibt, die das können. [...] Ich hab mir nicht ausgesucht, dass aus meinem Gehirn manchmal was rausfällt! Ich bin nicht freiwillig dumm oder weil ich nicht lerne! [...] Aber du bist ja wohl eins von den Superhirnen, die alles wissen und dauernd mit irgendwas angeben müssen, weil sich nämlich sonst keiner für sie interessiert [...].“

Es ist total peinlich, aber wenn ich mich heftig über etwas aufrege, zum Beispiel Ungerechtigkeit, fange ich an zu heulen. Ich kann überhaupt nichts dagegen machen. Der Junge kriegte ganz erschreckte Augen unter seinem Sturzhelm.

„Jetzt wein doch nicht! Ich hab das gar nicht so –“ [...]

Jetzt sagte der Junge gar nichts mehr. Er guckte runter auf seine Sandalen. Dann guckte er wieder hoch. Seine Lippen waren ganz dünn geworden. Er streckte seine Hand aus. Sie war so klein, dass sie doppelt in meine passte.

„Ich heiße Oskar“, sagte er. „Und ich möchte mich aufrichtig bei dir entschuldigen. Ich hätte mich nicht über dich lustig machen dürfen. Das war arrogant.“

Ich hatte keine Ahnung, was er mit dem letzten Wort meinte, aber die Entschuldigung hatte ich verstanden. […]
Man muss nett sein, wenn jemand sich entschuldigt. Wenn einer nur so tut als ob, kann man ruhig weiter sauer sein, aber Oskar meinte es aufrichtig. Hatte er ja gesagt.
„Ich heiße Rico", sagte ich und schüttelte seine Hand. „Mein Vater war nämlich Italiener."
„Ist er tot?"
„Logisch. Sonst hätte ich ja nicht *war* gesagt." […]
„Tut mir leid. Wie ist er denn gestorben?"
Ich gab keine Antwort. Ich habe noch nie jemandem davon erzählt, wie Papa gestorben ist. […]
Oskar druckste ein bisschen herum, als er merkte, dass da nichts mehr kam: Irgendwann nickte er endlich und sagte: „Ich muss jetzt nach Hause."
„Ich auch." […]
Ich ging und nahm mir vor, mich kein einziges Mal umzudrehen. Der sollte bloß nicht denken, dass ich ihn toll fand mit seinem Sturzhelm und den Monsterzähnen. Dann drehte ich mich doch um und sah ihn in die andere Richtung verschwinden. Von Weitem sah er aus wie ein sehr kleines Kind mit einem sehr großen blauen Kopf.
Erst als ich wieder zu Hause war, die Butter in den Kühlschrank geräumt hatte und anfing, mit einem Messer das Eisfach auszukratzen, fiel mir ein, dass ich Oskar gar nicht gefragt hatte, was er mutterseelenallein hier im Kiez[1] zu suchen hatte. Oder was das kleine knallrote Flugzeug an seinem Hemd bedeutete. Und warum er einen Sturzhelm für Motorradfahrer trug, obwohl er zu Fuß unterwegs war.

---

[1] Kiez: hier: Stadtteil

1 Überprüfe, wie genau du den Text gelesen hast. Welche ist jeweils die richtige Antwort auf die Frage? Wenn du dir nicht sicher bist, schau noch einmal im Text nach.

- Wonach sucht Rico gerade, als er Oskar begegnet?
  - Er sucht nach einer Brieftasche.
  - Er sucht nach einer Anstecknadel in Form eines kleinen knallroten Flugzeugs.
  - Er sucht nach einer Nudel.
- Warum glaubt Oskar, Rico sei „wirklich doof"?
  - Er glaubt es, weil Rico nicht rechnen kann.
  - Er glaubt es, weil Rico Angst hat, sich zu verlaufen, obwohl er sein Wohnhaus direkt vor Augen hat.
  - Er glaubt es, weil Rico es selbst gesagt hat.
- Was passiert Rico immer, wenn er sich über etwas aufregt?
  - Er fängt an zu heulen.
  - Er wird rot.
  - Er schlägt wild um sich.

2 Was fällt Rico bei der ersten Begegnung an Oskar auf? Suche Textstellen heraus, die dies zeigen.

3 Rico wird während des Gesprächs mit Oskar „sauer“ (Z. 53). Zeige mithilfe entsprechender Textstellen, warum Rico so verärgert ist und was er Oskar vorwirft.

4 Rico sagt: „Ich bin ein tiefbegabtes Kind.“ (Z. 38) Oskar behauptet über sich: „Ich bin hochbegabt.“ (Z. 39) Erklärt in euren Worten, was die beiden Jungen jeweils meinen.

An einer anderen Stelle des Buches versucht Rico, selber eine Erklärung dafür zu geben, was er mit „tiefbegabt“ meint:

Ich sollte an dieser Stelle wohl erklären, dass ich Rico heiße und ein tiefbegabtes Kind bin. Das bedeutet, ich kann zwar sehr viel denken, aber das dauert meistens etwas länger als bei anderen Leuten. [...] Außerdem kann ich mich nicht immer gut konzentrieren, wenn ich etwas erzähle. Meistens verliere ich dann den roten Faden [...]. In meinem Kopf geht es manchmal so durcheinander wie in einer Bingotrommel.

5 Vergleicht Ricos Erklärung des Wortes „tiefbegabt“ mit euren. Welche Gemeinsamkeiten und Unterschiede könnt ihr feststellen?

6 Denkt ihr, dass Rico und Oskar Freunde werden? Sammelt, was dafür und was dagegen spricht.

7 Während seiner Ferien führt Rico ein „Ferientagebuch“ und hält darin alle Ereignisse fest. Verfasse einen Tagebucheintrag Ricos über das Treffen mit Oskar. Gehe dabei darauf ein, was Rico erlebt hat, was er über Oskar denkt und was er gerne noch von ihm wissen möchte. So kannst du beginnen:

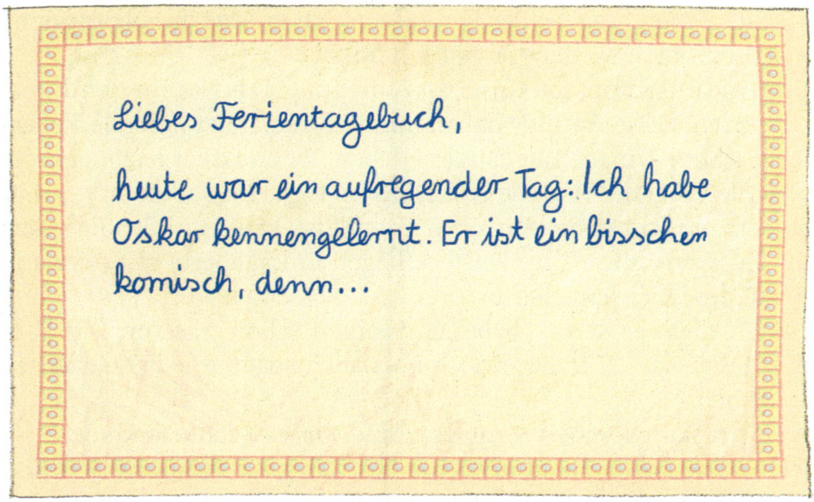

Das Treffen bei Rico – Figuren beschreiben und vergleichen

Oskar kommt zu Besuch

Mama war ziemlich platt, dass jemand mich besuchen kam. Sie beschwert sich immer darüber, dass ich keine Freunde habe. Jetzt hatte ich einen. Er war zwar sehr klein und bestimmt auch sehr jung, aber das spielte für Mama offenbar keine so große Rolle. Sie fand Oskars blauen Motorradhelm viel interessanter.
„Seit wann trägt man solche Dinger beim Radfahren?“, sagte sie. [...]
Oskar guckte sie an, als wäre sie nicht ganz richtig im Oberstübchen. Immerhin klappte er jetzt endlich das Visier hoch. Seinen Mund konnte man trotzdem nicht richtig sehen; nur die obere Reihe seiner großen weißen Zähne. „Es ist gefährlich ohne Helm“, erklärte er, als wäre Mama das Kind und er der Erwachsene. „Es passieren ständig irgendwelche Unfälle.“ [...]
Mir fiel ein Unterschied zwischen uns auf: Ich habe fast dauernd gute Laune, weiß aber nicht so viel. Oskar wusste jede Menge merkwürdiger Dinge, aber seine Laune war dafür im Keller. Bestimmt ist das so, wenn man sehr schlau ist – es fallen einem zu allen schönen Sachen auch gleich noch ein paar schreckliche ein.
[...]
„Und du?“ Er [Oskar] musterte mich. „Hast du vor gar nichts Angst?“
„Doch. Ich hab Angst, ich könnte mich mal in der Stadt verirren“, gab ich zu. „Ich find mich nicht zurecht, weißt du. Mit dem vielen links und rechts und dergleichen.“
„Ist das schon mal passiert?“
„Ne, ich war ja noch nie allein unterwegs.“ [...]
„Und sonst, außer Verirren?“
Vorsichtshalber schüttelte ich den Kopf. Es gab da zwar etwas, vor dem ich mich noch mehr fürchtete als vor dem Verirren, und ich hatte auch schon darüber nachgedacht, dass ich Oskar darin einweihen musste, sobald wir echte Freunde wurden. Schließlich vertrauen Freunde einander. Nur war ich mir nicht sicher, ob er wirklich schon mein echter Freund war. Ich musste das überprüfen.
„Kommst du morgen wieder?“, fragte ich ihn.
Ich spürte, wie mein Kopf rot wurde vor Aufregung. Das war ein ziemlich schlauer Test, fand ich. Echte Freunde haben immer füreinander Zeit. Sie wollen möglichst viele schöne Dinge miteinander erleben. Wenn Oskar jetzt nein sagte ...
Er guckte mich zögerlich an, wie etwas, das im Regal im Supermarkt vor ihm lag und von dem er nicht sicher war, ob er es wirklich kaufen wollte. Er kratzte sich am Arm. Er zupfte an seinem Ansteckflieger. Er knabberte mit seinen großen Zähnen auf der Unterlippe herum.
„Eigentlich“, sagte er dann, „habe ich morgen schon was vor. Das kann den ganzen Tag dauern. [...] Das kann ich aber auch später erledigen, schätze ich“, sagte er schnell.
Erleichtert streckte ich einen Arm aus. „Sind wir jetzt echte Freunde?“
Er drückte seine kleine Hand in meine. Sie war ganz warm. Er lächelte. „Sind wir das nicht schon die ganze Zeit?“

1 Passen Rico und Oskar eurer Meinung nach als Freunde zusammen?

2 Erklärt, wie Rico feststellen will, ob Oskar sein Freund ist. Was haltet ihr von Ricos Plan und seinem Vorgehen?

3 Sucht in beiden Textauszügen nach Hinweisen, die zeigen, was für Rico und Oskar jeweils typisch ist. Übernehmt dazu die folgende Tabelle und vervollständigt sie:

Typisch für Rico ist:	**Typisch für Oskar ist:**
– er hat fast immer gute Laune (Z. 11–12) – …	– er hat meist schlechte Laune (Z. 12–13) – …

4 Beschreibe und vergleiche die Jungen mithilfe der ausgefüllten Tabelle. Was wird über die beiden deutlich?

5 Sind Rico und Oskar nach diesem Besuch Freunde? Sieh dir dazu noch einmal den Schluss des Textauszugs (Z. 29–42) genau an und beantworte diese Frage.

6 Wenn Rico über etwas Wichtiges nachdenken will, setzt er sich in seinen „Nachdenksessel“. Stell dir vor, Rico setzt sich nach dem Besuch von Oskar in seinen Sessel und denkt über ihn, die Ereignisse des Tages und über wahre Freundschaft nach.

Schreibe Ricos Gedanken, Wünsche und Ängste in dieser Situation in Form eines inneren Monologs auf. So kannst du beginnen:

Heute war Oskar zu Besuch. Er hat gesagt, er sei mein Freund. Ein wirklicher Freund ist für mich jemand, der …

Hilfen für das Schreiben eines inneren Monologs erhältst du in der Lernbox auf S. 34.

Auszug aus „Rico, Oskar und die Tieferschatten“
AH, S. 20–21

7 Rico und Oskar erleben noch viele aufregende Dinge. So verschwindet Oskar z. B. spurlos. Wenn ihr wissen wollt, wie es mit der Freundschaft zwischen den beiden weitergeht, sollten einige von euch das Buch „Rico, Oskar und die Tieferschatten“ lesen und der Klasse vorstellen.

Andreas Steinhöfel hat auch eine Fortsetzung der Abenteuer von Rico und Oskar geschrieben. Auch dieses Buch mit dem Titel „Rico, Oskar und das Herzgebreche“ sollten einige lesen und vorstellen.

8 **Durchstarten! So könnt ihr weiterarbeiten:**

Andreas Steinhöfel hat noch viele weitere Kinder- und Jugendbücher geschrieben. Besorgt euch die Bücher, deren Titelbilder ihr hier seht, und stellt sie der Klasse vor.

2.

Astrid Lindgren: Ronja Räubertochter – den Handlungsaufbau untersuchen

Astrid Lindgren wurde 1907 in Schweden geboren. Ihre Bücher gehören zu den meistgelesenen Kinder- und Jugendbüchern der Welt. Beinahe jedes Kind kennt Pippi Langstrumpf, die Heldin ihres ersten Buches. Die Schriftstellerin starb 2002 im Alter von 94 Jahren. Sie hat sich stets ihre Fröhlichkeit bewahrt. So kletterte sie noch zum 80. Geburtstag ihrer Freundin mit dieser zusammen auf einen Baum. Viele Schulen tragen den Namen der Autorin, die sich ihr Leben lang für die Rechte von Kindern und gegen Gewalt einsetzte.

Ronja und Birk in Gefahr

■ Die Hauptfigur des Jugendbuches „Ronja Räubertochter“ ist das Mädchen Ronja, das als einziges Kind des Räuberhauptmanns Mattis und seiner Frau Lovis auf der Mattisburg mitten im Wald aufwächst. Bei ihrer Geburt hat es ein furchtbares Unwetter gegeben und ein Blitz hat die Mattisburg geteilt. Auf ihren Streifzügen untersucht Ronja eines Tages, obwohl ihr Vater es verboten hat, den tiefen „Höllenschlund“. So nennen die Räuber die Kluft, die die Mattisburg seit Ronjas Geburt teilt. ■

Oft hatte sie davon gehört, wie die Mattisburg in jener Nacht zerbarst, als sie geboren wurde. Mattis wurde es nie leid, davon zu erzählen. […]
Sie war schon oft beim Höllenschlund gewesen, aber noch nie dem gefährlichen Abgrund nahe gekommen […]. Jetzt kroch sie auf dem Bauch bis zum Rand vor und äugte hinab in die Tiefe. Hu, das war grausiger, als sie gedacht hatte! Sie griff nach einem der losen Steine, die dort am Rand lagen, und ließ ihn hinabfallen. Und als sie dann den Aufprall tief unten hörte, schauderte ihr. Es klang so dumpf und klaftertief, ja, dies war wirklich ein Schlund, vor dem man sich hüten musste! Aber so besonders breit war die Kluft, die die beiden Burghälften trennte, eigentlich nicht. Mit einem tüchtigen Sprung müsste man wohl hinüberkommen? […]

Dann sah sie sich um, um festzustellen, von wo aus man den Sprung am besten wagen konnte. Und da sah sie etwas. Vor lauter Verblüffung wäre sie fast in den Höllenschlund gefallen.
Ein wenig entfernt, jenseits der Kluft, saß jemand. Jemand, der etwa so groß war wie sie selber, und er baumelte mit den Beinen über dem Höllenschlund. [...]
Noch hatte er sie nicht entdeckt. Ronja schaute ihn sich an, wie er dort saß, und sie lachte leise, weil es ihn gab.
Da sah er sie und lachte auch.
„Ich weiß, wer du bist“, sagte er. „Du bist die Räubertochter, die immer im Wald rumrennt. Ich hab dich da mal gesehen.“
„Wer bist du denn?“, fragte Ronja. „Und wie um alles in der Welt bist du hierhergekommen?“

„Ich bin Birk Borkasohn, und ich wohne hier. Wir sind heute Nacht hier eingezogen.“
Ronja starrte ihn an. [...]
„Willst du etwa behaupten, dass die ganze Nordburg voller Hosenschisser ist?“ [...]
„Nein, hier gibt es nur rechtschaffene Borkaräuber. Aber da drüben, wo du wohnst, da ist es knüppelvoll von Hosenschissern, das hat man ja immer gehört.“
So, also das hatte man immer gehört! Was für eine unglaubliche Unverschämtheit! Es begann in ihr zu kochen. [...] Ronja schnappte nach Luft, so fuchsteufelswild war sie. [...]
Sie hatte jetzt genug, genug von dem Lümmelgeschwätz und den Frechheiten. [...]
Sie stand auf und wollte gehen. Doch da sah sie, was Birk vorhatte. Wirklich und wahrhaftig, dieser Lümmel machte Anstalten, über den Höllenschlund zu springen! Er stand dort ihr gegenüber auf der anderen Seite, und jetzt nahm er einen Anlauf. Da schrie sie:
„Kommst du her, dann hau ich dir eins aufs Maul, dass dir die Nase abfliegt!“
„Haha!“, rief Birk, und mit einem Satz war er über die Kluft hinweg. „Mach’s nach, wenn du’s kannst“, sagte er mit einem kleinen Grinsen.
Das hätte er nicht sagen dürfen, das war zu viel. Es reichte, dass er und seine Hosenschisser sich eine Feste in der Mattisburg verschafft hatten, aber kein Borkaräuber sollte hier irgendwelche Sprünge machen, die ein Mattisräuber nicht nachmachen konnte!
Und sie tat es. Sie wusste selbst nicht recht, wie es zuging, aber plötzlich flog sie über den Höllenschlund und landete auf der anderen Seite.
„Du bist gar nicht so ungelenk“, sagte Birk und sprang ihr sofort nach. Aber Ronja wartete nicht auf ihn. Mit einem neuen Sprung flog sie zurück über die Kluft. Da konnte er stehen und ihr nachglotzen, soviel er wollte!
„Du wolltest mir doch eins aufs Maul hauen, warum tust du es denn nicht?“, rief Birk. „Jetzt komme ich!“
„Das seh ich“, sagte Ronja. Und er kam wirklich. Aber auch diesmal wartete sie nicht auf ihn. Wieder sprang sie, und springen würde sie, um ihm zu entkommen, so lange, bis ihr der Atem ausging. Danach sagte keiner von beiden mehr

etwas. Sie sprangen nur. Verbissen und wie besessen sprangen sie über den Höllenschlund hin und her.

Außer ihrem Keuchen war nichts zu hören. Nur die Krähen, die auf den Zinnen hockten, krächzten ab und zu. Sonst war alles schauervoll still. Es war, als halte die ganze Mattisburg auf ihrem Berg den Atem an vor etwas Grauenvollem und Entsetzlichem, das gleich geschehen würde. [...]

Da sah sie, wie Birk, gerade als er aufsetzte, auf einem Stein ausrutschte, der lose am Rande lag. Und sie hörte seinen Aufschrei, bevor er in der Tiefe verschwand. [...]

Schließlich kroch sie bäuchlings bis an den Rand vor und spähte hinab in die Schlucht. Und da sah sie Birk. Er stand unmittelbar unter ihr auf einem Stein oder Balken oder was es nun war, das aus der geborstenen Mauer ragte. Nur gerade so weit, dass seine Füße dort Platz fanden, aber auch nicht mehr. Dort stand er, den tiefen Höllenschlund unter sich, und seine Hände suchten verzweifelt nach einem Halt, nach irgendetwas, woran er sich festhalten konnte, etwas, das ihn davor bewahrte, in den Abgrund zu stürzen. Und er wusste, und auch Ronja wusste es, dass er ohne Hilfe nicht herauskommen konnte. Er würde dort stehen müssen, bis seine Kräfte versagten, das wussten beide, und danach würde es keinen Birk Borkasohn mehr geben.

„Bleib da stehen!", rief Ronja, und er antwortete mit einem kleinen Grinsen:

„Ja, was anderes kann man hier schlecht tun!"

Aber Angst hatte er, das sah sie ihm an.

Ronja riss sich den geflochtenen Lederriemen ab, den sie stets zu einem Knäuel zusammengerollt am Gürtel trug. Er hatte ihr in ihrem Waldleben bei allem Klettern und Hangeln oft gute Dienste getan. Jetzt machte sie eine große Schlinge in das eine Ende des Riemens und knotete sich das andere um den Leib. Danach ließ sie den Riemen zu Birk hinab, und sie sah es in seinen Augen aufleuchten, als die Schlinge zu ihm hinuntergebaumelt kam. Ja, der Riemen reichte gerade so weit, wie es nötig war, stellte sie fest, und das war ein rechtes Glück für diesen Borkalümmel.

„Streif dir die Schlinge über, wenn du kannst", sagte sie. „Aber klettre erst los, wenn ich rufe! Nicht früher!"

Der Blitz, der in jener Nacht ihrer Geburt eingeschlagen hatte, hatte auch einen Steinblock aus der Mauerkrone gerissen. Nun lag dieser Brocken recht günstig nur ein kleines Stück vom Rand der Schlucht entfernt. Ronja warf sich dahinter platt auf den Bauch, und dann rief sie:

„Los jetzt!"

Gleich darauf spürte sie, wie sich der Riemen um ihren Bauch schnürte. Es tat weh. Jeder Ruck am Riemen, wenn Birk höher kletterte, ließ sie aufstöhnen.

Bald breche ich mittendurch wie die Mattisburg, dachte sie und biss die Zähne zusammen, um nicht zu schreien.

Plötzlich ließ der Druck nach, und da stand Birk und sah auf sie hinunter. Sie war liegengeblieben, um auszuprobieren, ob sie noch atmen konnte. Er sagte:

„Aha, hier liegst du also!"

„Ja, hier liege ich", sagte Ronja. „Bist du jetzt fertig mit dem Gehopse?"

„Nein, einmal muss ich noch springen. Um auf die richtige Seite zu kommen. Ich muss ja heim in die Borkafeste, ist doch klar!"

„Nimm aber erst meinen Lederriemen ab", sagte Ronja und sprang auf. „Mit dir will ich nicht länger als unbedingt nötig zusammengebunden sein."

Er schlüpfte aus der Schlinge.

„Nein, versteht sich“, sagte er. „Aber von jetzt an bin ich vielleicht trotzdem an dich gebunden. Auch ohne Riemen.“

„Rutsch mir doch den Buckel runter“, schrie Ronja. „Du mitsamt deiner Borkafeste! Scher dich zum Donnerdrummel!“ Sie ballte die Faust und schlug zu, genau auf seine Nase.

Er lächelte.

„Mach das nicht noch mal, das rat ich dir! Aber dass du mir das Leben gerettet hast, war nett von dir. Nimm dafür meinen Dank!“

„Scher dich zum Donnerdrummel, hab ich gesagt!“, schrie Ronja und lief davon, ohne sich umzuschauen. Doch gerade als sie an der Steintreppe angekommen war, hörte sie Birk rufen:

„Du Räubertochter, wir sehen uns wohl mal wieder!“

1 Wie stehen eurer Meinung nach die Chancen, dass Ronja und Birk Freunde werden? Begründet eure Meinung.

Tatjana aus der 5 a möchte sich einen Überblick über den Inhalt der Geschichte verschaffen, um sie besser zu verstehen. Dazu hat sie sich folgende Notizen in ihr Heft gemacht:

Astrid Lindgren: Ronja Räubertochter – Gliederung

Z. 1–42:	Ronja Räubertochter trifft Birk Borkasohn.
Z. 43–70:	Die Sprünge über den Höllenschlund
Z. 71–...:	Der Absturz Birks
Z. ...–Z. ...	
Z. ...–Z. ...	

2 Beschreibt, wie Tatjana vorgegangen ist. Beantwortet dabei auch folgende Fragen:

- Warum hat Tatjana die Zeilen 1–42 und 43–70 jeweils zu einem Sinnabschnitt zusammengefasst? Seht euch diese Abschnitte noch einmal an und versucht zu erklären, wonach sie sich gerichtet hat.
- Wo endet der dritte Sinnabschnitt?

3 Tatjana hat den Text in insgesamt fünf Sinnabschnitte gegliedert. Übernehmt Tatjanas Gliederung und vervollständigt sie. Lest dazu die Lernbox „Einen Text gliedern“ auf S. 126 und arbeitet damit.

4 Erzähle nun mithilfe deiner Gliederung in eigenen Worten, wie das Treffen zwischen Ronja und Birk verlaufen ist und wie Ronja es geschafft hat, Birk zu retten.

5 Seht euch die Beziehung zwischen Ronja und Birk genauer an. Beantwortet dazu folgende Fragen mithilfe entsprechender Textstellen:

- Was halten Ronja und Birk voneinander, als sie sich am Höllenschlund treffen? Sucht dazu Textstellen aus den ersten beiden Sinnabschnitten heraus (Z. 1–70).
- Was wollen Ronja und Birk sich gegenseitig mit dem Überspringen des Höllenschlunds beweisen? Sucht Textstellen heraus, die etwas darüber verraten.
- Verändert sich das Verhältnis der beiden im Verlauf ihrer Begegnung? Belegt eure Meinung mit dem Text. Seht euch dazu besonders die Zeilen 106–126 nochmals an.

6 Erkläre in deinen Worten, was Birk mit dem Satz meint: „Aber von jetzt an bin ich vielleicht trotzdem an dich gebunden. Auch ohne Riemen." (Z. 115–116)

7 Was werden Ronja und Birk nach ihrem Treffen am Höllenschlund voneinander denken? Zeichne die Umrisse der beiden in dein Heft und schreibe mögliche Gedanken Ronjas und Birks auf.

8 Sammelt Ideen, wie die Geschichte von Ronja und Birk weitergehen könnte. Um zu erfahren, ob aus den beiden Freunde werden, sollten einige von euch das Buch lesen und der Klasse vorstellen. Wie ihr bei der Buchvorstellung vorgeht, erfahrt ihr auf S. 136–137.

So gehst du vor

Einen Text gliedern

Um sich einen **Überblick über einen Text zu verschaffen**, kann es hilfreich sein, wenn du ihn **gliederst**. Dabei gehst du folgendermaßen vor:

- Teile zunächst den Text in einzelne Sinnabschnitte ein: Einen neuen Sinnabschnitt solltest du immer dort ansetzen, wo im Text etwas Neues geschieht (z. B.: eine neue Figur taucht auf, der Ort des Geschehens wechselt oder die Zeit ändert sich).
- Gliedere den Text nicht in zu viele kleine Abschnitte, denn dann geht die Übersichtlichkeit verloren.
- Fasse anschließend in Form einer „Überschrift“ zusammen, worum es in den einzelnen Abschnitten jeweils geht.
- Wenn du deine Gliederung ins Heft schreibst, musst du für jeden Sinnabschnitt die Zeilen angeben und deine „Überschrift“ dazuschreiben.

9 Durchstarten! So könnt ihr weiterarbeiten:

a Stell dir vor, dass Ronja, als sie nach Hause kommt, ihrem Vater von der Begegnung mit Birk erzählt. Schreibe das Gespräch auf. So kannst du beginnen:

Mattis: „Kind, warum kommst du denn heute so spät aus dem Wald nach Hause? Ist irgendetwas geschehen? Haben dir etwa die Borkaräuber aufgelauert?“

Ronja: „Ich muss dir etwas gestehen. Ich war gar nicht im Wald, ich war am Höllenschlund. Und dort ...“

b Astrid Lindgren hat noch zahlreiche weitere Jugendbücher geschrieben, in denen es um Freundschaft geht. Die Titelbilder einiger dieser Bücher sind unten abgebildet. Besorgt euch Bücher von Astrid Lindgren und stellt sie der Klasse vor. Hilfen, wie ihr dabei vorgehen könnt, erhaltet ihr auf S. 136 und 137.

3.

Cornelia Funke: Herr der Diebe – die Figuren und den Spannungsverlauf eines Textes untersuchen

Cornelia Funke wurde 1958 geboren und ist eine sehr erfolgreiche Autorin deutschsprachiger Kinder- und Jugendbücher. Sie lebt mit ihren Kindern Ben und Anna-Lena sowie ihrem Hund Luna in Los Angeles. Die Autorin sagt, sie sei besonders gerne mit Kindern zusammen, denn die „sind noch ganz offen für alles und sehen vieles, was wir Erwachsenen nicht mehr sehen".
Die folgenden Auszüge sind ihrem Buch „Herr der Diebe" entnommen, das ebenso erfolgreich ist wie ihr Roman „Tintenherz" und die Reihe „Die wilden Hühner".

Prosper und Bo – die Hauptfiguren kennenlernen

Prosper und Bo in Venedig

■ In dem Roman „Herr der Diebe" geht es um zwei Brüder namens Prosper und Bonifatius, genannt Bo. Nach dem Tod ihrer Eltern sollen sie getrennt werden. Bo, der Jüngere, soll zu seiner Tante Esther, der 12-jährige Prosper in ein Internat. Um zusammenbleiben zu können, fliehen die Jungen von Hamburg nach Venedig. Hier schließen sie sich einer Gruppe von vier Straßenkindern namens Mosca, Riccio, Wespe und Scipio an. Scipio ist der Anführer der Kinderbande. Als „Herr der Diebe" sorgt er für ihr Überleben. Plötzlich taucht Tante Esther in Venedig auf. Sie beauftragt den Detektiv Victor Getz, die beiden Brüder ausfindig zu machen. ■

„Uns ist etwas verloren gegangen", sagte die Frau und schob ihm ein Foto über den Schreibtisch. [...]
Zwei Jungen blickten Victor an, der eine blond und klein, mit einem breiten Lächeln auf dem Gesicht, der andere älter, ernst, mit dunklem Haar. Der Größere hatte den Arm um die Schultern des Kleinen gelegt, als wollte er ihn beschützen – vor allem Bösen in der Welt. [...]
„Prosper und Bonifatius sind die Söhne meiner verstorbenen Schwester", erklärte sie. „Sie hat die Jungen allein großgezogen. Prosper ist gerade zwölf geworden, Bo ist fünf."
„Prosper und Bonifatius", murmelte Victor. „Ungewöhnliche Namen. Bedeutet Prosper nicht ‚der Glückliche'?" [...]
Prosper und Bo hatten es wirklich geschafft, bis nach Venedig zu kommen. [...] Als ihre Tante Esther auf dem Stuhl vor Victors Schreibtisch Platz nahm, lehnten die beiden in einem Hauseingang, nur wenige Schritte entfernt von der Rialtobrücke. Der kalte Wind blies auch ihnen um die Ohren und flüsterte ihnen

zu, dass es vorbei war mit den warmen Tagen. Doch in einem irrte Esther sich. Prosper und Bo waren nicht allein. Ein Mädchen stand bei ihnen, schmal, mit braunem Haar, das sie zu einem Zopf geflochten trug, der ihr dünn wie ein Stachel bis zur Taille hing. Dem Zopf verdankte sie ihren Namen: Wespe. Einen anderen wollte sie nicht.

Mit gerunzelter Stirn musterte sie einen zerknitterten Zettel, während die Leute vorbeidrängten und ihr Taschen und vollgestopfte Einkaufstüten in den Rücken stießen. „Ich glaube, wir haben alles“, sagte sie mit ihrer leisen rauen Stimme, die Prosper sofort gemocht hatte, selbst als er noch kein Wort von der fremden Sprache verstanden hatte, die ihr so schnell und leicht über die Lippen kam. „Nur die Batterien für Mosca fehlen. Wo könnten wir die kriegen?“

Prosper strich sich das dunkle Haar aus der Stirn. „Dahinten in der Seitengasse hab ich ein Elektrogeschäft gesehen“, sagte er und schlug seinem kleinen Bruder den Jackenkragen hoch, als er sah, wie Bo frierend den Kopf zwischen die Schultern zog.

[...]

Es war so schwer, auf Bo aufzupassen. Seitdem sie sich aus dem Haus ihres Großvaters geschlichen hatten, fragte Prosper sich mindestens dreimal am Tag, ob es richtig gewesen war, seinen kleinen Bruder mitzunehmen. Wie müde Bo in jener Nacht neben ihm hergetrottet war! Nicht ein einziges Mal hatte er Prospers Hand losgelassen, den ganzen langen Weg zum Bahnhof. Nach Venedig zu kommen war leichter gewesen, als Prosper erwartet hatte. Aber als sie in der Stadt ankamen, wurde es schon Herbst und die Luft war nicht warm und weich, wie er sie sich vorgestellt hatte. Ein feuchter Wind strich ihnen entgegen, als sie die Stufen am Bahnhof hinabstiegen, Seite an Seite, in viel zu dünnen Sachen, mit nichts als einem Rucksack und einer kleinen Tasche. Prospers Taschengeld war schnell aufgebraucht, und schon nach der zweiten Nacht auf den feuchten Gassen begann Bo zu husten – so furchtbar, dass Prosper ihn bei der Hand nahm und sich auf die Suche nach dem nächsten Polizisten machte. „*Scusi*“, wollte er sagen, mit den paar Brocken Italienisch, die er damals konnte, „wir sind weggelaufen, aber mein Bruder ist krank. Würden Sie meine Tante anrufen, damit sie ihn abholt?“

So verzweifelt war er gewesen. Aber dann tauchte Wespe auf.

Sie nahm Bo und Prosper mit ins Versteck zu Riccio und Mosca, wo sie trockene Sachen und etwas Warmes zu essen bekamen. Und sie erklärte Prosper, dass es mit dem Hunger und dem Stehlen erst mal ein Ende hatte, weil Scipio, der Herr der Diebe, für sie sorgen würde. So wie er es für Wespe und ihre Freunde tat, für Riccio und Mosca.

1 Entscheidet, welche der folgenden Aussagen richtig sind. Belegt eure Entscheidung jeweils am Text.

- Die beiden Brüder Prosper und Bo sind zwölf und fünf Jahre alt.
- Der Name Prosper bedeutet „der Starke“.
- Prosper und Bo kommen im Frühling in Venedig an.
- Sie haben nur einen Rucksack und eine kleine Tasche dabei.
- Der richtige Name des „Herrn der Diebe“ lautet Scipio.
- Bei ihrem Einkauf müssen die Kinder noch an die Batterien für Mosca denken.

2 Tragt zusammen, was man in dem Textauszug über Prosper und Bo erfährt. Sucht dazu entsprechende Textstellen heraus.

3 Worüber macht sich Prosper Sorgen? Suche entsprechende Textstellen heraus und erkläre sie.

4 Wer ist Wespe und welche Rolle spielt sie im Leben der beiden Brüder?

Das Leben im Sternenversteck – eine Figur beschreiben

Die Kinderbande in dem alten Kino

Bo wusste genau, dass sie es nur Scipio zu verdanken hatten, dass sie nicht mehr auf der Straße schlafen mussten, jetzt, wo abends der Nebel über den Kanälen hing und feucht und grau durch die Gassen zog. Scipio hatte mit seinen Raubzügen den Geldbeutel gefüllt, mit dem sie heute die Nudeln und das Obst bezahlt hatten. Scipio hatte die Schuhe besorgt, die Bo die kalten Füße wärmten – auch wenn sie ihm etwas zu groß waren. Scipio sorgte dafür, dass sie essen konnten, ohne dafür stehlen zu müssen, und nur durch ihn hatten sie plötzlich wieder ein Zuhause, ohne Esther. Aber Scipio war ein Dieb. [...]

Das Haus, in dem ihr Versteck war, stand zwischen den anderen wie ein Kind zwischen Erwachsenen, flach und schmucklos zwischen all den höheren Giebeln. Mit vernagelten Fenstern blickte es auf die Gasse hinaus. An den Mauern klebten verblichene Filmplakate und ein Rolladen, breit und rostig, verschloss die Eingangstür. Große Leuchtbuchstaben hingen schief darüber. STELLA. Leuchten tat er längst nicht mehr, der Name des verlassenen Kinos, das so gar nicht in die alte Stadt zu passen schien. Aber das war denen, die es jetzt beherbergte, nur recht. [...]

Auf dem blanken Boden vor dem Vorhang hockte ein Junge und schraubte an einem alten Radio herum. Er war so versunken in die Arbeit, dass er nicht bemerkte, wie Bo sich an ihn heranschlich. Erst als Bo ihm auf den Rücken sprang, fuhr Mosca erschrocken herum. „Verdammt noch mal, Bo!“, rief er. „Ich hätte mir fast den Schraubenzieher in die Hand gerammt. [...] Na warte, du kleine Wasserratte!“, brüllte Mosca, während er versuchte, ihm den Weg abzuschneiden. „Diesmal kitzle ich dich durch, bis du platzt, wenn ich dich erwische!“

„Prop, hilf mir!“, rief Bo, aber Prosper stand nur grinsend da und rührte keinen Finger, als Mosca sich seinen kleinen Bruder wie ein Paket unter den Arm klemmte. Mosca war der Größte und Kräftigste von ihnen allen, und sosehr Bo auch strampelte und um sich schlug, Mosca ließ nicht los. Seelenruhig trug er ihn zu den anderen zurück. [...]

„Lass los, du Kohlenstaubgesicht!“, schrie Bo. Moscas Haut war so dunkel, dass Riccio immer behauptete, er müsse sich nur in den Schatten stellen und keiner würde ihn je wiederfinden.

„Na gut, einmal begnadige ich dich noch, Zwerg!“, sagte Mosca, als Bo immer verzweifelter zappelte, um sich aus seinem Griff zu befreien. „Habt ihr die Farbe für mein Boot mitgebracht?“

„Nein. Wir kaufen sie, wenn Scipio neue Beute bringt“, antwortete Wespe und lud ihre Tüten auf einem der Sessel ab. „Im Moment ist sie zu teuer.“ [...]

„Zu teuer!“, schimpfte er. „Wenn wir noch lange mit dem Anstrich warten, ist mein Boot verfault. Aber das ist euch egal, weil ihr alle wasserscheue Landratten seid. Für Wespes Bücher ist immer Geld da.“

Darauf antwortete Wespe nicht. Schweigend begann sie, Papier und anderen Müll vom Boden aufzusammeln, während Prosper die Mäusekötel zusammenfegte. Wespe hatte wirklich viele Bücher. [...] Riccios Matratze war bedeckt mit zerfledderten Comicheften und in seinem Schlafsack steckten so viele Stofftiere, dass er gerade noch selbst hineinpasste. Moscas Bett erkannte man an der Werkzeugkiste und den Angelruten, zwischen denen er schlief. Außerdem lag unter seinem Kissen sein größter Schatz, sein Glücksbringer: ein kupfernes Seepferd, das genauso aussah wie die Seepferde, die die meisten Gondeln schmückten. [...]

Bo und Prosper teilten sich eine Matratze. Dicht aneinandergedrängt schliefen sie darauf. Neben dem Kopfende lag, sorgfältig aufgereiht, Bos Plastikfächersammlung: sechs Stück, alle noch gut erhalten. Am schönsten fand Bo immer noch den, den Prosper am Tag ihrer Ankunft am Bahnhof gefunden hatte.

Der Herr der Diebe schlief nie bei seinen Schützlingen im Sternenversteck. Keiner von ihnen wusste, wo Scipio die Nächte verbrachte, und er redete nicht darüber.

1 Was haltet ihr von dem Leben, das die Kinder in Venedig führen? Begründet eure Meinung.

2 Welche Rolle spielt Scipio im Leben der Kinder? Sucht Textstellen heraus, in denen man etwas darüber und über ihn selbst erfährt.

3 „Scipio sorgte dafür, dass sie essen konnten, ohne dafür stehlen zu müssen, und nur durch ihn hatten sie plötzlich wieder ein Zuhause, ohne Esther. Aber Scipio war ein Dieb.“ (Z. 6–8) Erkläre mit deinen Worten, worüber Bo sich hier Gedanken macht.

4 Schreibe einen inneren Monolog aus der Sicht von Bo, in dem er überlegt, ob er und Prosper sich von Scipio trennen sollten oder nicht.
Hilfen, wie du einen inneren Monolog schreibst, erhältst du in der Lernbox auf S. 34.

Die Klasse 5 a arbeitet in Gruppen zu den einzelnen Figuren. Sie wollen zu ihnen Schaubilder erstellen und mithilfe dieser Schaubilder ihre Figur der Klasse vorstellen. Dies ist das angefangene Schaubild einer Gruppe, die zu Mosca arbeitet:

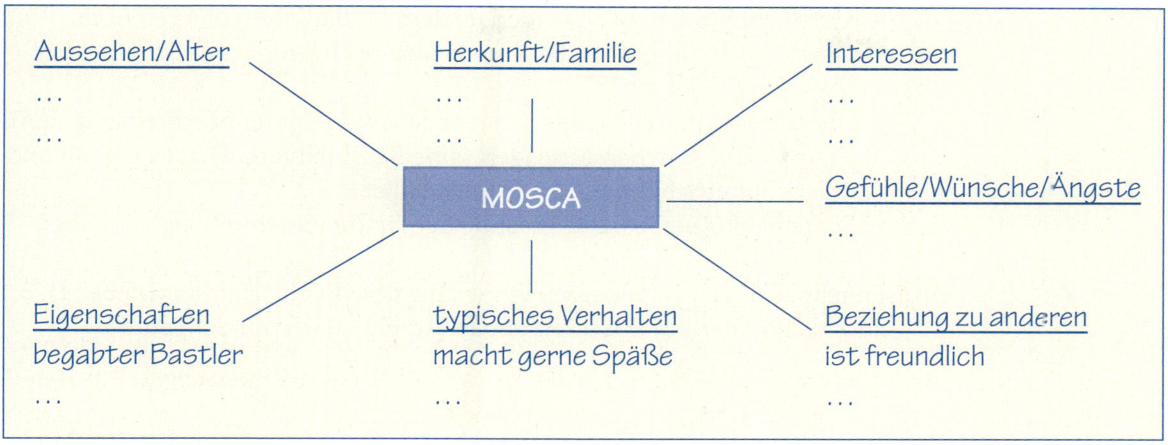

5 Beschreibt, wie die Gruppe vorgegangen ist. Arbeitet dann in kleinen Gruppen so weiter:

- Sucht alle Textstellen heraus, in denen ihr etwas über Mosca erfahrt.
- Übernehmt das Schaubild in eure Hefte. Vervollständigt es, indem ihr die gefundenen Informationen einordnet.

6 Stelle Mosca mithilfe des Schaubildes in einem Text oder mündlichen Vortrag vor. Beachte dabei folgende Tipps:

- Beginne deine Figurenbeschreibung so:
  Die Figur Mosca in dem Jugendbuch „Herr der Diebe" von Cornelia Funke ist ein Junge, der ungefähr 13 Jahre alt ist. Er lebt in ...
- Baue deine Beschreibung so auf: Gehe zuerst auf Moscas Alter, sein Aussehen und seine Lebensumstände ein. Beschreibe dann seine Ängste, Wünsche, Eigenschaften und Interessen. Zuletzt beschreibe sein Verhalten und seine Beziehung zu anderen.

Weitere Hinweise darauf, was du bei einer Figurenbeschreibung beachten musst, findest du in der Lernbox auf S. 132.

Die Gruppe von Alex hat zu der Figur Wespe gearbeitet. Alex hat diesen Text verfasst, um Wespe vorzustellen:

Beschreibung Wespes

Die Figur Wespe in dem Jugendbuch „Herr der Diebe" von Cornelia Funke ist ein Mädchen, das blonde Haare hat, die zu einem kurzen Zopf gebunden sind. Sie heißt Wespe, weil sie flink wie ein Insekt ist. Sie ist nett zu den beiden Brüdern. Sie wohnt mit den anderen Kindern im Sternenversteck. Ihr Hobby ist Malen. Sie begleitet Scipio bei seinen Raubzügen.

7 Was haltet ihr von dieser Beschreibung Wespes? Verbessert die Figurenbeschreibung von Alex. Geht dabei so vor:

- Sucht alle Informationen über Wespe aus den Textauszügen heraus.
- Erstellt zu Wespe ein Schaubild, in dem ihr die Informationen nach Oberbegriffen anordnet. Seht euch dazu noch einmal das Schaubild zu Mosca auf S. 131 an.
- Überarbeitet mithilfe eures Schaubildes Alex' Figurenbeschreibung. Klärt dazu, welche falschen Aussagen seine Beschreibung Wespes enthält und welche Informationen über sie noch fehlen.
- Schreibt eine verbesserte Fassung der Figurenbeschreibung von Alex.

8 Erstellt auch zu den anderen Figuren aus dem Buch „Herr der Diebe" (z. B. zu Prosper oder Bo) Beschreibungen. Arbeitet dazu mit der Lernbox.

So gehst du vor

Eine Figur beschreiben

Um eine Figur aus einem Buch möglichst genau zu beschreiben, solltest du folgende Hinweise zum Vorgehen beachten.

- Lies dir den Text noch einmal sorgfältig durch und schreibe alle Informationen zu der Figur, die du beschreiben willst, heraus.
- Sortiere die gefundenen Hinweise nach folgenden Oberbegriffen:
  - Aussehen/Alter,
  - Herkunft/Familie,
  - Interessen,
  - Gefühle,
  - Wünsche und Ängste,
  - Eigenschaften,
  - typisches Verhalten,
  - Beziehung zu anderen.
- Beschreibe deine Figur immer von „außen" nach „innen": Erwähne zuerst die äußeren Merkmale (wie Aussehen, Alter, Lebensumstände), dann die Interessen, Gefühle (z. B. Ängste) und Eigenschaften, zuletzt typische Verhaltensweisen und die Beziehung zu anderen.
- Nutze zur Beschreibung der Figur nur die Hinweise, die tatsächlich im Text stehen.
- Verfasse deine Figurenbeschreibung im Präsens (= Gegenwart).

„Er ist hinter uns her!“ – Den Spannungsverlauf untersuchen

Eine Verfolgungsjagd

Prosper schüttelte nur den Kopf und ging weiter. [...] Nachdenklich wich er zwei Frauen aus, die sich mitten auf der Gasse lautstark stritten, und stieß dabei mit einem Mann zusammen, der aus einer Bar trat, ein Stück Pizza in der Hand. Es war ein stämmiger, kleiner Mann, mit einem Schnurrbart wie ein Walross, an dem etwas Käse klebte. Unwillig drehte er sich um – und starrte Prosper an, als wäre er ein Gespenst.

„*Scusi*“, murmelte Prosper und schob sich hastig weiter, in das dichte Gedränge, das so schnell unsichtbar machte.

„He, was rennst du so?“ Riccio hielt ihn an der Jacke fest, im Arm die fast leere Kuchenschachtel.

Prosper sah sich um. „Da hat mich einer so komisch angestarrt.“ Beunruhigt musterte er die vorbeidrängenden Leute. Aber der Mann mit dem Walrossbart war nirgends zu entdecken.

„Angestarrt?“ Riccio zuckte die Achseln. „Na und? Kam der Kerl dir bekannt vor?“

Prosper schüttelte den Kopf. Und sah sich noch einmal um.

Ein paar Schulkinder, ein alter Mann, drei Frauen mit vollgestopften Einkaufskörben, eine Gruppe Nonnen ...

Er griff nach Riccios Arm und zerrte ihn weiter.

„Was ist?“ Vor Schreck hätte Riccio fast die Kuchenschachtel verloren.

„Der Kerl folgt uns.“ […]

„Was redest du denn da?“, rief Riccio ihm nach.

„Er ist hinter uns her!“, stieß Prosper hervor. „Er hat versucht, sich zu verstecken, aber ich hab ihn gesehen.“

Riccio blickte sich nach dem angeblichen Verfolger um, aber alles, was er sah, waren gelangweilte Gesichter, die in die Schaufenster starrten, und Schulkinder, die sich kichernd schubsten.

„Prop, das ist absoluter Blödsinn!“ Er holte Prosper ein und verstellte ihm den Weg. „Beruhige dich, klar? Du siehst Gespenster.“ Aber Prosper antwortete nicht. „Komm mit!“, zischte er – und zerrte Riccio in eine Gasse […]. Der Wind fuhr ihnen entgegen, als hätte er in der dunklen Enge sein Zuhause. Riccio wusste, wohin dieser wenig einladende Gang führte: auf einen versteckten Hof und von dort in ein Labyrinth von Gassen, in dem sich selbst ein Venezianer verirren konnte. Kein schlechter Weg, um einen Verfolger abzuschütteln. Aber Prosper war schon wieder stehen geblieben, presste sich gegen die Mauer und beobachtete die Leute, die sich draußen auf der Gasse vorbeischoben.

„Was soll das nun wieder werden?“ Riccio lehnte sich neben ihn und zog sich fröstelnd die Pulloverärmel über die Finger.

„Ich werd ihn dir zeigen, wenn er vorbeikommt.“

„Und dann?“

„Wenn er uns entdeckt, rennen wir.“

„Toller Plan!“, murmelte Riccio und schob nervös die Zunge in die Lücke, die vorn zwischen seinen Zähnen klaffte. Den Zahn, der dort fehlte, hatte er auch bei einer Verfolgungsjagd verloren. „Komm, lass uns einfach verschwinden“ , flüsterte er Prosper zu. „Die anderen warten schon auf uns.“ Aber Prosper rührte sich nicht.

Die Schulkinder hüpften an ihrem Versteck vorbei, dann kamen die Nonnen in ihren schwarzen Gewändern. Und dann erschien ein Mann: kurz und stämmig, mit großen Füßen und einem Walrossbart. Suchend blickte er sich um, stellte sich auf die Zehenspitzen, reckte den Hals und fluchte.

Die beiden Jungen wagten kaum zu atmen. Dann, endlich, ging der Fremde weiter.

Riccio regte sich zuerst. „Ich kenn den Kerl!“, stieß er hervor. „Lass uns verschwinden, bevor er noch mal zurückkommt!“ […]

„Du kennst den Kerl?“ Ungläubig sah Prosper ihn an.

Riccio stützte sich auf die Reling. „Ja. Er ist Detektiv.“

1 Was schießt Prosper wohl durch den Kopf, als er den Detektiv bemerkt? Nenne mögliche Gedanken von Prosper.

2 Verschafft euch einen Überblick über den Ablauf der Verfolgungsjagd. Geht dabei so vor:

- Gliedert den Textauszug in fünf Sinnabschnitte. Schreibt die entsprechenden Zeilenangaben in eure Hefte und findet für jeden Textabschnitt eine passende Überschrift. Arbeitet mit der Lernbox „Einen Text gliedern“ auf S. 126.

- Stellt den Ablauf der Verfolgungsjagd in Form einer Spannungskurve dar. Übernehmt dazu die angefangene Spannungskurve und vervollständigt sie.
Tragt in die Kästen oberhalb der Kurve die Begriffe *Einleitung*, *Spannungssteigerung*, *Höhepunkt*, *Spannungsabfall* und *Schluss* ein. Notiert unterhalb der Kurve in Stichworten, was an diesen Stellen im Text jeweils geschieht.

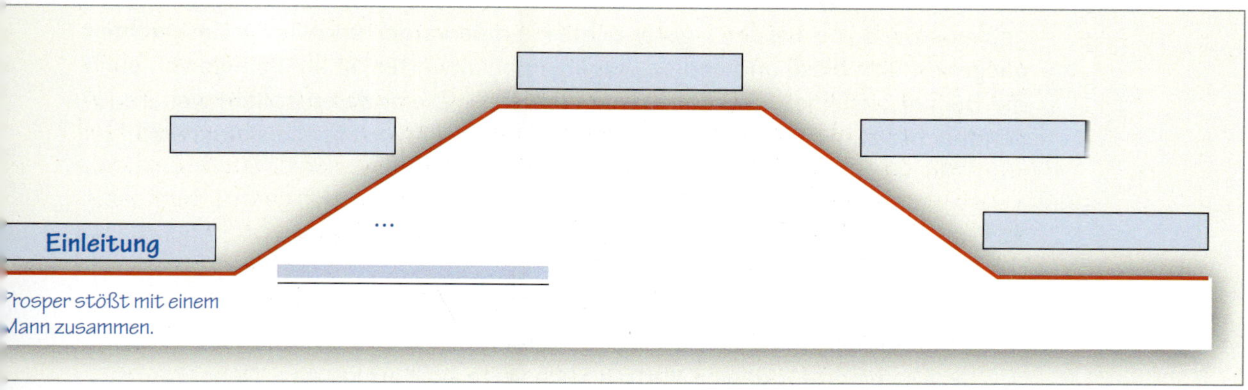

3 Jetzt kannst du sicher sagen, welche der folgenden Aussagen richtig sind.

- Der Detektiv erkennt Prosper und verfolgt die Jungen.
- Riccio glaubt Prosper zunächst nicht, dass sie verfolgt werden.
- Prosper plant, dem Verfolger eine Ohrfeige zu geben, wenn er sie entdeckt.
- Der Detektiv findet die Jungen in ihrem Versteck.
- Riccio kennt den Verfolger.

4 Erkläre, wo und wie sich die beiden Jungen vor dem Detektiv in Sicherheit bringen.

5 Sicher wollt ihr wissen, wie es mit Prosper, Bo und der Bande der Straßenkinder weitergeht. Einige von euch sollten das Buch lesen und der Klasse vorstellen. Wie man bei einer Buchvorstellung vorgeht, erfahrt ihr auf S. 136–137.

6 **Durchstarten! So könnt ihr weiterarbeiten:**

a) Untersuche, mit welchen Mitteln es Cornelia Funke gelingt, spannend von der Verfolgung der Jungen durch den Detektiv zu erzählen. Suche Wörter und Formulierungen im Text, mit denen Spannung erzeugt wird (z. B.: „wagten kaum zu atmen", Z. 51). Weitere Hilfen findest du in der Lernbox auf S. 185.

b) Die Jungen glauben, dem Detektiv entkommen zu sein, aber sie irren sich: Das Katz- und Maus-Spiel geht weiter. Schreibe eine Fortsetzung der Verfolgungsjagd, wie du sie dir vorstellst, und gestalte sie möglichst spannend.

4.

Das hat mir gut gefallen! Projekt: Buchvorstellung

Du hast in diesem Kapitel einige Jugendbücher kennengelernt, in denen es um das Thema „Freundschaft“ geht. Sicherlich sind dabei noch viele Fragen offen geblieben, z. B., ob aus den Figuren echte Freunde werden und wie die Geschichten ausgehen. Um diese und andere Fragen zu beantworten, sollten einige von euch die Bücher ausleihen und der Klasse vorstellen. Die anderen sollten weitere Jugendbücher zum Thema „Freundschaft“ lesen und diese ebenfalls vorstellen.

1 Gehe so vor, um ein Buch zu präsentieren:

- Überlege dir zuerst, welches Buch du der Klasse vorstellen möchtest. Besorge dir das Buch und lies es.
- Mache dir für deinen Vortrag Stichworte auf Karteikarten. Dabei kannst du zu jedem Punkt, den du ansprechen möchtest, eine Karteikarte anlegen.

Angaben zum Buch

Titel: Herr der Diebe
Autorin: Cornelia Funke
Verlag/Preis: …

Das Leben von Prosper und Bo

- Prosper und Bo: Flucht nach Venedig
- Auftrag der Tante: Detektiv soll die Jungen suchen
- Unterschlupf: ein altes Kino
- …

- Wenn du alle Notizen für die Buchvorstellung fertiggestellt hast, übe den Vortrag mithilfe deiner Karteikarten einige Male. Bitte jemanden aus deiner Familie oder von deinen Freunden, dir dabei zuzuhören.

- Baue deine Buchvorstellung folgendermaßen auf:
  - Nenne den Titel, den Autor, den Verlag, in dem das Buch erschienen ist, und den Preis des Buches.
  - Fasse kurz zusammen, worum es in dem Buch geht.
  - Stelle die Hauptfiguren vor und beschreibe ihre Beziehungen zu den anderen Figuren.
  - Lies den anderen Schülern und Schülerinnen ein oder zwei Stellen aus dem Buch laut vor (z. B. besonders lustige oder besonders spannende Textstellen).
  - Erkläre den Zuhörern, warum dir das Buch so gut gefällt.
- Stelle eine „Lesekiste“ zusammen, um deinen Vortrag für die Zuhörer besonders interessant und anschaulich zu gestalten. Dazu kannst du so vorgehen:
  - Besorge dir einen Karton. Lege in diesen Karton verschiedene Gegenstände, die mit dem von dir vorgestellten Buch zu tun haben. Bei dem Buch „Herr der Diebe“ könnten dies z. B. ein Stadtplan von Venedig, ein Fächer oder ein anklebbarer Bart sein.
  - Die einzelnen Gegenstände holst du an geeigneter Stelle deiner Buchvorstellung aus der Lesekiste heraus.
  - Du zeigst sie deinen Zuhörern und erklärst ihnen, welche Bedeutung der jeweilige Gegenstand in dem Buch hat. So könntest du z. B. bei der Vorstellung des Buches „Herr der Diebe“ ein Bild von Venedig zeigen, weil Prosper und Bo dorthin geflohen sind und sich versteckt halten.

2 Durchstarten! So könnt ihr weiterarbeiten:

a Ihr könnt eine Klassenbibliothek oder eine Büchertauschbörse mit euren persönlichen Lieblingsbüchern einrichten.

b Veranstaltet eine Lesenacht und lest euch gegenseitig aus Büchern vor.

c Gestaltet eine Ausstellung zum Thema „Freundschaft in Jugendbüchern“ (z. B. in eurer Schülerbibliothek).

Alles klar? – Wiederholen, üben und überprüfen

1 In dem Wortgitter verbergen sich sieben Oberbegriffe, die bei einer Personenbeschreibung eine Rolle spielen. Sucht die Begriffe heraus.

H	G	L	B	E	Z	I	E	H	U	N	G	E	N	S	Q	B	R	I	M
E	E	T	R	H	J	X	Y	A	D	K	V	A	P	F	G	D	L	L	N
R	C	F	R	O	R	Q	X	F	V	S	J	I	G	H	L	M	B	T	I
K	G	H	B	V	E	R	H	A	L	T	E	N	S	W	Q	C	Y	G	T
U	E	T	Z	U	U	B	N	M	F	G	H	T	K	T	Z	U	I	O	A
N	F	O	W	T	H	K	L	I	H	L	N	E	B	C	Z	H	J	K	U
F	F	H	Q	X	J	B	K	L	L	T	I	R	W	F	A	F	G	B	S
T	Q	N	V	C	Y	S	D	I	P	U	O	E	P	O	I	G	J	N	S
V	B	Z	L	R	A	L	T	E	R	R	F	S	T	E	G	H	D	B	E
X	C	J	H	I	A	F	G	Z	Q	U	P	S	I	I	J	Y	X	U	H
Y	V	N	N	M	G	R	T	Z	I	Q	R	E	T	T	F	H	B	H	E
A	G	C	H	D	I	F	M	K	X	Z	Y	N	D	A	S	T	U	V	N

2 Nenne vier Merkmale, an denen man erkennen kann, dass in einem Text ein neuer Sinnabschnitt beginnt. Schreibe sie in dein Heft und vergleiche sie anschließend mit der Lernbox „Einen Text gliedern" auf S. 126.

3 Verfasse mithilfe der Angaben unten eine zusammenhängende Beschreibung Ronjas. Aber Vorsicht! Einige der Aussagen sind falsch. Nutze für deine Beschreibung Ronjas nur die richtigen Hinweise. Verwende bei deiner Figurenbeschreibung auch das, was du sonst noch über Ronja weißt.

Ronja ist ungefähr drei Jahre alt.

Ronja wächst in einer Waldhöhle auf.

Sie ist die Tochter von Mattis und Lovis.

Sie hat viele Spielgefährten.

Ronja wird schnell wütend.

Ihr Vater ist Förster.

Sie ist sehr ängstlich.

Sie hat keine Geschwister.

Ronja ist hilfsbereit.

4 Ordne den Figuren aus dem Buch „Herr der Diebe“ die richtigen Beschreibungen zu. Schreibe dazu die vor der Figur stehende Zahl auf und ordne ihr den Buchstaben der passenden Beschreibung zu. Beispiel: 3 a)

1	Scipio	a)	sammelt Plastikfächer
2	Wespe	b)	ist ein Dieb
3	Bo	c)	hat eine dunkle Hautfarbe
4	Riccio	d)	hat einen Zopf
5	Prosper	e)	hat vorne eine Zahnlücke
6	Mosca	f)	ist ernst und hat dunkle Haare

5 In dem folgenden Kasten ist bei der Gliederung des Textauszuges „Prosper und Bo in Venedig“ die Reihenfolge durcheinandergeraten. Lies den Text auf S. 127/128 noch einmal sorgfältig. Bringe anschließend die vorgegebenen Überschriften in die richtige Reihenfolge und notiere jeweils die fehlenden Zeilenangaben.

Gliederung des Textes „Prosper und Bo in Venedig“

Zeile ■ – ■: Hilfe durch Wespe
Zeile ■ – ■: Die ersten Tage der Brüder in Venedig
Zeile ■ – ■: Die Brüder und Wespe beim Einkauf
Zeile ■ – ■: Prospers Erinnerungen an die Flucht
Zeile ■ – ■: Tante Esthers Suche nach den Jungen

6 In den Silben sind die Namen von neun Figuren aus den Texten dieses Kapitels versteckt. Versuche, durch Verbinden der Silben möglichst viele Namen zu finden und sie aufzuschreiben.

ter toch Pros Bo Ron kar co ci ca Wes ni o ti Ri
Os Räu Sci per Ric pe ja ber fa pi us Mos o

7 Die Abläufe bei einer Buchvorstellung sind hier durcheinandergeraten. Bringe die Arbeitsschritte wieder in die richtige Reihenfolge.

Bei einer Buchvorstellung sollte man:

1. eine oder zwei Textstellen aus dem Buch vorlesen,
2. wichtige Informationen über das Buch vortragen, z. B. wer es geschrieben hat, wie der Titel lautet und wo es erschienen ist,
3. das Lesen und Vortragen vorher zu Hause üben,
4. ein geeignetes Buch für die Buchvorstellung auswählen,
5. Stichworte für den Vortrag auf Karteikarten festhalten,
6. den Inhalt des Buches kurz zusammenfassen.

Ein Haus für Leseratten
Bibliotheken erkunden

Sicher liest du auch Bücher in der Freizeit. Dann hast du vielleicht auch schon einmal eine Bibliothek besucht, um dir neuen Lesestoff auszuleihen. In der Schule bekommst du immer wieder die Aufgabe, Kurzvorträge zu einem Thema zu halten oder der Klasse ein Buch vorzustellen. Für solche Aufgaben hilft es dir oft, wenn du dir Bücher aus einer Bibliothek besorgst. Dieses Kapitel soll dir dabei helfen, eine Bibliothek zu nutzen. Dazu lernst du,

- welche Angebote es in Bibliotheken gibt,
- in einer Bibliothek Bücher zu einem Thema zu finden und
- den Bibliothekscomputer zu benutzen.

Weiter erhältst du Tipps und Anregungen, wie man den Besuch einer Bibliothek vorbereitet. Am Ende erfährst du, wie deine Klasse eine eigene Klassenbibliothek einrichten kann.

nd Bücherwürmer – nd nutzen

1 Betrachtet die Fotos. Erklärt, was man alles in Bibliotheken (= Büchereien) machen kann.

2 Berichtet über eure Erfahrungen mit Bibliotheken.

- Aus welchen Anlässen und Gründen habt ihr eine Bibliothek besucht?
- Welche Bücher habt ihr dort ausgeliehen?
- Was wisst ihr über die Regeln, die für den Besuch und die Benutzung einer Bibliothek gelten?

1.

So viele Bücher – sich in einer Bibliothek zurechtfinden

Alex, Julia und Tanja gehen in die Klasse 5 a. Die Schüler der Klasse bereiten Kurzvorträge zu verschiedenen Themen vor. Mit ihrer Deutschlehrerin besuchen sie heute die Stadtbücherei, um sich Bücher zu ihren Themen zu besorgen. Die drei befinden sich am Bibliothekscomputer und verschaffen sich einen Überblick über die Bibliothek.

1 Beschreibt die Bibliothek. Wie ist sie eingerichtet? Welche Angebote macht die Bücherei ihren Benutzern?

2 Alex arbeitet gerade an einem Kurzvortrag zum Thema „Papageien". Dazu möchte er sich Bücher ausleihen. Erklärt, wo Alex Bücher zu seinem Thema finden kann. Welchen Weg muss er vom PC des digitalen Kataloges zum richtigen Regal gehen?

3 Julia ist mit ihren Freundinnen noch mit der Büchersuche am PC beschäftigt. Als Thema für ihren Kurzvortrag hat sie ihre Lieblingssportart Judo gewählt. In welchem Regal kann sie Bücher zum Thema „Judo" finden? Beschreibe den Weg, den Julia gehen muss.

4 Julias Freundinnen möchten sich noch ein Abenteuerjugendbuch aus der Reihe „Die 5 Freunde" ausleihen. Wo finden sie dieses Buch? Beschreibt wieder, welchen Weg sie vom PC des digitalen Kataloges gehen müssen, um es aus dem Regal zu nehmen.

5 Nenne deiner Partnerin/deinem Partner verschiedene Themen und Bücher. Lass dir von ihr oder ihm zeigen, in welchen Regalen sie zu finden sind.

2. Wo geht es hier zur Ausleihe? – Einen Bibliotheksbesuch vorbereiten

Die Klasse 5 a hat sich auf ihren Besuch in der Bibliothek vorbereitet, indem die Schülerinnen und Schüler Fragen zur Benutzung einer Bibliothek gesammelt haben.

Fragen zur Bibliotheksbenutzung

- Wie kann man einen Ausweis bekommen?
- Wann hat die Bibliothek geöffnet?
- Welche Arten von Büchern kann man ausleihen oder anschauen?
- Gibt es außer Büchern noch anderes auszuleihen?
- Wie findet man ein ganz bestimmtes Buch?
- Welche Bücher darf man ausleihen, welche nicht?
- Wie lange kann man ein Buch ausleihen?
- ...

1 Sammelt noch weitere Fragen und ergänzt diesen Fragenkatalog.

2 Für die Benutzung einer Bibliothek ist es hilfreich, die entsprechenden Fachwörter zu kennen. Klärt deshalb die Bedeutung der Fremd- und Fachwörter im Kasten. Arbeitet dabei z. B. mit dem Internet oder mit Fremdwörterbüchern.

> Autor • Bestseller • Bibliothek • Bibliothekar/in • Buchrücken • Cover • ISBN • Katalog • Klappentext • Medium/Medien • Recherche • Register • Schlagwort • Signatur

3 Wenn es möglich ist, besucht gemeinsam eine Bibliothek (z. B. eine Stadtbibliothek oder die Schulbibliothek). Nutzt euren Bibliotheksbesuch, um interessante Bücher kennenzulernen. Sucht euch während eures Bibliotheksbesuchs ein Buch aus, das euch besonders gefällt, und stellt es später der Klasse vor. Erklärt den anderen,

- worum es in dem Buch geht und
- was euch jeweils daran besonders interessiert.

Vielleicht könnt ihr auch einen kleinen Ausschnitt daraus vorlesen. Hilfen, wie ihr bei der Buchvorstellung vorgehen könnt, erhaltet ihr auf S. 136–137.

4 Durchstarten! So könnt ihr weiterarbeiten:

In eurer Klasse gibt es vermutlich einige, die schon öfter in einer Bibliothek waren. Diese „Experten“ könnten vor eurem gemeinsamen Besuch eine Bibliotheksrallye zusammenstellen. Sie entwickeln für die anderen Fragen, z. B. zu Büchern, zur Ausleihe und zur Katalogbenutzung. Die anderen beantworten während des Büchereibesuchs diese Fragen und erkunden sie so.

Einige Schülerinnen und Schüler der 5 a haben schon Fragen gesammelt. Ergänzt diese Sammlung und entwickelt einen eigenen Fragebogen für eure Bibliotheksrallye. Vergesst nicht, Platz für die Antworten zu lassen. Für diejenigen, die alle Fragen richtig beantworten, könnt ihr euch kleine Preise überlegen.

Bibliotheksrallye

1	Wer hat das Buch „Als ich lernte, die Spinnen zu zähmen“ geschrieben? Antwort: …
2	Welche Signatur hat das Jugendbuch „Tintenherz“ von Cornelia Funke? Antwort: …
3	Suche Informationen über den Autor Michael Ende und erstelle zu ihm einen kurzen Steckbrief. Halte deine Antwort auf einem Zettel fest, den du dann mit dem Fragebogen bei uns abgibst.
4	Was ist ein „Gladiator“? Suche ein Fremdwörterlexikon und schreibe die Erklärung wörtlich ab. Antwort: …
5	…

3.

Wie finde ich die richtigen Bücher? – In Bibliotheken Bücher zu einem Thema suchen

Detektivarbeit am Bildschirm – einen Bibliothekskatalog benutzen

Alex und Tanja haben sich einen ersten Eindruck von der Stadtbücherei verschafft. Jetzt wollen sie sich Informationen und Bücher zu den Kurzvorträgen besorgen, an denen sie gerade arbeiten. Alex hat als Thema „Papageien" gewählt, weil er gerne einen Papageien als Haustier hätte. Tanja möchte der Klasse gerne ihre Lieblingssportart „Judo" vorstellen.

1 Welche Probleme haben Alex und Tanja bei ihrer Büchersuche?

2 Wie würdet ihr an Tanjas und Alex' Stelle vorgehen? Sammelt eure Vorschläge.

Jede Bibliothek besitzt einen Katalog, in dem alle Bücher verzeichnet sind. In den meisten Bibliotheken kann man diesen Katalog mithilfe eines Computers benutzen. Um in einer Bibliothek die richtigen Bücher zu finden, könnt ihr mit dem Bibliothekscomputer arbeiten. Dort findet ihr solch eine oder eine ähnliche Startseite.

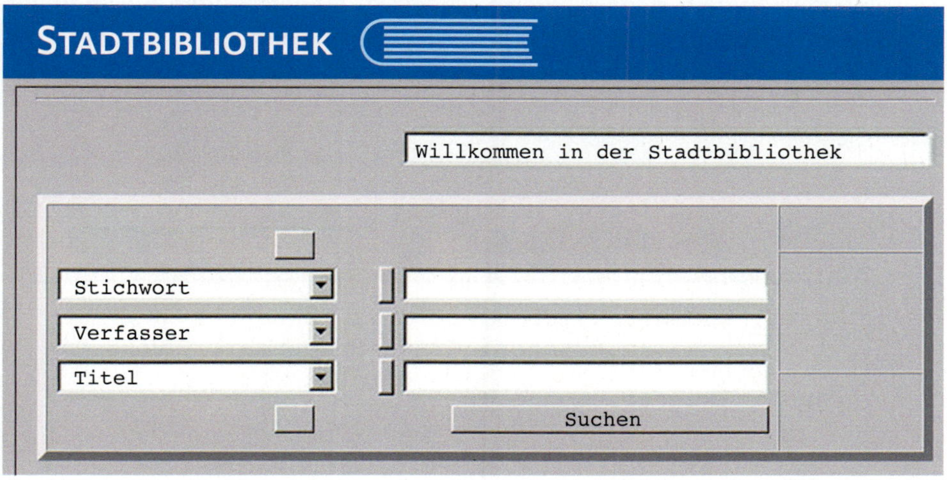

1 Was bedeuten die Begriffe „Stichwort“, „Verfasser“ und „Titel“? Erklärt sie mit euren Worten.

2 Wozu dient die Schaltfläche „Suchen“ und wann muss man sie benutzen?

3 Beschreibt, wie Alex vorgehen sollte, um mithilfe des Computerkatalogs Bücher zum Thema „Papageien“ zu finden.

Alex hat sich vor seinem Besuch in der Bibliothek mit seiner Biologielehrerin Frau Weber unterhalten. Sie hat ihm mehrere Bücher zu seinem Thema „Papageien“ empfohlen. Während des Gesprächs hat sich Alex diese Notizen gemacht.

4 Wie muss Alex mit dem Bibliothekskatalog arbeiten, um die jeweiligen Bücher zu den einzelnen Buchtipps zu finden?

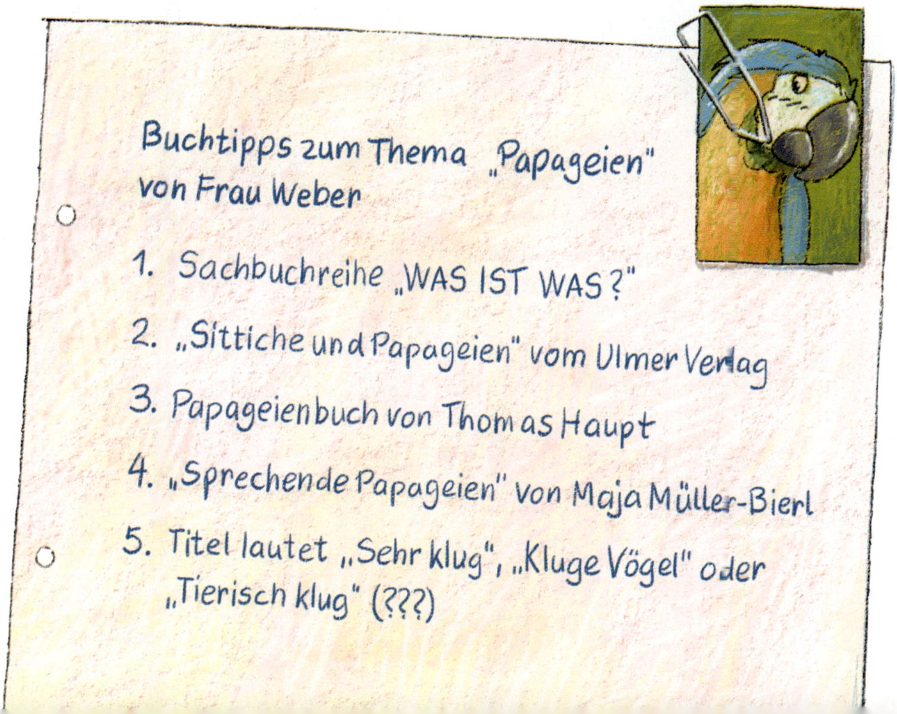

Detektivarbeit zwischen den Regalen – den Standort eines Buches in einer Bücherei finden

Bei der Suche mit dem Bibliothekscomputer erhältst du zuerst eine Liste von Kurzeinträgen zu dem eingegebenen Suchbegriff. Zu dem dritten Buchtipp von Frau Weber hat Alex folgende Liste mit Kurzeinträgen gefunden:

STADTBIBLIOTHEK

Suchergebnis Anzahl 2

Haupt, Thomas: Nymphensittiche, lebhaft & gesellig
München: Gräfe und Unzer, 2003

Haupt, Thomas: Papageien
München: Gräfe und Unzer, 2005

1 Welche Informationen erhält Alex durch die Kurzeinträge?

2 Welche Informationen fehlen Alex, um zu entscheiden, ob er sich das Buch ansehen soll, und welche Informationen benötigt er noch, um es in der Bibliothek zu finden?

Wenn du die Kurzeinträge anklickst, erhältst du eine ausführlichere Beschreibung. Alex hat zu dem zweiten Kurzeintrag folgende Beschreibung aufgerufen.

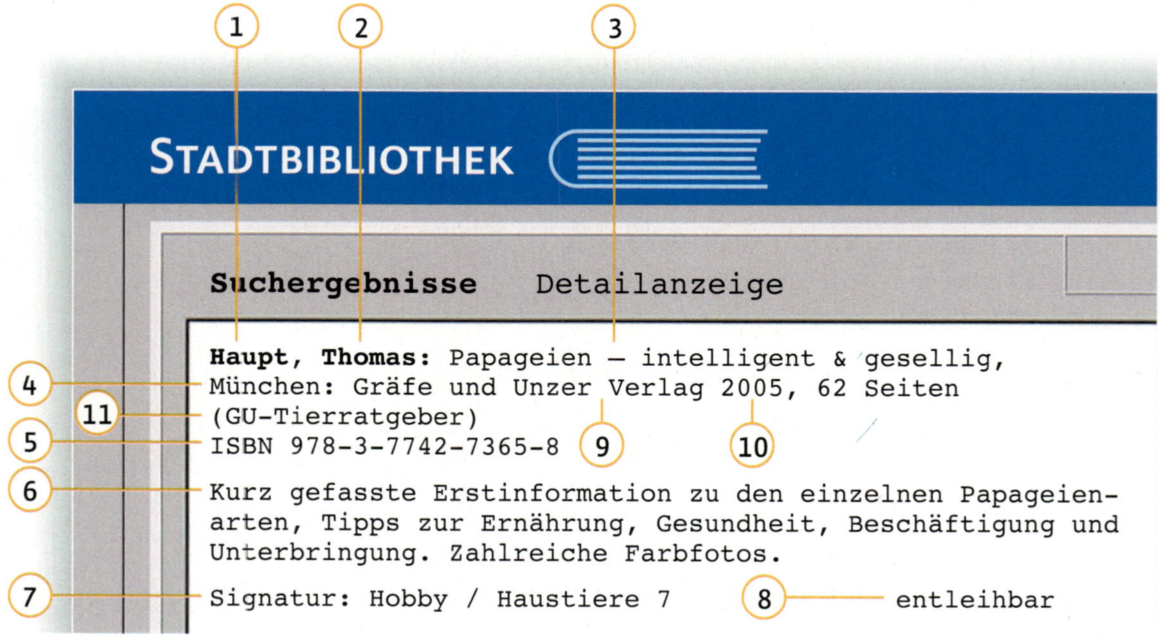

3 Welche Angaben enthält eine ausführliche Beschreibung eines Buchtitels im Bibliothekskatalog? Ordnet den Zahlen 1–11 die folgenden Begriffe zu.

Erscheinungsjahr ■ Nachname des Verfassers ■ Erscheinungsort ■ Titel ■ internationale Standardbuchnummer ■ Buchreihe ■ Angaben zum Inhalt ■ Angabe des Standortes ■ Vorname des Verfassers ■ Entleihstatus ■ Verlag

4 Wie ist Alex zu dieser ausführlichen Beschreibung gelangt? Beschreibt alle Schritte des Suchvorgangs.

5 Lies die Infobox. Erkläre mit deinen Worten, was man unter der Signatur eines Buches versteht.

6 Wie muss Alex vorgehen, um sich das Buch auszuleihen?

INFO

Die Signatur

Jedes Buch in einer Bücherei besitzt auf dem Buchrücken eine Aufschrift. Diese kann aus Wörtern, Abkürzungen und Zahlen bestehen (z. B. „Hobby/Haustiere 7“ oder „Tiere/Pag. 82“). Diese Aufschrift nennt man Signatur. Die Signatur gibt den genauen Standort des Buches in der Bücherei an. Bei dem Buch, das Alex im Katalog gefunden hat, bezeichnet „Hobby“ das Regal bzw. die Regale, in dem oder in denen das Buch steht.

Dort befindet sich ein Teilbereich, in dem alle Bücher mit der Kennzeichnung „Haustiere 7“ stehen. Unter diesen Büchern steht das gesuchte Buch von Thomas Haupt.

„Hallo Tanja! Du musst …“ – die Büchersuche in einer Bibliothek beschreiben

1 Beantwortet Tanjas Fragen und gebt ihr Tipps, wie sie ihre Probleme bei der Informationssuche lösen kann. Hilfen dazu findet ihr in der Lernbox auf der nächsten Seite.

➔ Sachtexte erschließen und Kurzvorträge halten zum Thema „Papageien“ und „Judo“ SB, S. 154–171

So gehst du vor

Einen Bibliothekskatalog benutzen

In einem **Bibliothekskatalog** sind **alle Bücher aufgelistet**, die in der Bücherei vorhanden sind. So arbeitest du mit dem Bibliothekskatalog:

- Wenn du ein **bestimmtes Buch suchst**, findest du es, indem du den **Verfasser** oder den **Titel** in die dafür **vorgesehenen Felder eingibst**.
- Um **Bücher zu bestimmten Themen** zu finden, musst du **Stichwörter** wie z. B. „Papageien“ oder „Judo“ in das **Suchfeld „Stichwort“ oder „Schlagwort“** eingeben.
- Die Suche startet, wenn du die **Schaltfläche „Suche“** bzw. **„Suchen“ anklickst** oder die Enter-Taste drückst.
- Durch **Anklicken eines Kurzeintrags** erhältst du eine **ausführliche Beschreibung eines Buches** mit den vollständigen Angaben zum Buch (**Verfasser**, **Titel**, **Erscheinungsort**, **Verlag**, **Erscheinungsdatum**, **ISBN-Nummer**, **Entleihstatus** und **Signatur**). Oft erhältst du noch kurze Informationen zum Inhalt des Buches.
- Die Signatur ist eine Kennzeichnung auf dem Buchrücken der Büchereibücher (z. B. „Hobby/Haustiere 7“). Sie gibt an, wo das Buch in den Regalen der Bibliothek steht.

2 Durchstarten! So könnt ihr weiterarbeiten:

a) Recherchiert in einer Bibliothek oder auf der Internetseite einer Bibliothek jeweils fünf Bücher zu mindestens zwei Themen, die euch interessieren (z. B. Reptilien, Flugzeuge, Pharaonen, Erfinder ...).
Haltet eure Suchergebnisse in folgender Übersicht fest:

Verfasser (Nachname, Vorname)	Titel	Erscheinung: Ort, Verlag, Jahr	Signatur	ausleihbar
Haupt, Thomas	Papageien – intelligent und gesellig	Gräfe und Unzer Verlag, München 2002	Hobby/ Haustiere 7	ja
...	...	...	...	...

Wenn ihr eine Bibliothek besucht, seht euch die Bücher an ihrem Standort an.

b) Schreibe Tanja eine E-Mail. Beantworte darin ihre Fragen und erkläre ihr, wie sie vorgehen soll, um Bücher zu ihrem Thema „Judo“ zu finden.

4.

Projekt „Klassenbibliothek“

Organisiert selbst eine kleine Klassenbibliothek. So könnt ihr dabei vorgehen:

- Jeder bringt ein oder mehrere Bücher mit, die andere aus der Klasse bei ihm ausleihen können.
- Legt euch für jedes Buch eine Karteikarte an, damit ihr die Ausleihe organisieren könnt. Legt diese Karteikarte in die auszuleihenden Bücher.

Autorin: Funke, Cornelia Titel: Tintentod

Das Buch gehört: Maximilian Apel

verliehen an:	entliehen am:	Rückgabe am:
1) Ammengard, Tanja	10.01.2010	24.01.2010
2) …	…	…

- Wenn jemand sich ein Buch ausleiht, nehmt ihr die Karteikarte aus dem Buch heraus und tragt die entsprechenden Daten ein (Name des Entleihers, Entleihdatum, Datum der Rückgabe). Sortiert die Karteikarten der Bücher, die ausgeliehen sind, in der alphabetischen Reihenfolge der Nachnamen der Entleiher. Besorgt euch einen Kasten, in dem ihr die Karteikarten aufbewahren könnt.
- Wählt aus der Klasse einige Schülerinnen und Schüler aus, die sich um die Ausleihe kümmern und regelmäßig kontrollieren, wer welche Bücher ausgeliehen hat bzw. ob sie pünktlich zurückgegeben worden sind.
- Sucht euch eine schöne Ecke in der Klasse aus, um dort mithilfe eines Tisches oder Regals die Bibliothek aufzubauen.
- Einigt euch gemeinsam auf Ausleihzeiten und Benutzungsregeln. Haltet diese auf einem Plakat fest und hängt es im Klassenraum auf.
- Bastelt euch eigene Benutzerausweise für eure Bibliothek.

Alles klar? – Wiederholen, üben und überprüfen

1 Schreibe das Fachwort mit seiner richtigen Bedeutung auf. Schreibe auch die hinter den richtigen Antworten stehenden Buchstaben auf. Von oben nach unten gelesen ergeben sie ein Lösungswort.

Autor:	
• derjenige, der ein Buch geschrieben hat	B
• schmerzhaftes Foul im Elfmeterraum beim Fußball	S
• elektrisches Garagentor	L
ISBN:	
• interessante Schulbücher in Naturkunde	I
• internationale Standardbuchnummer	U
• internationale Registriernummern aller Bibliotheken der Welt	G
Schlagwort:	
• schweizerische Bezeichnung für Sahne	T
• Wort, das den Inhalt eines Buches zusammenfasst	C
• handfeste Auseinandersetzung nach einem Streit	R
Signatur:	
• Kennzeichnung eines Buches in der Bibliothek	H
• lateinisches Wort für „jemandem ein Zeichen geben"	A
• Klassenausflug	U

2 Löst die Rätsel und schreibt die Antworten auf.

- Fremdwort für Bücherei (10 Buchstaben)
- Verzeichnis aller Bücher in einer Bücherei (7 Buchstaben)
- englisches Fremdwort für Buchdeckel (5 Buchstaben)
- Suche nach Büchern und Informationen zu einem Thema (9 Buchstaben)
- Oberbegriff für Bücher, Zeitschriften, CDs usw. (6 Buchstaben)

3 Überprüft, wie sicher ihr die Rechtschreibung der Fachwörter beherrscht.

- Schreibt zu jedem Fachwort, nach dem in den Aufgaben 1 und 2 gefragt wird, einen Satz in eure Hefte, in dem das Wort vorkommt.
- Diktiert euch in Partnerarbeit wechselseitig eure Sätze.
- Überprüft dann, ob ihr die Fachwörter richtig geschrieben habt, und berichtigt eventuelle Fehler.

4 Eine ausführliche Beschreibung eines Buchtitels im Büchereikatalog enthält elf Angaben. Kennst du sie alle? Schreibe sie auf.

Alex hat sich im Internet über sein Referatthema „Papageien“ informiert und bei einem Onlineverlag folgendes Buch gefunden, das ihn interesssiert. Nun will er in seiner Stadtbibliothek nachschauen, ob dieses Buch dort ausleihbar ist.

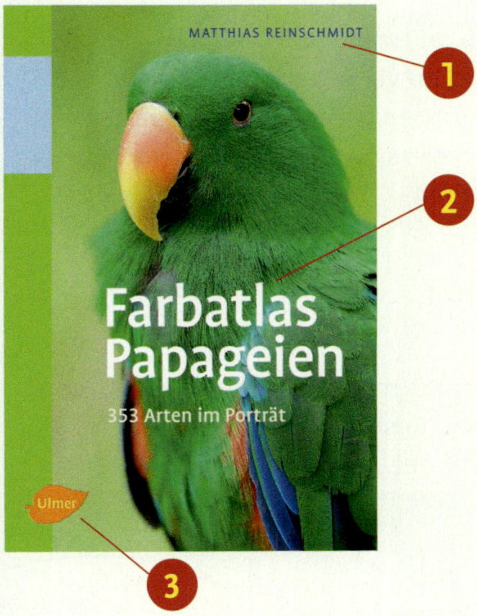

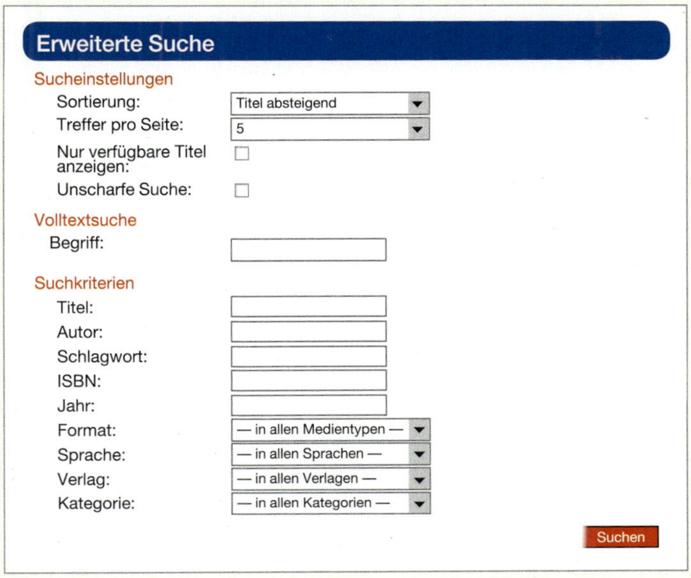
Erweiterte Suche

Sucheinstellungen
- Sortierung: Titel absteigend
- Treffer pro Seite: 5
- Nur verfügbare Titel anzeigen: ☐
- Unscharfe Suche: ☐

Volltextsuche
- Begriff:

Suchkriterien
- Titel:
- Autor:
- Schlagwort:
- ISBN:
- Jahr:
- Format: — in allen Medientypen —
- Sprache: — in allen Sprachen —
- Verlag: — in allen Verlagen —
- Kategorie: — in allen Kategorien —

Suchen

5 Welche Information des Buchcovers muss er an welcher Stelle in die Suchmaske am PC eingeben, um das Buch zu finden?

6 Überprüfe genau, ob Alex auf der Suchmaske noch ein Kästchen anklicken muss.

7 Muss er unter den Kriterien „Format“ und „Sprache“ weitere Angaben machen? Begründe deine Antwort.

8 Tanja hat sich folgende Notiz zu einem Buchtipp ihrer Sportlehrerin gemacht.

Buchtipp von Frau Brandt:

Schreiner, „Judo leicht gemacht“ oder „Judo verständlich gemacht“?

Wie findet Tanja das Buch im Bibliothekskatalog und wie kommt sie zu dem Standort des Buches? Erkläre Tanja in einer E-Mail, wie sie vorgehen soll.

Das will ich wissen un
Sachtexte erschließen un

In der Schule erhaltet ihr immer wieder die Aufgabe, zu verschiedenen Themen Referate oder Kurzvorträge zu halten. Dazu müsst ihr Texten Informationen entnehmen und diese euren Mitschülerinnen und Mitschülern vortragen. Wie ihr dabei vorgehen müsst, erfahrt ihr in diesem Kapitel. Ihr lernt, wie man

- Sachtexten Informationen entnimmt,
- Informationen aus Sachtexten anschaulich festhält,
- einen Kurzvortrag gestaltet und hält.

In dem Kapitel „Ein Haus für Leseratten und Bücherwürmer – Bibliotheken erkunden und nutzen" (S. 140–153) könnt ihr noch einmal nachlesen, wie man in einer Bibliothek zu einem Thema Bücher bzw. Informationen findet.

Alex und Tanja aus der Klasse 5 a haben sich für einen Kurzvortrag, den sie vor der Klasse halten wollen, jeweils ein Thema ausgesucht und dazu recherchiert:

1 Sammelt Ratschläge, wie Alex und Tanja weiterarbeiten können.

nderen vorstellen – inen Kurzvortrag halten

Der Gruß beim Judo

Judo

Papageien brauchen unseren Schutz

Graupapageien – sprechendes Federvieh

Der Papagei und die Menschen

2 Die Überschriften und Abbildungen eines Sachtextes zeigen bereits, worüber der Text informiert. Oben seht ihr die Überschriften der Sachtexte, die Alex und Tanja ausgewählt haben, sowie Bilder daraus. Was zeigen sie darüber, welche Informationen die Texte enthalten?

3 Durchstarten! So könnt ihr weiterarbeiten:

Eine Möglichkeit, sich eine Vorstellung von einem Thema zu machen, besteht darin zu überlegen, was man schon über das Thema weiß. So versteht man die Texte zu einem Thema leichter, weil man beim Lesen an Bekanntes anknüpfen kann.

Geht so vor:
- Bildet kleine Gruppen und entscheidet euch für das Thema „Papageien" oder „Judo".
- Sammelt alles, was ihr über euer Thema wisst, und haltet es in Stichworten fest.
- Einzelne Gruppen stellen ihre Ergebnisse der Klasse vor. Zu jedem Thema kann eine Gruppe ihre Ergebnisse präsentieren.
- Ergänzt die vorgestellten Ergebnisse um wichtige Punkte und haltet sie in Stichworten fest.

1.

„Warum sprechen Papageien?" – Fragen zu einem Sachtext stellen und ihm Informationen entnehmen

Alexander Naumann/Bernhard Schulz/
Anne Kathrin Hasselbeck

Graupapageien – sprechendes Federvieh

Aus Afrika kommt der Graupapagei. Graupapageien haben, wie der Name schon sagt, graue Federn. Nur ihr Kopf ist grauweiß. [...]

Nicht alle Papageien können sprechen. Nur manche Arten wollen und können es. Das hängt auch davon ab, wie beweglich die Zunge ist. Ganz besonders geschickt stellen sich Graupapageien an. Sie sind sehr musikalisch und können deshalb sehr gut die Geräusche ihrer Umgebung nachahmen. In freier Natur imitieren sie zum Beispiel das Gezwitscher von anderen Vögeln.

Graupapageien, die bei Menschen wohnen, machen menschliche Stimmen genauso nach wie Telefonklingeln, Tellerquietschen oder Wasserplätschern. Sie lernen auch, welche Geräusche zu welcher Situation passen. So kann es passieren, dass das Telefon klingelt und der Papagei „Hallo" sagt, noch bevor man selbst überhaupt den Hörer abnehmen konnte. Und wenn man dann nach dem Telefonieren Schuhe und Jacke anzieht, um einen Spaziergang zu machen, ertönt ein höfliches „Tschau".

Graupapageien verhalten sich in Gefangenschaft so, weil es ihnen Spaß macht, mit Geräuschen und Lauten zu spielen. Außerdem sind Graupapageien sehr intelligent. Sie merken, mit welchen Geräuschen sie besonders viel Aufsehen erregen und die Aufmerksamkeit ihrer Besitzer auf sich ziehen.

Papageien sollten immer zu zweit gehalten werden, da sie die Gesellschaft der Artgenossen brauchen. Untereinander zwitschern und pfeifen sie dann auf „papageiisch". Richtige Wörter benutzen sie nur, wenn Menschen mit ihnen reden.

Herkunft und Aussehen
- aus Afrika
- graue Federn, grauweißer Kopf

Fähigkeiten des Graupapageis
- sprechende Papageienart
- bewegliche Zunge
- musikalisch
- ahmt Geräusche von anderen Vögeln nach

...
- ahmen menschliche Stimmen nach
- ahmen auch Geräusche wie Telefonklingeln nach
- ...

...

...

1 Lest zunächst den Text. Klärt nun, auf welche der Fragen der Text eine Antwort gibt und auf welche nicht.

– Welche Papageien-Art lebt in Afrika?
– Wovon ernähren sich Graupapageien?
– Warum können gerade Graupapageien sprechen?
– Wie verhalten sich Graupapageien in der freien Natur?
– Wie bringt man Papageien das Sprechen bei?
– Wie verhalten sich Graupapageien, die bei Menschen wohnen?
– Wie sollte man Papageien halten?
– Warum machen Graupapageien Geräusche und Wörter nach?
– Wie alt werden Graupapageien in Gefangenschaft?
– Wann benutzen Graupapageien Wörter?

2 Alex hat schon angefangen, den Text zu bearbeiten. Beschreibt, wie er vorgegangen ist.

3 Welche Überschrift passt am besten für den dritten Abschnitt? Begründet eure Entscheidung und erklärt, warum ihr die anderen nicht gewählt habt.

– Fähigkeiten des Graupapageis
– Sprechende Papageien
– Verhalten des Graupapageis in Gefangenschaft

4 Wählt auch für den vierten Abschnitt eine Überschrift. Begründet wieder eure Entscheidungen.

– Gründe für das Nachahmen von Lauten und Stimmen
– Wunsch nach Aufmerksamkeit
– Freude am Nachahmen

5 Findet für den letzten Abschnitt selbst eine Überschrift. Stellt euch eure Überschriften gegenseitig vor. Welche passen besonders gut?

6 Führt Absatz für Absatz die Markierungen und Notizen am Textrand so fort, wie Alex sie begonnen hat. Verständigt euch dabei zu zweit oder dritt auf ein gemeinsames Ergebnis. (Legt eine Folie auf den Text oder arbeitet mit einer Kopie des Textes, wenn euch das Buch nicht gehört.)

7 Beantwortet die Fragen aus Aufgabe 1, auf die der Text eine Antwort gibt. Gebt in Klammern die Zeilen an, in der die jeweilige Antwort steht:

– Welche Papageien-Art lebt in Afrika? – In Afrika lebt der Graupapagei. (Z. 1–2)

8 **Durchstarten! So könnt ihr weiterarbeiten:**

Können Papageien wirklich sprechen? Beantwortet diese Frage mithilfe des Textes. Schreibt zu der Frage einen Text, z. B. einen Artikel für die Tierseite einer Schülerzeitung.

2.

Arbeit im und am Text – einen Sachtext markieren und mit Randbemerkungen versehen

Petra Deimer

Der Papagei und die Menschen

Papageien gehören zu den ältesten Hausgenossen des Menschen. Schon die Ureinwohner Australiens und die Neuguineas, die Eingeborenen Afrikas und die Indianer Südamerikas haben sich für diese Vögel interessiert. Sie holten junge Papageien aus ihren Nestern, zogen sie auf und hatten ihre Freude an den zahmen Tieren. Schon damals wurden Papageien gefangen und gegessen. Viele Papageien mussten ihr Leben auch lassen, weil die Menschen die bunten Federn als Schmuck oder das Fleisch als Zaubermittel verwendeten.

Nach Europa kamen die ersten Papageien zur Zeit Alexanders des Großen, also vor 2000 Jahren. Opesikos, ein Steuermann aus seiner Flotte, brachte Halsbandsittiche aus Indien mit, die deshalb auch Alexandersittiche genannt werden. Im alten Rom wurden ebenfalls Papageien gehalten.

Mit dem aufblühenden Handel im Mittelalter kamen mehr und mehr Papageien aus fernen Ländern nach Europa und waren auch in Deutschland keine Seltenheit. Natürlich waren die Exoten zunächst Hausgenossen für den reichen Mann, vor allem dienten sie als Geschenke für Könige.

Im Jahr 1934 wurde der blühende Papageienhandel durch strenge Einfuhrverbote zurückgedrängt. Der Grund war die für die Menschen früher tödlich verlaufende sogenannte Papageienkrankheit.

Heute gibt es wieder Bemühungen, den Handel mit wildlebenden Papageien einzuschränken und zu stoppen. Allerdings ist der Grund jetzt ein anderer: Viele Papageien-Arten sind vom Aussterben bedroht oder gefährdet. Das liegt zum einen an der Umweltzerstörung, aber zum anderen auch an dem immer noch schwungvollen Handel mit Papageien.

1 Ordnet den einzelnen Absätzen eine der Überschriften zu und schreibt sie neben den entsprechenden Absatz. Wenn euch das Buch nicht gehört, arbeitet wieder mit einer Folie oder einer Kopie!

- Einfuhrverbote für Papageien nach Europa
- Papageien bei den Urvölkern
- Situation in der Gegenwart
- Die ersten Papageien in Europa
- Papageienhandel im Mittelalter

2 Bearbeite (auf einer Folie oder Kopie) den Text mit Markierungen und Randbemerkungen. Gehe dabei so vor wie Alex auf S. 156. Beachte auch die Hinweise in der Lernbox.

3 Finde fünf Fragen, auf die der Text eine Antwort gibt.

4 Tauscht eure Fragenlisten aus und beantwortet sie mithilfe des Textes. Geht dabei so vor, wie es auf S. 157 in Aufgabe 7 beschrieben wird.

So gehst du vor

Einen Sachtext erschließen

Wenn du **Sachtexte erschließen** und ihnen **Informationen entnehmen** willst, kannst du so vorgehen:

- **Überfliege** den Text zunächst. **Achte** besonders **auf Überschriften, Abbildungen oder Hervorhebungen** im Text (z. B. fett gedruckte Textstellen).
- **Lies** dir den Text ein erstes Mal durch, **ohne** etwas zu **markieren** oder anzustreichen. Mache dir klar, was das **Thema** des Sachtextes ist und welche Informationen er dazu enthält.
- **Gliedere** den Text **in Sinnabschnitte**. **Gib jedem Textabschnitt eine passende Überschrift.** Oft kannst du besonders wichtige Wörter aus den einzelnen Abschnitten dafür benutzen. Einen Sinnabschnitt kannst du z. B. daran erkennen, dass das Thema wechselt oder eine neue Frage beantwortet wird.
- **Hebe das Wichtigste durch farbige Markierungen oder Unterstreichungen hervor.** Überlege bei jedem Wort, ob du es wirklich farbig markieren oder unterstreichen musst!
- Notiere unter den Überschriften die wichtigsten Informationen der einzelnen Textabschnitte in **Stichworten am Rand des Textes**.

➔ Sachtexte erschließen
AH, S. 32–37

3.

Verfolgte Vögel – einen Sachtext gliedern und erschließen

Petra Deimer

Papageien brauchen unseren Schutz

Papageien sind sehr lernfähige, anpassungsfähige und intelligente Vögel. Sie haben sich als lebenstüchtig und überlebensfähig erwiesen. So starben nur wenige Arten aus natürlichen Gründen wie z. B. Klimaveränderungen aus. Wenn die meisten Papageien-Arten heute um das Überleben kämpfen müssen, dann ist der Grund ausschließlich beim Menschen zu suchen. Heute werden Papageien für den Haustierhandel zu Tausenden in der Natur gefangen. Sammler bezahlen für besonders seltene Papageien hohe Preise. Allein nach Europa gelangen jährlich 30 000 Graupapageien; nicht weniger groß ist die Nachfrage in den USA. Neben dem erlaubten gibt es einen starken nicht erlaubten Handel mit Papageien. An diesem Handel ist das Schlimmste: Je seltener eine Art ist, desto höher sind die Preise. Angebliche Liebhaber sind bereit, für seltene Papageien-Arten so viel zu bezahlen wie für ein Sportauto. Da Papageien sehr empfindlich sind, sterben viele bereits beim Fang oder während des Transports. Von 100 Papageien überleben höchstens 20. Um diesen Tierquälereien ein Ende zu machen, transportiert die Deutsche Lufthansa seit 1991 keine wild gefangenen Vögel mehr. Die Vogelhändler benutzen allerdings weiter andere Fluggesellschaften. Deshalb haben die USA und Deutschland vorgeschlagen, den Transport von wild lebenden Vögeln ganz zu verbieten. Schließlich gibt es genug Möglichkeiten, schon in Gefangenschaft lebende Vögel zu züchten. Beste Beispiele sind dafür die Kleinpapageien-Arten Wellensittiche und Nymphensittiche.

Der erlaubte Papageienhand

Wild gefangene Graupapageien vor ihrem Transport zum Händler

1 Der Text besteht aus vier Sinnabschnitten. Gliedert den Sachtext und gebt den einzelnen Sinnabschnitten passende Überschriften.
Haltet eure Gliederung fest, indem ihr in eurem Heft folgende Übersicht vervollständigt.

Sinnabschnitt	Überschrift
Z. 1–5	...
Z. 6–...	Der erlaubte Papageienhandel
Z. ...–...	...
Z. ...–...	...

2 Entnimm dem Text die wichtigsten Informationen. Arbeite wieder mit der Lernbox auf S. 159. (Wenn dir das Buch nicht gehört, arbeite mit einer Folie oder Kopie des Textes.)

3 Erstellt eine Liste mit den wichtigsten Fragen, auf die der Text antwortet. Tauscht eure Fragenlisten aus und beantwortet sie mithilfe des Textes.

Till aus der 5 a hat folgende Zusammenfassung des Textes geschrieben:

Der Text „Papageien geht es schlecht" von Petra Deimer informiert darüber, wie bedroht Papageien sind. Viele Papageien-Arten sind vom Aussterben bedroht, weil sie für den Tierhandel gefangen werden. Für seltene Papageien zahlen Sammler hohe Preise. Allein nach Australien gelangen jährlich 30 000 Graupapageien. Die empfindlichen Tiere sterben oft schon beim Fang. Die deutschen Fluggesellschaften transportieren deshalb seit 1995 keine wild gefangenen Vögel mehr. Die Vogelhändler benutzen aber seitdem die anderen Fluggesellschaften. Deshalb wollen England und Deutschland den Transport von wild lebenden Vögeln ganz verbieten. Allerdings gibt es keine Möglichkeiten, Papageien auch in Gefangenschaft zu züchten.

4 Tills Zusammenfassung enthält einige Fehler. Wie viele erkennst du, ohne in dem Text von Petra Deimer nachzulesen?

Sachtexte erschließen
SB, S 271–272
AH, S. 32–37

5 Vergleiche Tills Zusammenfassung mit dem Text von Petra Deimer auf S. 160 und suche alle Fehler heraus. Du musst sechs Fehler finden.

6 Wähle einen der beiden Schreibaufträge aus:

- Schreibe Tills Zusammenfassung verbessert in dein Heft.
- Schreibe einen Artikel für die Schülerzeitung zu der Frage „Warum brauchen Papageien unseren Schutz und wie können wir sie schützen?".

4.

„Gedankenlandkarten“ schaffen Ordnung – eine Mindmap erstellen

Alex hat die Informationen aus dem Text „Graupapageien – sprechendes Federvieh“ auf S. 156 in einem Schaubild festgehalten. Ein solches Schaubild heißt Mindmap.

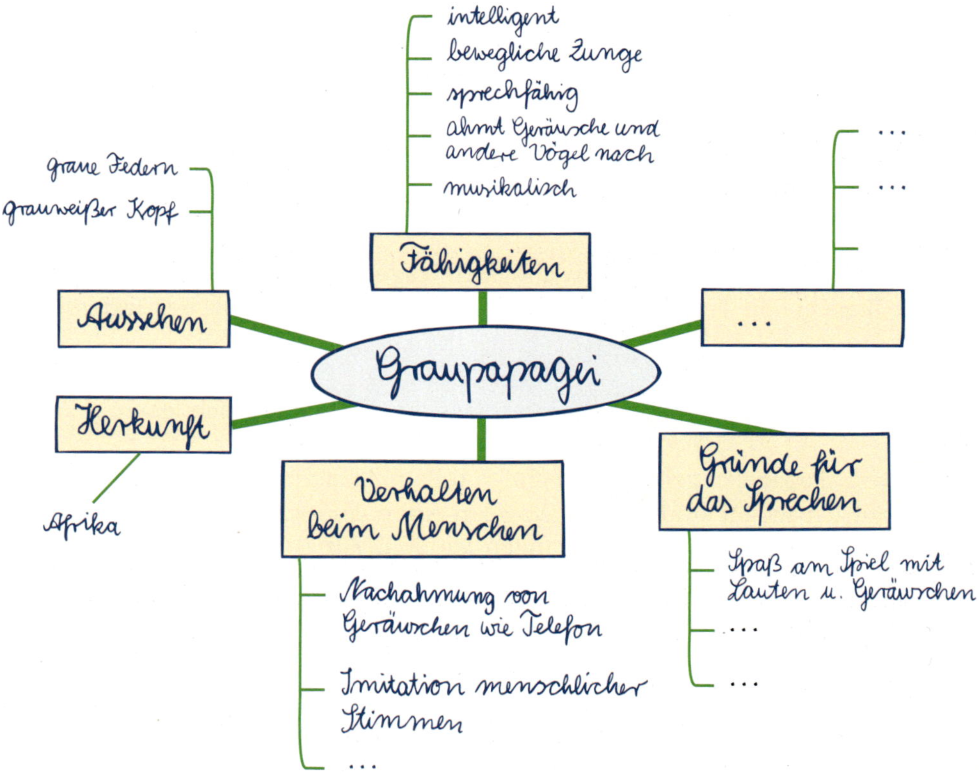

1 Erläutert, worüber das Schaubild informiert und welche wichtigen Informationen es enthält.

2 Beschreibt, wie Alex vorgegangen ist, um die Informationen des Textes übersichtlich darzustellen. Klärt dazu:

- Welche Informationen stehen in Kreisen, welche in Kästen und welche werden nur aufgelistet?
- Weshalb sind die einzelnen Linien unterschiedlich dick?

3 Übernehmt die Mindmap in eure Hefte und vervollständigt sie.

Dies ist eine angefangene Mindmap zu dem Text „Der Papagei und die Menschen“ auf S. 158.

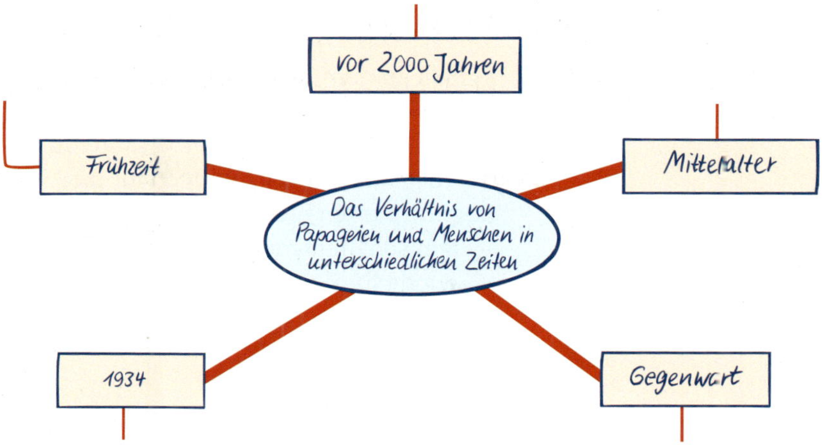

4 Beschreibt, wie die Mindmap aufgebaut ist. Erläutert auch, welche Informationen man ihr entnehmen kann.

5 Übernehmt die angefangene Mindmap in eure Hefte und vervollständigt sie. Orientiert euch dabei an dem Beispiel von Alex auf S. 162 und beachtet die Hinweise in der Lernbox.

So gehst du vor

Eine Mindmap erstellen

Das Wort **„Mindmap“** kommt aus dem Englischen und kann mit „**Gedankenlandkarte**“ übersetzt werden. Mithilfe einer Mindmap kannst du **Stichworte oder Informationen übersichtlich darstellen**.

Gehe so vor, um eine Mindmap zu erstellen:

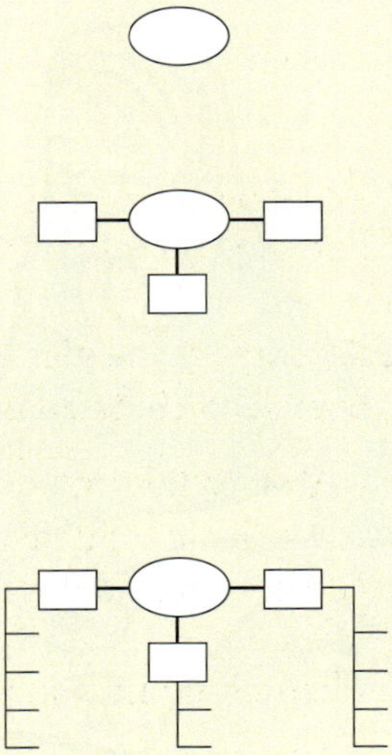

- Schreibe in die Mitte des Blattes das **Thema in einen Kreis** (z. B.: Papageien und die Menschen).
- Zeichne von der Mitte **dicke Äste** und notiere in **Kästen** die jeweiligen **Themen** (z. B.: Graupapageien), über die in den **einzelnen Textabschnitten** informiert wird. Oft kannst du dazu wichtige Begriffe aus den Textabschnitten oder Wörter aus deinen Überschriften für die Sinnabschnitte benutzen.
- Schreibe die **Informationen** zu den jeweiligen Einzelthemen **ohne Kästen an dünne Äste** (z. B.: Nachahmung des Gezwitschers anderer Vögel).
- Erstelle **zuerst mit Bleistift einen Entwurf** deiner Mindmap, den du leicht korrigieren und verbessern kannst. **Fertige dann** auf dieser Grundlage **deine Mindmap z. B. mit Farbstiften** an.

➔ Mindmap erstellen
AH, S. 38–41

6 Durchstarten! So könnt ihr weiterarbeiten:

a Erstellt zu dem Text „Papageien brauchen unseren Schutz“ auf S. 160 eine Mindmap und stellt die Informationen des Textes einem anderen vor. Arbeitet wieder mit der Lernbox auf S. 163. Als Hilfe könnt ihr fünf der folgenden Bezeichnungen für die Einzelthemen benutzen. Zwei Begriffe passen nicht:
- Eigenschaften von Papageien
- Gründe für das Aussterben von Papageien-Arten
- Papageien und Klimawandel
- erlaubter Papageienhandel
- Papageien und Wilderei
- unerlaubter Papageienhandel
- Maßnahmen gegen die Quälerei von Papageien

b Arbeitet zu zweit und haltet mithilfe der Mindmaps Kurzvorträge. Geht dabei so vor:
- Einer von euch prägt sich die Mindmap zu dem Text „Graupapageien – sprechendes Federvieh“ ein (S. 156).
- Der andere lernt die Mindmap zu dem Text „Der Papagei und die Menschen“ (S. 158).
- Stellt euch dann die Informationen, die die Texte enthalten, in einem kurzen Vortrag vor.
- Achtet darauf, dass ihr die Informationen der jeweiligen Mindmap nicht einfach ablest, sondern dass ihr sie dem anderen wirklich erklärt.

5.

Der Judogruß – den Umgang mit Sachtexten üben

Tanja hat folgenden Text für ihren Vortrag zum Thema „Judo“ gefunden.

Bernd Linn

Der Gruß beim Judo

Höflichkeit, Fairness und Respekt gegenüber den Trainern und Übungspartnern sind für einen Judoka oberstes Gebot. Alle diese Verhaltensweisen verbindet der Judoka mit dem Grüßen durch die Verbeugung.
Man verbeugt sich entweder im Stand oder im Kniesitz voreinander. Dabei ist zu beachten, dass der Blickkontakt zum Partner beim Verbeugen unterbrochen wird, da sonst die Geste als unhöflich gilt. Diese Begrüßung sollte immer mit dem nötigen Ernst ausgeführt werden, weil sie zu Beginn einer Übung oder eines Kampfes einen Moment des gegenseitigen Respekts und der Konzentration bedeutet.
Die erste Variante des Grüßens ist die Verbeugung im Stand. Aus der normalen Grundstellung (Füße schulterbreit auseinander) wird der Oberkörper leicht nach vorne gebeugt. Dabei liegen Arme und Hände (Finger geschlossen) seitlich dicht am Körper. Während des Verbeugens gleiten die Hände auf die Oberschenkel.
Die zweite Form des Grüßens stellt die Verbeugung im Kniesitz dar. Der Oberkörper wird nach vorne gebeugt. Die Hände werden flach auf die Matte gelegt und bilden ein offenes Dreieck. Der Kopf darf die Matte aber nicht berühren.
Diese Form des Grüßens erfolgt zu Anfang und Ende eines jeden Trainings. Die Schüler sitzen hierbei im Kniesitz dem Trainer gegenüber. Der ranghöchste Schüler gibt das Kommando „Mokuso“, was eine kurze Ruhephase einleitet. Jeder Trainingsteilnehmer schließt die Augen, macht sich von seinen Alltagsgedanken frei und stimmt sich so auf das kommende Judotraining ein. Durch den Ruf „Rei“ wird diese Konzentrationsphase beendet und alle verbeugen sich gleichzeitig.

1 Gliedert den Text in Sinnabschnitte und entnehmt ihm die wichtigsten Informationen. Arbeitet so, wie es in der Lernbox auf S. 159 beschrieben wird.

2 Erstellt eine Mindmap zu dem Text. Nehmt dazu die Lernbox auf S. 163 zu Hilfe.
So könnt ihr beginnen:

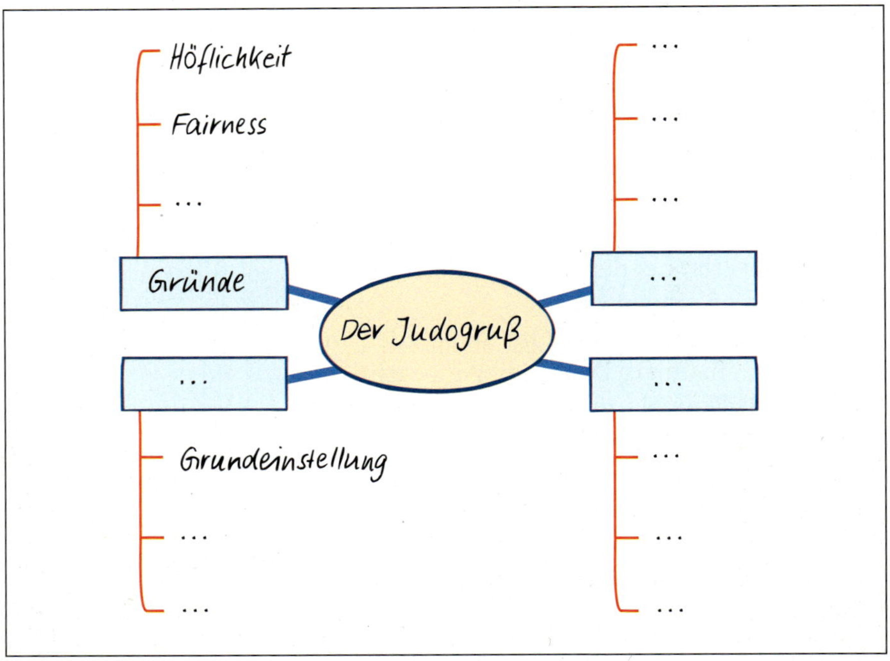

3 Präge dir die Mindmap ein und stelle die Informationen des Textes anderen Mitschülerinnen und Mitschülern in Form eines kurzen Vortrags vor. Achte wieder darauf, dass du die Stichworte der Mindmap nicht einfach abliest, sondern die Informationen zusammenhängend und in ganzen Sätzen vorträgst.

6.

„In meinem Vortrag geht es um …“ – einen Kurzvortrag halten

Alex und Tanja haben sich gründlich über ihre Themen „Papageien“ und „Judo“ informiert. Im Deutschunterricht haben die beiden die Gelegenheit, ihr Thema in Form eines Kurzvortrags vorzustellen.

1 Seht euch die Fotos an. Wie gehen Alex und Tanja vor, um ihre Vorträge gut nachvollziehbar und interessant zu gestalten?

2 Welche der folgenden Aussagen haltet ihr für richtig oder falsch? Begründet eure Meinung.

- Es ist wichtig, möglichst schnell zu sprechen, um keine Langeweile aufkommen zu lassen.
- Du solltest deinen Vortrag einmal üben (z. B. in einer Gruppe).
- Man sollte seinen Vortrag mithilfe von Karteikarten, auf denen Stichworte zu den einzelnen Themen notiert sind, halten.
- Der Einsatz zusätzlicher Medien (z. B. Folien oder Plakate) ist unnötig.
- Die Nennung des Themas und die Vorstellung der einzelnen Punkte des Vortrags zu Beginn sind überflüssig.
- Konzentriere dich auf deine Aufzeichnungen und meide den Blickkontakt mit den Zuhörern.
- Versuche, möglichst frei zu sprechen.
- Der Vortrag sollte durch ein Schaubild, eine Tafelanschrift oder eine Mindmap unterstützt werden.

3 Formuliert mithilfe der Aussagen Tipps für die Vorbereitung und Durchführung eines Kurzvortrags. Ergänzt die Aussagen um weitere Ideen, wie man einen Kurzvortrag gelungen vorbereitet und durchführt. Bringt die Tipps dann in eine sinnvolle Reihenfolge.

4 **Durchstarten! So könnt ihr weiterarbeiten:**

a) Bereitet mithilfe der Texte in diesem Kapitel und den von euch erstellten Mindmaps einen Kurzvortrag zum Thema „Papageien" vor und haltet ihn. Hilfen für die Gestaltung des Kurzvortrags findet ihr in der Lernbox.

b) Das Halten von Kurzvorträgen könnt ihr auch mithilfe der beiden Texte auf S. 165 und auf S. 170 üben. Stellt die Informationen, die dort gegeben werden, in Form eines kurzen Vortrags zum Thema „Judo" vor. Arbeitet dabei wieder mit der Lernbox auf dieser Seite.

So gehst du vor

Einen Kurzvortrag halten

Mithilfe eines **Kurzvortrags** kannst du anderen deine **Arbeitsergebnisse vorstellen**. Beachte dabei folgende Punkte:

- **Sprich** möglichst **frei** und halte **Blickkontakt zu deinen Zuhörern**.
- Bereite **Karteikarten mit Stichworten** vor, mit deren Hilfe du deinen Vortrag hältst.
- Nenne zu **Beginn** deines Kurzvortrags dein **Thema** und stelle kurz vor, auf welche **Fragen und Punkte** du in deinem Kurzvortrag **eingehen wirst**.
- **Veranschauliche** deinen Vortrag mithilfe von **Abbildungen**, **Tafelanschriften**, **Mindmaps**, **Folien** oder **Plakaten**. Du kannst auch **Gegenstände** zeigen, die mit deinem Thema zu tun haben.
- **Übe deinen Kurzvortrag** (z. B. vor einer kleinen Gruppe von Mitschülern oder vor deinen Eltern). **Präge dir** dazu z. B. eine **Mindmap ein** und stelle das Thema den anderen vor, indem du der Mindmap in Gedanken folgst.

7.

Jetzt wird es ernst – ein eigenes Thema in einem Kurzvortrag vorstellen

1 Welches Thema könntest du deiner Klasse vorstellen? Folgende Fragen können dir bei deiner Entscheidung helfen:

- Welches meiner Hobbys mache ich zurzeit am liebsten?
- Mit welchen Themen beschäftige ich mich gerne in meiner Freizeit?
- Welche meiner Freizeitbeschäftigungen könnten meine Mitschülerinnen und Mitschüler besonders interessieren?
- Welches meiner Hobbys und Freizeitinteressen kennt vielleicht nicht jeder?
- Zu welchem Thema habe ich schon interessante Materialien wie z. B. Fotos, Poster usw., die ich anderen zeigen könnte?

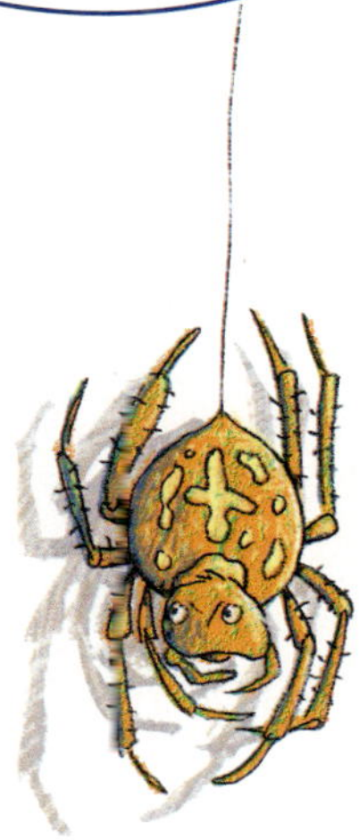

2 Entscheide dich für ein Thema. Bereite dazu einen Kurzvortrag vor und halte ihn. Gehe dabei so vor:

- Überlege dir Fragen zu deinem Thema, die du in deinem Kurzvortrag beantworten willst.
- Suche in Bibliotheken und im Internet nach Büchern und Texten, in denen du Antworten auf deine Fragen zu deinem Thema erhältst. Wie du dabei vorgehen solltest, kannst du in den Lernboxen des Kapitels „Bibliotheken erkunden und nutzen" (S. 140–153) nachlesen.
- Entnimm den von dir zu deinem Thema ausgewählten Texten und Büchern die wichtigsten Informationen und halte sie fest. Hilfen, wie du dabei vorgehen kannst, erhältst du in den Lernboxen auf S. 159 und 163.
- Bereite deinen Kurzvortrag vor und halte ihn vor der Klasse. Hinweise, wie du einen solchen Kurzvortrag vorbereiten und gestalten kannst, erhältst du in der Lernbox auf S. 168.

Alles klar? – Wiederholen, üben und überprüfen

Moritz Buchholz

Judo

Judo ist ein Zweikampf- und Selbstverteidigungssport. Es kommt aus Japan und stammt vom Kampfsport „Ju-Jutsu" ab. Der Schwerpunkt des Judos ist der Nahkampf. Man versucht beim Judo, das Gleichgewicht des Gegners zu brechen und ihn durch Würfe auf die Matte zu bringen.
Die Person, die wirft, wird „Tori" genannt. Er wirft den sogenannten „Uke" (auf Deutsch: „der Geworfene"). Beim Judo hat man Respekt vor seinem Partner – besonders gegenüber dem „Uke". Der Tori – also der Werfer – muss immer dafür Sorge tragen, dass er dem „Uke" bei Übungen oder im Kampf nicht wehtut und er ihn höflich behandelt.
Judo wurde entwickelt, weil zum Schutz des Kaisers keine Waffen gebraucht werden durften. Judo heißt so viel wie „Der sanfte Weg". Es wurde von Sensei Jigiro Kano (1860–1938) erfunden, der 1938 starb, als er auf der Rückreise von Amerika war. Dort wollte er beim Olympischen Komitee durchsetzen, dass Judo olympische Disziplin wird. Dies hat er während seines Amerikaaufenthalts auch geschafft. Der erste Judoverein wurde zwanzig Jahre zuvor, 1918, von Gunji Koizumi in London gegründet. In Deutschland gibt es Judo seit 50 Jahren. Die erste Europameisterschaft fand 1951 statt und die erste Weltmeisterschaft 1956.

1 Gliedert den Sachtext und gebt jedem Sinnabschnitt eine passende Überschrift. Übernehmt dazu folgende Übersicht und vervollständigt sie:

Sinnabschnitt	Überschrift
Z. 1– …	…
…	…

2 Bearbeite den Text so, wie du es gelernt hast, mit Markierungen, Unterstreichungen und Randbemerkungen. (Benutze eine Folie oder Kopie, wenn dir das Buch nicht gehört.)

3 Zu den Fähigkeiten von Papageien hat sich Alex folgende Notizen gemacht. Entwickle daraus eine übersichtliche Mindmap.

- **Fähigkeiten von Papageien**
- seitliche Augenstellung vermeidet toten Winkel
- erkennen Eltern an der Stimme
- Geruchssinn
- Scharfstellung in Nah-/ Fernbereich wie bei einer Zoomkamera
- hören ihre Kinder von Weitem

- Sehen
- Gehör
- ahmen Geräusche genau nach
- unterscheiden Farben
- riechen vermutlich nicht oder nur schlecht
- können mit jedem Auge einzeln sehen

4 Die Schülerinnen und Schüler auf den Fotos bereiten einen Kurzvortrag zu einem Thema vor.

- Bringe die Bilder in eine sinnvolle Reihenfolge.
- Beschreibe jeweils kurz die Tätigkeiten und die Arbeitsschritte zur Vorbereitung des Kurzvortrags. Übernimm dazu folgende Übersicht in dein Heft und vervollständige sie.

Bildnummer	**Beschreibung der Tätigkeiten und der Arbeitsschritte**
...	...
...	...

Wir erzählen

In diesem Kapitel erhaltet ihr viele Gelegenheiten, Geschichten zu erzählen. Ihr lernt,

- aus welchen Teilen eine Erzählung besteht,
- was man bei der Ausgestaltung der einzelnen Teile einer Erzählung beachten muss und
- wie man interessant erzählt.

Am Ende des Kapitels findet ihr verschiedene Erzählideen und -anlässe, zu denen ihr sicher interessante und unterhaltsame Geschichten erzählen könnt.

1 Beschreibt die Bilder und die einzelnen Erzählsituationen.

2 Welche Situationen kennt ihr, in denen ihr anderen etwas erzählt habt oder in denen euch etwas erzählt wurde?

3 **Durchstarten! So könnt ihr weiterarbeiten:**

a) Entscheidet euch für eine der abgebildeten Erzählsituationen. Bildet Gruppen und spielt eine der Erzählsituationen nach.

b) Vergleicht eure Lösungen miteinander. Welches Spiel hat euch besonders gefallen? Begründet eure Meinung.

Immer der Reihe nach – mündlich erzählen

Alexander aus der 5 a erzählt seiner Klasse von einem Erlebnis aus seinen letzten Ferien:

Da war also der Hund, und ich habe so schnell gar nicht mein Geld gefunden. Alles Mögliche habe ich gefunden, nur nicht das Geld. Dabei hatten wir doch Sommerferien. Es war letztes Jahr. Wenn der Dackel nicht gewesen wäre, wäre alles aus gewesen. Ich stand also vor der Kasse – in der Hand das Glas Majonäse, das ich für meine Mutter noch schnell besorgen sollte – und fand meine Geldbörse nicht. Ich wühlte und wühlte in meinen Hosentaschen. Während der Dackel schon längst meine Börse zwischen den Zähnen hielt, kramte ich noch alles Mögliche aus meiner Hosentasche hervor, einen Walkman, Akkus, zwei Muscheln – alles Mögliche eben. Die Schlange vor mir an der Kasse wurde immer kleiner und ich fand das Geld nicht. Das war zum Verzweifeln. Plötzlich hörte ich unsere Nachbarin. Sie schimpfte mit ihrem Hund. Der hielt meine Geldbörse zwischen den Zähnen. Ich bin sofort wieder in den Supermarkt gelaufen. Zur Belohnung habe ich dem Hund eine dicke Wurst gekauft.

1 Worum geht es in Alexanders Erzählung und wie wirkt sie auf euch?

2 Sucht Stellen heraus, an denen der Zuhörer nicht oder nur schwer verstehen kann, was Alexander erzählt. Erklärt jeweils, warum.

Die Klasse 5 a hat sich darauf geeinigt, dass Alexander sich als Hilfe zum Erzählen einen Stichwortzettel hätte anfertigen sollen. Der folgende Stichwortzettel zu Alexanders Erzählung ist noch nicht ganz vollständig.

3 Übernimm den Stichwortzettel in dein Heft und vervollständige ihn.

4 Vergleicht eure vervollständigten Stichwortzettel in kleinen Gruppen.

- Wählt Stichwortzettel aus, nach denen sich besonders gut erzählen lässt.
- Stellt diese Stichwortzettel der Klasse vor und erklärt, warum ihr sie ausgewählt habt.

5 Einige von euch können nun mithilfe ihrer Stichwortzettel Alexanders Erzählung neu erzählen. Achtet darauf, was eure Mitschülerinnen und Mitschüler an Alexanders Erzählung verändert haben.

6 Erzählt selbst eine Geschichte zu einem besonderen Erlebnis. Folgende Tipps helfen euch dabei:

- Ihr könnt z. B. über die letzten Ferien, ein Geschenk, einen Film oder über ein besonderes Erlebnis in der Schule, mit Freunden, mit den Eltern oder einem Haustier erzählen.
- Fertigt zu eurer Erzählung einen Stichwortzettel an.
- Erzählt eure Geschichte mithilfe des Stichwortzettels zunächst eurem Nachbarn/eurer Nachbarin oder erzählt sie euch gegenseitig in kleinen Gruppen.
- Einige von euch sollten ihre Geschichte dann der ganzen Klasse erzählen. Wem habt ihr besonders interessiert zugehört und woran lag das?

7 **Durchstarten! So könnt ihr weiterarbeiten:**

a) Führt folgendes Erzählspiel durch:

- Jeder denkt sich eine Geschichte aus und bereitet einen Stichwortzettel dazu vor. Die Zettel werden eingesammelt und jeder zieht einen fremden Stichwortzettel.
- Erzählt dann, nach einer kurzen Vorbereitungszeit, mithilfe des Stichwortzettels eine Geschichte.

b) Erfindet Kettenerzählungen. Geht dazu so vor:

- Einer erzählt den Anfang einer Geschichte, bis der Lehrer „Stopp!" sagt und einen anderen Schüler auffordert, die Geschichte weiterzuerzählen. Dieser erzählt so lange, bis er unterbrochen wird und ein anderer Schüler gebeten wird, die Geschichte weiterzuerzählen. So geht es, bis ihr meint, dass die Geschichte enden soll.
- So könnte eure Kettenerzählung beginnen:
  - Der Wärter hatte vergessen, die Käfigtür zu schließen. Niemand konnte ahnen, dass der Löwe direkt in das Kaufhaus laufen würde ...
  - Letzte Woche schickte mich mein Vater spät abends, als es schon dunkel war, in den Keller. Draußen rüttelte der Wind an den Jalousien und ein Gewitter brach los. Ich ging die Treppe hinunter und ...
  - Damit hatte Frau Feuerabend, die Deutschlehrerin der Klasse 5 d, nicht gerechnet. Sie kam in ihre Klasse und sah, dass ...

2.

Einleitung, Höhepunkt, Schluss – den Aufbau einer Erzählung erkennen

Eine unheimliche Begegnung

1 Jetzt erkannte ich meinen Vater. Ein Stein fiel mir vom Herzen. Mein Vater sagte kopfschüttelnd: „Wie kann man nur so neugierig sein, Patrick. Jetzt aber wieder ins Bett mit dir!"

2 Plötzlich hielt mir die Gestalt eine große Taschenlampe vors Gesicht und blendete mich. Aus dem gleißenden Licht hörte ich eine lachende Stimme: „Hab ich dich, du Dieb!"

3 Ich huschte leise die Kellertreppe herab. Es gab nur eine ganz schwach leuchtende Lampe oben an der Tür. Unten konnte ich kaum etwas sehen. Langsam tastete ich mich vor. Auf einmal hörte ich Schritte hinter mir. Der Schatten einer riesigen Gestalt fiel auf die Wand. Mein Herz schlug bis zum Hals und meine Hände waren schweißnass. Wer war das? Was sollte ich jetzt tun? Die Schritte kamen immer näher. Ich presste mich mit dem Rücken an die kalte Kellerwand. „Jetzt nur kein Geräusch machen", dachte ich und hielt den Atem an.

4 Ich konnte es einfach nicht mehr aushalten. Wie jedes Jahr platzte ich vor Neugier. Es war zwei Tage vor meinem zehnten Geburtstag. Ich wusste, dass meine Mutter meine Geschenke immer in einer Truhe im Keller versteckte. Als meine Eltern schliefen, schlich ich mich nachts aus meinem Zimmer.

1 Die einzelnen Teile der Erzählung sind durcheinandergeraten. Bringe sie in die richtige Reihenfolge.

2 Formuliere für jeden der Abschnitte eine Überschrift, die seinen Inhalt zusammenfasst.

3 Eine Erzählung besteht oft aus folgenden Teilen:

- Einleitung,
- Hauptteil mit Spannungssteigerung und Höhepunkt,
- Schluss.

Ordne die Abschnitte der Erzählung „Eine unheimliche Begegnung“ diesen „Bausteinen“ zu. Erkläre, woran man die einzelnen Teile einer Erzählung in dieser Erzählung erkennen kann. Lies dazu die Lernbox auf S. 178.

4 Stellt den Handlungs- und Spannungsverlauf der Erzählung in einer Kurve dar. Geht dabei so vor:

- Zeichnet die abgebildete Spannungskurve vergrößert in eure Hefte.
- Tragt in die Kästen oberhalb der Kurve die Begriffe „Einleitung“, „Spannungssteigerung“, „Höhepunkt“ und „Schluss“ ein.
- Ergänzt unterhalb der Kurve, was in diesen Teilen der Erzählung jeweils passiert.

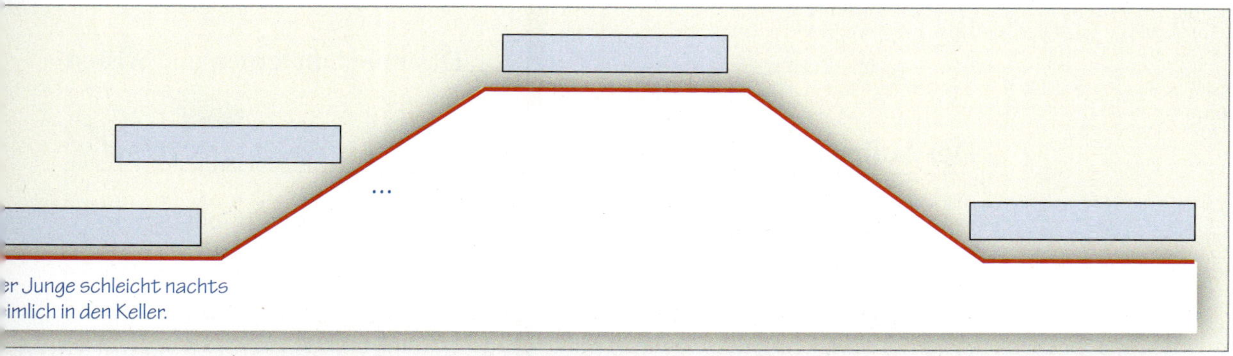

5 Sucht Stellen heraus, an denen die Erzählung spannend wirkt. Erklärt, warum diese Stellen so spannend sind. Achtet dabei besonders auf

- anschauliche Beschreibungen, die die Gefühle des Ich-Erzählers verdeutlichen (z. B.: Mein Herz schlug bis zum Hals),
- Beschreibungen der Umgebung, von Gegenständen und Personen,
- Bewegungsverben (z. B.: huschte),
- Gedanken und Fragen des Ich-Erzählers.

Der Sprung in die Tiefe

❶ Als er wieder auftauchte, war ihm, als sei eine Zentnerlast von ihm genommen. „Das hast du prima gemacht, Marius“, rief seine Lehrerin und empfing ihn am Beckenrand.

❷ Vorsichtig, wie auf einem schmalen Steg balancierend, tastete er sich zum Brettende vor. Er hatte Angst. Sein Herz klopfte ihm bis zum Hals. „Jetzt bloß nicht lange warten“, sprach er zu sich selbst, ging leicht in die Hocke, schaute noch einmal seine Lehrerin an und sprang unbeholfen in das Becken.

❸ Schritt für Schritt stieg er die weiß gestrichene Eisentreppe hinauf. Dabei merkte er, wie seine Beine immer schwerer wurden. „Wenn ich jetzt umkehre, denken bestimmt alle, dass ich ein Feigling bin.“ Das ging ihm durch den Kopf, als er das Brett schließlich erreichte.

❹ „Das schaffe ich nie“, dachte Marius, als ihn seine Sportlehrerin in der letzten Schwimmstunde aufforderte, vom Dreimeterbrett zu springen. Marius war nämlich nicht gerade der Mutigste, und das Schwimmen hatte er auch erst vor einem Jahr gelernt.

6 Bringe die einzelnen Teile der Erzählung in die richtige Reihenfolge und ordne ihnen die Begriffe „Einleitung“, „Spannungssteigerung“, „Höhepunkt“ und „Schluss“ zu.

Das musst du lernen und wissen

Der Aufbau einer Erzählung

Eine Geschichte, die für einen Zuhörer oder Leser erzählt wird, besteht oft aus drei Teilen:

- Die **Einleitung** führt den Zuhörer oder Leser in die Erzählung ein. Hier erhält er oft Angaben zu den W-Fragen (Wo? Wann? Wer? Was?).
- Im **Hauptteil** wird das eigentliche Geschehen erzählt. Häufig steigt hier die Spannung langsam bis zum Höhepunkt an.
- Der **Schluss** rundet das Geschehen ab. Oft löst er die Spannung auf. Da das eigentliche Geschehen im Hauptteil erzählt wird, ist der Schluss meistens nur ein kurzer Abschnitt, der dem Hauptteil folgt.

Ein Hamster in Not – zu einer Bildergeschichte erzählen

1 Bei dieser Bildergeschichte ist die Reihenfolge durcheinandergeraten. Sieh dir die Bilder genau an und ordne sie in der richtigen Reihenfolge.

2 Verschafft euch einen Überblick über die Handlung der Bildergeschichte. Geht so vor:

- Formuliert zu jedem Bild eine Überschrift, die seinen Inhalt zusammenfasst.
- Stellt den Handlungsverlauf in Form einer Spannungskurve dar. Arbeitet dabei mit der Lernbox auf S. 180.

So gehst du vor

Den Handlungsverlauf mithilfe einer Spannungskurve darstellen

Um dir einen **Überblick über die Handlung und den Aufbau** einer Erzählung zu verschaffen, kannst du sie in Form einer **Spannungskurve** darstellen.

Gehe dabei so vor:

- Zeichne die unten abgebildete Spannungskurve vergrößert in dein Heft.
- Schreibe **oberhalb** der Kurve die Bezeichnungen für die einzelnen Teile einer Erzählung hinzu. Benutze dabei die **Begriffe „Einleitung", „Spannungssteigerung", „Höhepunkt"**, evtl. **„Spannungsabfall" und „Schluss"**.
- Ergänze **unterhalb** der Kurve, was in den einzelnen Teilen der Erzählung inhaltlich geschieht.

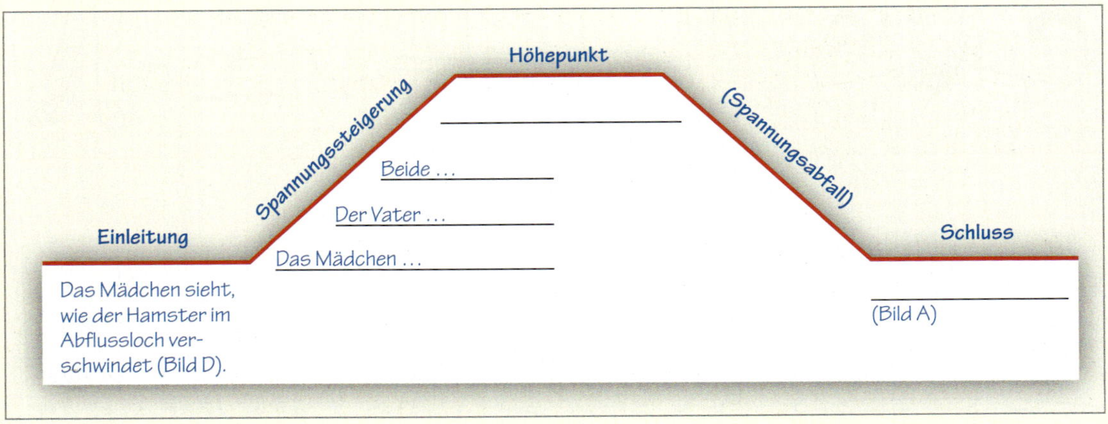

Die Schülerinnen und Schüler der Klasse 5 a haben Erzählungen zu der Bildergeschichte auf S. 179 geschrieben. So haben Jonas und Elena den Anfang ihrer Erzählungen gestaltet:

Mir zittern jetzt noch die Knie, wenn ich an den letzten Sonntag denke. Fast hätte es Timmy erwischt. Ich hatte es mir gerade im Wohnzimmer gemütlich gemacht und las ein Buch. Plötzlich hörte ich aus der Küche ein merkwürdiges Rascheln und Tapsen. „Was kann das nur sein?", dachte ich auf dem Weg zur Küche. Als ich die Küchentür öffnete, traute ich meinen Augen nicht. Mein geliebter Hamster Timmy lief dort frei herum. „Wie hat er sich nur aus seinem Käfig befreit?", schoss es mir durch den Kopf. Da kletterte Timmy auf den Rand des Spülbeckens. Gerade als ich ihn fangen wollte, sprang er kopfüber in das Waschbecken und verschwand im Abflussloch.
(Jonas)

Ich ging in die Küche, um zu sehen, was dort los war. Als ich die Küchentür öffnete, sah ich, dass mein Hamster Timmy frei herumlief. Plötzlich kletterte Timmy auf den Rand des Spülbeckens. Ich ging zum Waschbecken, um Timmy einzufangen, da sprang er in das Waschbecken. Entsetzt musste ich mit ansehen, wie Timmy im Abflussloch des Waschbeckens verschwand. Sofort rief ich nach meinem Vater.
(Elena)

1 Welcher der beiden Erzählanfänge gefällt euch besser? Begründet eure Meinung.

2 Vergleicht die beiden Erzählanfänge. Arbeitet dazu zu folgenden Punkten:

- Aus welcher Sicht wird jeweils erzählt?
- Welche W-Fragen (Wo? Wann? Wer? Was?) werden in den beiden Erzählanfängen jeweils beantwortet?
- Wie versuchen Jonas und Elena, das Interesse des Lesers an der Geschichte zu wecken?
- Wem von beiden gelingt es besser, den Leser für die Geschichte zu interessieren? Erklärt mithilfe der Lernbox unten, woran das liegt.

3 Erzähle die Geschichte weiter. Übernimm den Erzählanfang, der gelungener ist. Du kannst auch einen eigenen verfassen.

So gehst du vor

Die Erzählperspektive festlegen und den Erzählanfang gestalten

- Bevor du eine Geschichte erzählst, musst du dich für eine **Erzählperspektive** (= Sicht) entscheiden, aus der du die Geschichte erzählen willst. Du kannst z. B. aus der Sicht einer **Person, die die Geschichte selbst erlebt**, oder aus der **Sicht eines Außenstehenden** erzählen. Wichtig ist, dass du **durchgehend aus der gleichen Sicht erzählst** und die Perspektive nicht wechselst.
- Entscheide dich auch, ob du deine Geschichte in der **Ich-Form** oder **Er-/Sie-Form** erzählen willst. Auch die **Erzählform** musst du durchgehend beibehalten.
- Der Erzählanfang ist die **Einleitung** einer Geschichte. Er beantwortet am Anfang die **W-Fragen** (Wer? Wann? Wo? Was?), um den Leser in die Geschichte einzuführen. Besonders gut ist ein Erzählanfang, wenn er die **Neugierde und das Interesse des Lesers** weckt. Dazu kannst du z. B. am Anfang Andeutungen darüber machen, was im Hauptteil geschieht.
- Erzähle im **Präteritum** (= Vergangenheit).

➔ Zu einer Bildergeschichte erzählen
AH, S. 42–46

4.

Tipps aus der Erzählwerkstatt – interessant erzählen

Lass die Figuren sprechen! – Mit wörtlicher Rede lebendig erzählen

1 Die beiden Bilder zeigen, was Uli mit seinem Haustier Malwine erlebt hat. Erzählt dazu.

Ben aus der 5 a hat folgenden Erzählanfang zu den Bildern geschrieben:

Uli hatte an diesem Tag Geburtstag. Jedes Jahr erhielt er von seinem Onkel Mac aus Schottland ein besonderes Geburtstagsgeschenk. Als es klingelte, lief er zur Tür. Der Postbote gab ihm ein mit Wasser gefülltes Glas, in dem ein kleines Tier schwamm. Weder Uli noch seine Eltern wussten, um was für ein Tier es sich handelte. Sie beschlossen, dass Uli am nächsten Tag seine Biologielehrerin fragen sollte. Diese sagte, dass aus dem Tier sicher bald ein Frosch werde.

2 Wie wirkt der Erzählanfang auf euch? Sammelt Vorschläge, was Ben an seinem Erzählanfang verbessern könnte.

Ben hat seinen Erzählanfang in einer kleinen Gruppe besprochen. Sie haben zusammen den Beginn des Erzählanfangs überarbeitet:

Uli hatte an diesem Tag Geburtstag. Er konnte es kaum erwarten, bis der Postbote kam. Jedes Jahr erhielt er nämlich von seinem Onkel Mac aus Schottland ein besonderes Geburtstagsgeschenk. „Wann kommt endlich die Post?", dachte Uli ungeduldig Als es klingelte, stürzte er zur Tür. Seinen Eltern rief er mit überschlagender Stimme zu: „Das ist der Postbote. Endlich!" Er öffnete die Tür und konnte nicht glauben, was er sah. Der Postbote hielt ihm ein großes, mit Wasser gefülltes Glas entgegen. Ungläubig starrte er auf das kleine Tier, das in dem großen Glas schwamm. Stolz zeigte Uli das Geschenk seinen Eltern ...

3 Ist es der Gruppe gelungen, Bens Erzählanfang zu verbessern? Begründet eure Meinung.

4 Tragt zusammen, was die Gruppe an Bens Text verändert hat. Versucht auch, die Wirkung der wörtlichen Rede zu beschreiben.

5 Überarbeitet den Rest von Bens Erzählanfang (Z. 4–6) auf S. 182. Gestaltet ihn vor allem lebendiger. Lasst dazu Uli, den Vater und die Biologielehrerin sprechen und baut wörtliche Rede ein.

6 Schreibe die Geschichte von Uli und Malwine mithilfe des zweiten Bildes auf S. 182 weiter. Gestalte deine Erzählung lebendig, indem du Uli und seine Familie sprechen lässt und wörtliche Rede einbaust.

Erzähle, was man nicht sieht! – Mithilfe von Gedanken und Gefühlen anschaulich erzählen

1 Dieses Bild zeigt, wie die Geschichte von Uli und Malwine weitergegangen ist. Erzählt, was seit Ulis Geburtstag passiert ist.

Ben hat folgende Fortsetzung der Geschichte von Uli und Malwine geschrieben. Er bespricht sie wieder in der Gruppe:

Malwine wuchs und wuchs. Jeden Tag mussten Uli und sein Vater sie füttern. Sie fraß täglich eine riesige Menge an Broten. Bald passte Malwine nicht mehr in die Badewanne. Uli setzte sie in den Swimmingpool im Garten. Als er und sein Vater Malwine wieder fütterten, kam es zum Streit. Der Vater wollte Malwine in den Zoo bringen. Ihm war Malwine zu teuer geworden. Uli weinte und beschwor seinen Vater, Malwine nicht wegzugeben. Am Ende gab der Vater nach. Uli war darüber sehr glücklich. Er fragte sich aber, wann Malwine aufhören würde zu wachsen.

1 Welche Tipps geben die drei Schüler Ben? Erklärt, warum ihre Formulierungen besser sind als die, die Ben gewählt hat. Versucht, noch weitere Verbesserungsvorschläge zu finden.

2 Um Bens Erzählung überarbeiten zu können, bereitet euch so vor: Sammelt zu folgenden Punkten Formulierungen und notiert sie euch:

- Was könnten Uli und sein Vater während des Streits sagen (Z. 4–6)? Sammelt mögliche Redebeiträge der beiden Figuren.
- Was könnte Uli über den Plan des Vaters, Malwine wegzugeben, denken (Z. 4–5)? Sammelt mögliche Gedanken Ulis.
- Wie könnte man Ulis Verzweiflung über den Plan des Vaters mit anschaulichen Umschreibungen verdeutlichen?

- Wie könnte man das Nachgeben des Vaters (Z. 6–7) genauer erzählen? Sammelt mögliche Gedanken und Redebeiträge des Vaters. Überlegt auch, wie sich durch Umschreibungen zeigen lässt, was in ihm vorgeht.
- Wie könnte man die Erleichterung von Uli am Ende besser erzählen? Sammelt dazu Formulierungsvorschläge.

3 Überarbeite Bens Geschichte. Arbeite dazu mit den Formulierungen, die du gesammelt hast, und beachte die Hinweise in der Lernbox auf dieser Seite.

4 **Durchstarten! So könnt ihr weiterarbeiten:**

Schreibt Geschichten darüber, was Uli und seine Familie noch alles mit Malwine erleben werden. Geht dabei so vor:

- Sammelt in kleinen Gruppen Ideen für weitere Geschichten mit Malwine und stellt eure Ideen der Klasse vor. Ihr könnt z. B. zu euren Erzählideen Bilder gestalten, die die weiteren Abenteuer von Uli und Malwine zeigen.
- Entscheidet euch für eine Erzählidee und schreibt eine Geschichte dazu.

So gehst du vor

Interessant, anschaulich und spannend erzählen

- Eine Erzählung wirkt lebendig, anschaulich und interessant, wenn du die Figuren sprechen lässt und **wörtliche Rede** einbaust.
- Auch durch die Beschreibung der **Gefühle und Gedanken der Figuren** wird eine Erzählung interessant. Der Erzähler kann die Gedanken der Figuren **wörtlich wiedergeben** (z. B.: Ich dachte: „Jetzt ist es vorbei!“) oder über **anschauliche Umschreibungen** verdeutlichen (z. B.: Er bekam feuchte Hände. Er traute seinen Augen nicht und ihm zitterten die Knie).

Um **besonders spannend** zu erzählen (z. B. beim Höhepunkt), solltest du neben der wörtlichen Rede und der Beschreibung der Gefühle und Gedanken der Figuren folgende Mittel einsetzen:

- **eingeschobene Fragen und Ausrufe** (z. B.: Warum gerade ich? Was war das? Sollte dort etwas sein? Furchtbar! Schrecklich!),
- **Zeitangaben** (z. B.: da, plötzlich, auf einmal, jetzt, sofort),
- **anschauliche Verben** (z. B.: schlagen, aufsuchen, vertreiben, pochen, stürzen), **dies gilt besonders für die Verben sagen** und **gehen** (z. B.: brüllen, stammeln, wispern, flüstern; huschen, schleichen, rennen, eilen, flüchten),
- **anschauliche Adjektive** (z. B.: eisig, blitzartig, schlagartig, dunkel, schrecklich, unheimlich, seltsam, grell, dicht).

5.

Geschichtenerfinder gesucht – zu Erzählideen und Erzählanlässen erzählen

1 Wählt aus den Erzählideen und -anlässen einige aus, die euch interessieren, und schreibt Erzählungen dazu.

Fantastische Geschichten und Fantasiegeschichten erfinden

Du kannst z. B. eine **Verwandlungsgeschichte** schreiben. Erzähle zu folgenden Situationen:
- Du bist unsichtbar.
- Auf einmal versteht niemand mehr, was du sagst.
- Du hast eine Kraftpille verschluckt.

Vielleicht liegt dir das Schreiben einer **Zukunftsgeschichte**. Deine Geschichte könnte die Überschrift bekommen:
- Ein Schultag im Jahre 2050
- Der Austauschschüler vom Mars

Du könntest auch eine **Geschichte über Zauberei** schreiben. Darum könnte es in der Geschichte gehen:
- Jemand hat drei Wünsche frei.
- Ein Zauberlehrling besucht deine Schule.
- Du findest ein altes Zauberbuch auf dem Dachboden.

Schreibe eine Geschichte aus dem **Leben eines Gegenstandes oder eines Tieres**: Lass dabei die Gegenstände und Tiere wie Menschen sprechen, fühlen, denken und handeln. Ein Handschuh, ein Mülleimer, ein Schulranzen ... oder eine Katze, eine Fliege, ein Frosch ... könnten aus ihrem Leben erzählen.

Nach Bildergeschichten erzählen

Einen Erzählanfang fortsetzen

Hier findest du zwei Erzählanfänge. Setze sie fort und erzähle die ganze Geschichte dazu.

Der Brief

Es war ein ganz normaler Montag. Die Klasse 5a hatte gerade Englisch bei Frau Müller. Keiner erwartete, dass heute noch etwas Besonderes passieren würde. Plötzlich kicherten Katrin und Nicole und nickten zu Michael herüber. Vor ein paar Sekunden hatte ihm jemand heimlich einen Brief zugeschoben. Unauffällig öffnete Michael den Brief und las: „…“

Die Mutprobe

An diesen Wandertag im Kletterpark wird sich Christoph noch lange erinnern. Nachdem die Klasse dort angekommen war, liefen die Jungen sofort zum höchsten Gerüst. Christoph begann als Erster, das Gerüst hochzuklettern. ‚Ist das hoch“, dachte er. Ängstlich schaute er nach unten, wo die anderen standen und riefen: „Das schaffst du!“ Er spürte, wie seine Beine immer schwerer wurden. Schließlich stieg er …

Geschichten nach Bildern erzählen

Sieh dir die Bilder an und erzähle eine passende Geschichte dazu.

Alles klar? – Wiederholen, üben und überprüfen

Rettung in letzter Minute

A rief: „Hilfe!! Ich treibe ab, ich ertrinke!“ Ich suchte nach einer Schwimmweste im Boot, aber ich fand keine. Endlich kam ich auf die Idee, Jonas mit einem der Ruder ins Boot zu ziehen. Ich streckte ihm das Ruder entgegen. Zuerst rutschte er ab, dann aber bekam er es zu fassen. Langsam zog ich ihn zurück zum Boot. Mit letzter Kraft erklomm Jonas das schwankende Boot.

B Von Weitem sah ich schon das Motorboot. Es drehte kurz vor unserem Boot ab. Doch die Bugwellen brachten unser Boot ins Schwanken. Jonas konnte sich nicht halten. Er verlor das Gleichgewicht und fiel ins Wasser.

C „Geschafft!“, stöhnten wir beide. Glücklich ruderten wir zum Ufer. „Zumindest werden wir diesen Ferientag nie vergessen“, meinte Jonas, der vor Kälte bibberte. „Ja!“, antwortete ich erleichtert. Dabei zitterten mir noch die Knie, weil ich immer daran denken musste, was alles hätte passieren können.

D In den letzten Sommerferien habe ich mir mit meinem Freund Jonas ein Ruderboot ausgeliehen. Es war ein stiller Sommertag und wir ließen uns auf dem See dahintreiben.

(Alexander)

1 Die Erzählung von Alexander ist durcheinandergeraten. Sortiere sie und halte ihren Handlungsaufbau in Form einer Spannungskurve fest. Benutze die entsprechenden Fachbegriffe.

2 Die Einleitung und der Schluss sind Alexander schon gut gelungen. Überarbeite die anderen Teile seiner Erzählung. Schreibe eine interessantere und spannendere Fassung in dein Heft. Arbeite dabei mit Formulierungen, wie sie in dem Wortspeicher genannt werden.
Weitere Hilfen und Tipps findest du in der Lernbox auf S. 185.

da • plötzlich • auf einmal • jetzt • Schrecklich! • Was soll ich nur machen? • brüllte • schrie • verzweifelt • raste auf uns zu • ganz blass wurde • schon blaue Lippen bekam • am ganzen Körper zitterte • fuchtelte mit den Armen • stockte der Atem • eisige • feucht • glitschig • Das geht nicht gut! • für einen Moment blieb mein Herz stehen • seine Stimme versagte vor Angst • stand da, starr wie eine Säule • zitterte wie Espenlaub • kraftlos • Würde es Jonas gelingen?

3 Übernimm die folgende Übersicht in dein Heft und vervollständige sie. Arbeite so:

- Benenne, was die Personen auf den Bildern empfinden.
- Sammle fünf mögliche Gedanken der Personen in der Ich-Form.
- Sammle auch fünf anschauliche Umschreibungen für das, was in ihnen vorgeht.

	Empfindungen der Person	**Gedanken in der Ich-Form**	**anschauliche Umschreibungen**
Bild 1	Freude über eine gute Note	…	…
Bild 2	…	Das schaffe ich nie! …	…
Bild 3	…		Mühsam unterdrückte er die Tränen. …

4 Suche dir einen der Erzählkerne zu den Bildern aus und gestalte ihn mithilfe deiner Vorarbeiten zu einer Erzählung aus.
Mache deinem Leser durch die Wiedergabe von Gedanken und durch anschauliche Umschreibungen besonders klar, was in der Hauptfigur deiner Geschichte vorgeht.

Herr Müller gibt die Klassenarbeiten zurück. Britta hat etwas Sorgen wegen der Note. Sie schlägt ihr Heft auf und stellt fest, dass sie eine Zwei geschrieben hat. Darüber ist Britta sehr glücklich.

Jonas hat tagelang an seinem Modellschiff gebaut. Als er nach Hause kommt, erzählt seine Mutter ihm, dass die Katze sein Schiff vom Tisch geworfen habe. Das macht Jonas sehr traurig.

Kai hat sich von seinen Freunden überreden lassen, von einer Brücke in einen Fluss zu springen. Als es so weit ist, bekommt er Angst.

Vorhang auf, Bühne frei! – Theater spielen

Für eine kurze Zeit einmal jemand anderer sein, sich verkleiden – wer macht das nicht gerne? In diesem Kapitel findest du Übungen rund um das Theaterspielen. Du lernst, wie du

- Gefühle und Situationen ohne Worte darstellen kannst,
- das deutliche Sprechen vor einem Publikum üben kannst,
- mithilfe der Sprechweise und der Stimme verschiedene Stimmungen und Gefühle ausdrückst,
- zu einer Textvorlage (z. B. einer Geschichte) eine Spielszene entwickeln und einüben kannst.

1 Schaut euch die Bilder auf dieser Doppelseite an. Welche Formen des Theaters zeigen sie? Sprecht über die Besonderheiten, Gemeinsamkeiten und Unterschiede der verschiedenen Theaterformen.

2 Berichtet von eigenen Erfahrungen mit dem Theater. Erzählt z. B. davon, wann ihr schon selbst Theater gespielt habt oder welche Theaterstücke ihr gesehen habt.

1.

Ohne Worte – Gefühle und Situationen pantomimisch darstellen

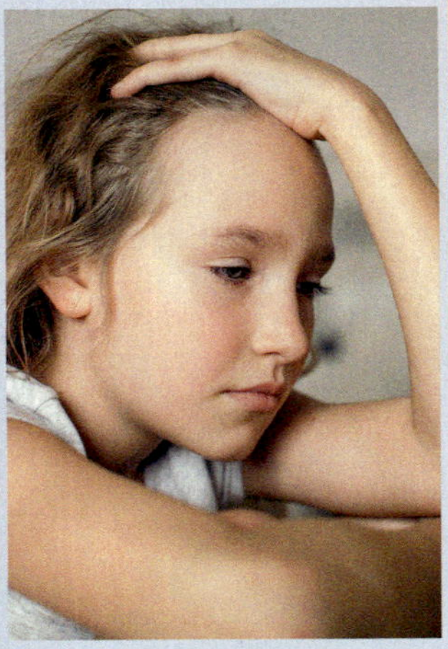

1 Beschreibt, in welchen Situationen sich die Kinder befinden könnten. Was könnten sie denken und fühlen? Erklärt, woran ihr das erkennen könnt.

2 Arbeitet in kleinen Gruppen und stellt die Fotos nach. Geht so vor:

- Ein Schüler versucht, die Mimik (= Gesichtsausdruck) und die Gestik (= Körperhaltung) eines der Kinder zu übernehmen.
- Die anderen der Gruppe verbessern ihn so lange, bis er das Kind auf dem Foto genau nachahmt.
- Danach ist ein anderer der Gruppe an der Reihe, eines der übrigen Fotos nachzustellen. Die Gruppe gibt wieder so lange Hinweise, bis dies gelungen ist.

INFO

Pantomime
Spiel, bei dem Gefühle und Situationen ohne Sprache allein durch Mimik (= Gesichtsausdruck), Gestik (= Körperhaltung) und Bewegung dargestellt werden.

3 Stellt weitere Gefühle durch Gestik und Mimik dar (z. B. Wut, Trauer, Liebe, Hass ...). Die anderen können dann erraten, welches Gefühl ihr darstellen wollt.

4 Stellt pantomimisch dar, ...

- wie ein König geht,
- wie eine alte Frau geht,
- wie jemand geht, der ein Gipsbein hat.

5 Sammelt noch weitere Möglichkeiten, wie jemand gehen könnte (z. B. ein Indianer, der sich anschleicht).
Stellt dies pantomimisch dar. Die anderen können erraten, wer in welcher Situation dargestellt sein könnte.

6 Stellt folgende Situationen pantomimisch dar:

- Du liegst in der Sonne, fühlst ihre warmen Strahlen auf deiner Haut. Du fühlst dich wohl ...
- Du fasst in eine ekelige, klebrige Masse ...
- Du gehst spazieren, am Wegrand siehst du einen Schmetterling auf einer Blume. Vorsichtig näherst du dich ihm, aber er fliegt zur nächsten Blume. Du folgst ihm ...
- Du hast dich mit einer Freundin oder einem Freund verabredet und wartest an dem ausgemachten Treffpunkt. Du wartest und wartest und gehst schließlich, weil niemand kommt.

7 Spielt zu zweit pantomimisch die folgenden Situationen:

- Zwei Freunde schauen gemeinsam ein Fußballspiel im Fernsehen an. Ihr Lieblingsverein scheint lange Zeit zu verlieren, gewinnt dann aber doch.
- Einer/eine ist die handelnde Person, der Partner/die Partnerin ist das Spiegelbild, das alle Bewegungen der handelnden Person pantomimisch mitmacht (z. B. Morgentoilette: Gesicht waschen, Zähne putzen, Haare kämmen).
- Ihr geht spazieren. Plötzlich beginnt es zu regnen. Erst nur ganz wenige Tropfen, dann wird der Regen immer stärker. Ihr habt keinen Schirm dabei.

8 Spielt folgende Pantomime:

- Der erste Spieler holt aus einer gedachten Kiste einen Gegenstand hervor. Er spielt damit eine Zeit lang eine Pantomime, die den anderen zeigt, um welchen Gegenstand es sich handelt (z. B. eine Mütze).
- Der rechte Nachbar muss den Gegenstand erraten. Wenn er ihn richtig benannt hat, erhält er den Gegenstand und „verwandelt“ ihn (z. B. in einen Rasierapparat).
- Er spielt den anderen vor, was man mit seinem Gegenstand machen kann. Wenn sein rechter Nachbar den Gegenstand erraten hat, gibt er diesen an ihn weiter. Der neue Spieler verwandelt den Gegenstand abermals.
- Das Spiel endet, wenn der Gegenstand wieder bei dem ersten Mitspieler angekommen ist. Dieser legt ihn dann wieder in die Kiste zurück und schließt sie.

9 Erklärt mit euren Worten, was man unter Pantomime versteht.

10 Sammelt Gründe und erläutert, warum Mimik und Gestik für das Theaterspielen so wichtig sind.

2.

Auf den Ton kommt es an – mit der Stimme spielen

Blaukraut bleibt Blaukraut ... – deutlich sprechen üben

Vor einem Training oder Wettkampf müssen sich Sportler warm machen und ihre Muskeln lockern. So ähnlich müssen auch Schauspieler ihre „Sprechwerkzeuge“ wie Kiefer, Zunge und Lippen lockern. Erst dann können sie besonders deutlich und passend sprechen.

1 Führt folgende Übung durch, um eure Sprechwerkzeuge zu lockern:

- Bildet Gruppen von 10 bis 15 Schülerinnen und Schülern. Jede Gruppe fasst sich an den Händen. Dann wickelt sich die Gruppe so um den ersten Schüler, dass eine enge Spirale entsteht.
- Die erste Schülerin/der erste Schüler summt nun einen Ton (z. B. mmmh, iiiiiieee oder huuuhuuhuuuh ...).
- Die Nachbarin/der Nachbar nimmt den Ton auf und summt ihn mit.
- Anschließend nimmt die nächste Nachbarin/der nächste Nachbar den Ton auf, bis die ganze Spirale den Ton summt.
- Nach einiger Zeit hören alle auf zu summen. Die erste Schülerin/der erste Schüler gibt einen neuen Ton vor und die Übung beginnt von vorn.

2 Übt, deutlich und betont zu sprechen.

- Sprecht zunächst einzeln mehrmals hintereinander die folgenden Silben deutlich und betont. Die Silben, die ihr besonders betonen sollt, sind unterstrichen.

- Sprecht jetzt die Silben mehrmals zusammen in kleinen Gruppen.
  - schu bi du bi duu, schu bi du bi daa
  - di bi di da bi di di bi di dib
  - di bi di ba di bi di bab
  - ti ke ti ti ke ta ti ke ti ti ke tak

3 Versucht, die Silben zusammen in kleinen Gruppen rhythmisch (= in einem regelmäßigen Takt) zu sprechen. Probiert verschiedene Rhythmen aus.

4 Entwickelt selbst Silbenfolgen, die sich rhythmisch sprechen lassen (z. B. ali ba ba ra da da). Arbeitet mit ihnen so, wie es in Aufgabe 2 und 3 beschrieben wird.

5 Sprich folgenden Satz ganz schnell zwölf Mal hintereinander: „Blaukraut bleibt Blaukraut und Brautkleid bleibt Brautkleid."

6 Solche Sätze nennt man „Zungenbrecher". Erklärt, warum sie wohl so genannt werden.

7 Übt das deutliche Sprechen mit den folgenden Zungenbrechern. Sprecht sie so lange, bis ihr sie mehrmals hintereinander ganz schnell und deutlich aufsagen könnt.

- Fischers Fritze fischt in der Frühe frische Fische.
- In Ulm, um Ulm und um Ulm herum.
- Auf den sieben Robbenklippen sitzen sieben Robbensippen, die sich in die Rippen stippen, bis sie von den Klippen kippen.
- Der Potsdamer Postkutscher putzt den Potsdamer Postkutschwagen. Der Cottbuser Postkutscher putzt den Cottbuser Postkutschkasten.
- Schnecken erschrecken, wenn Schnecken an Schnecken schlecken, weil zum Schrecken vieler Schnecken Schnecken nicht schmecken.
- Zwischen zwei Zwetschenzweigen zwitschern zwei Schwalben, zwei Schwalben zwitschern zwischen zwei Zwetschenzweigen.

8 Erfindet selbst weitere Zungenbrecher und übt mit ihnen. Geht so vor:

- Bildet einen Satz, in dem möglichst viele gleiche Laute vorkommen. Der Satz muss keinen Sinn ergeben (z. B.: Walters Wecker weckt wieder wunderliche Wunderweihnachtswesen).
- Benutzt ein Rechtschreiblexikon, um entsprechende Wörter zu finden. Ihr könnt dort unter einzelnen Buchstaben Wörter heraussuchen und sie zu Zungenbrechern zusammenstellen.
- Schreibt eure Zungenbrecher auf und übt sie so lange, bis ihr sie deutlich und schnell mehrmals hintereinander sprechen könnt.
- Tauscht eure Zungenbrecher untereinander aus. Übt mithilfe der Zungenbrecher eurer Mitschüler das deutliche und betonte Sprechen.

Der Ton macht die Musik – Gefühle mit der Stimme ausdrücken

1 Beschreibe, welche Situationen auf den Fotos dargestellt werden. Ordne die folgenden Aussagen den Bildern zu. Woran kannst du erkennen, welche Aussage zu welchem Bild passt?

a) Jemand freut sich, eine Person wiederzusehen.
b) Jemand hat Angst.
c) Jemand droht einer Person.
d) Jemand ist sich nicht sicher, wie die Person heißt.
e) Jemand macht der Person einen Vorwurf.
f) Jemand warnt die Person.
g) Jemand bittet die Person um etwas.

2 Führt folgende Übung zu den in Aufgabe 1 aufgelisteten Situationen durch:

- Versetzt euch in die verschiedenen Situationen und wählt einen beliebigen Vornamen aus (z. B. Katharina, Murat oder Alexander).
- Sprecht ihn dann so aus, dass die jeweilige Situation deutlich wird.

3 Überlegt euch Sätze, die in jeder der Situationen, die die Fotos zeigen, gesagt werden können (z. B.: Ich muss mal mit dir reden).

4 Stellt die vier Fotos pantomimisch dar. Sprecht den Satz dann so, dass er zu der jeweiligen Situation passt.

5 Arbeitet in kleinen Gruppen. Entwickelt zu den Fotos Dialoge (= Gespräche). Geht dabei so vor:

- Wählt ein Foto aus, zu dem ihr gerne arbeiten möchtet.
- Überlegt euch zuerst, worüber die beiden Schülerinnen oder Schüler sprechen könnten (z. B. könnten sich die beiden Jungen auf Foto 3 darüber streiten, dass der eine dem anderen noch Geld schuldet oder eine CD nicht zurückgegeben hat).
- Schreibt den Dialog auf. Haltet fest, was die beiden jeweils sagen und wie sie sprechen. So könnt ihr z. B. für das dritte Foto beginnen:

Mark (*wütend/befehlend*): Heh, ich muss mal mit dir reden!
Sebastian (*erschrocken*): Im Moment nicht, ich muss weiter. Es hat schon zur Stunde gegongt.
Mark (*lauter*): Bleib stehen! Du weißt genau, worum es geht.
Sebastian (*unsicher*): Worum denn? ...

- Übt eure Dialoge ein. Sprecht die Dialoge so, dass ihr die Gefühle mit eurer Stimme deutlich macht.
- Stellt euch eure Dialoge gegenseitig vor, indem ihr sie anschaulich vortragt oder als kleine Szene vorspielt.

X- und Y-Roboter – eine Theaterszene sprechen

Auch mit der folgenden kleinen Theaterszene könnt ihr üben, wie man Stimmungen und Gefühle mit der Stimme verdeutlicht.

Elisabeth Stiemert
Robotertheater

[...]

Erzähler: Ein X-Roboter und ein Y-Roboter gehen auf der Straße spazieren. Der X-Roboter sieht sich nach einem Regenschirm um, den ein Mädchen am Arm trägt, und der Y-Roboter nach der Reißverschlusstasche. In dem Augenblick prallen die beiden zusammen. Es scheppert ganz laut, und sie fallen auf ihre Roboterrücken.

X sagt (*erschrocken*): „X 2-5-9! X 3-8-6!"

Y sagt (*erschrocken*): „Y 4! Y 7!"

X sagt (*und er richtet sich stöhnend auf*): „X 9, X 8, X 20."

Y sagt (*und richtet sich stöhnend auf*): „Y 2, Y 5, Y 30."

X sagt (*er schimpft auf Y*): „X 4! X 3! X 6! X 100!"

Y sagt (*und schimpft zurück*): „Y 9! Y 10! Y 8! Y 1000!"

X sagt (*schon viel freundlicher*):„X 609. X 430."

Y sagt (*jetzt auch freundlicher*): „Y 68. Y 73."

X fragt (*er reicht Y seine Hand*): „X 3–7?"

Y sagt (*er reicht X die Hand*): „Y 1."

X fragt (*er bietet Y seinen Arm an*): „X 2001. X 98?"

Y sagt (*und er nimmt den angebotenen Arm*): „Y 7. Y 7. Y 7."

Erzähler: Dann sind die beiden Roboter spazieren gegangen. An diesem Tag, am Tag danach und noch an anderen Tagen. Schließlich – wie das meistens so kommt – haben die beiden geheiratet und auch zwei Kinder bekommen. Das eine Kind wurde XY genannt, das andere YX.

1 Lies den Text und mach dir klar, was hier passiert.

2 Übersetzt die Robotersprache. Erklärt mit euren Worten, was die Roboter X und Y jeweils sagen.

3 Wozu dienen die Angaben in den Klammern?

4 Sprecht nun selbst das Gespräch zwischen den Robotern. Übt es so ein, dass die Gefühle der Roboter mit eurer Stimme ausgedrückt werden.

5 **Durchstarten! So könnt ihr weiterarbeiten:**

a Übt den Text „Robotertheater" als Theaterszene ein und spielt sie vor.

b Erfindet selbst kleine Szenen, in denen sich zwei Roboter in der Robotersprache unterhalten (z. B. Behandlung beim Roboterzahnarzt oder eine Stunde in der Roboterschule). Stellt euch diese Szenen gegenseitig vor, indem ihr die Dialoge sprecht oder sie vorspielt.

Theater im Klassenraum – nach Textvorlagen spielen

„jolifanto bambla“ – ein Gedicht szenisch gestalten

Hugo Ball
(1886–1927)

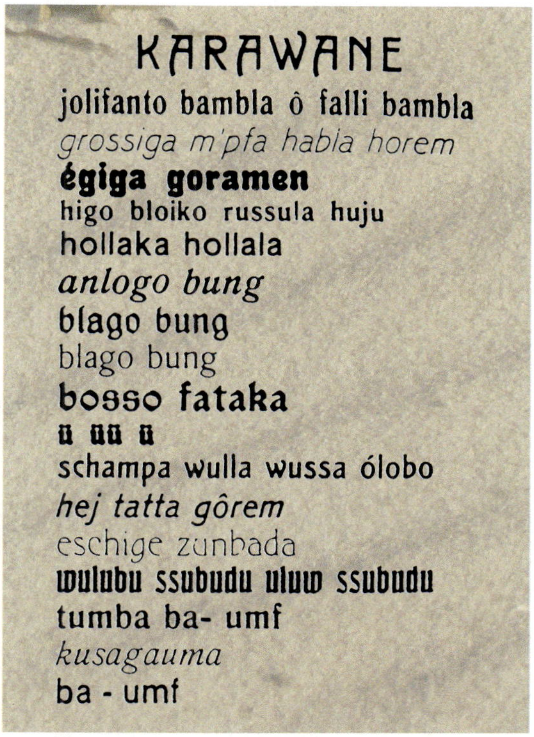
KARAWANE
jolifanto bambla ô falli bambla
grossiga m'pfa habla horem
égiga goramen
higo bloiko russula huju
hollaka hollala
anlogo bung
blago bung
blago bung
bosso fataka
ü üü ü
schampa wulla wussa ólobo
hej tatta gôrem
eschige zunbada
wulubu ssubudu uluw ssubudu
tumba ba- umf
kusagauma
ba - umf

1 Sprecht das Gedicht laut. Erklärt, warum es „Karawane“ heißt.

2 Welche Bilder entstehen bei euch zu den einzelnen Wörtern und Versen (= Zeilen) im Kopf?

3 Übt, das Gedicht so vorzutragen, dass man die Karawane richtig vorbeiziehen hört. Probiert dazu verschiedene Möglichkeiten aus (z. B. zu mehreren gleichzeitig lesen, mit verteilten Rollen sprechen, im Takt mittrommeln ...).

4 Bereitet eine Vorführung des Gedichts vor. Geht dabei so vor:

- Arbeitet in Gruppen. Besprecht, wer welchen Teil des Gedichts spricht und wie ihr euch dazu auf der Bühne bewegt.
- Sammelt Ideen, welche Kostüme (= Kleidung von Schauspielern) ihr tragen wollt. Meistens lassen sich diese sehr einfach gestalten (z. B. tragen alle schwarze Kleidung).
- Plant die Gestaltung des Bühnenbildes. Oft reichen Kleinigkeiten (z. B. ein Tuch oder eine Zeichnung an der Tafel), um einen Ort zu gestalten.

- Überlegt, welche weiteren Requisiten (= Gegenstände und Zubehör für eine Szene) ihr noch einsetzen könnt (z. B. Kopftücher, Stöcke ...).
- Probt die Aufführung des Gedichts mehrmals. Besprecht nach jeder Probe gemeinsam, was ihr anders bzw. besser machen könnt. Es können aber auch zwei Schüler die Rolle des Regisseurs (= Spielleiters) übernehmen.
- Spielt euch eure verschiedenen Spielszenen zu dem Gedicht gegenseitig vor.

Der merkwürdige Signor Veneranda – eine Geschichte in eine Spielszene umformen

Carlo Manzoni (1909 – 1975)

Ein dreister Kunde

Signor[1] Veneranda trat in einen Kurzwarenladen und verlangte von der Verkäuferin, die ihm entgegenkam, ein Taschentuch.
„Was für ein Taschentuch möchten Sie haben?“, erkundigte sich die Verkäuferin, nahm einige Schachteln von den Regalen und zeigte verschiedene Arten von Taschentüchern.
„Irgendein Taschentuch“, sagte Signor Veneranda. Er nahm ein Taschentuch aus der Schachtel, faltete es auseinander, putzte sich die Nase und gab es der Verkäuferin zurück.
„Aber ...“, stammelte die Verkäuferin verlegen.
„Was heißt aber?“, fragte Signor Veneranda.
„Sie haben es benutzt“, sagte die Verkäuferin und nahm das Taschentuch vorsichtig zwischen zwei Finger.

„Sie haben das Taschentuch benutzt, um sich die Nase zu putzen!“
„Was hätte ich denn mit dem Taschentuch putzen sollen? Vielleicht die Ohren?“, fragte Signor Veneranda verwundert. „Was putzen Sie sich denn mit Taschentüchern?“
„Die Nase“, stotterte die Verkäuferin. „Aber jetzt müssen Sie das Taschentuch auch kaufen.“
„Warum sollte ich Taschentücher kaufen? Ich brauche keine“, sagte Signor Veneranda.
„Wieso nicht? Sie haben doch ein Taschentuch verlangt“, sagte die Verkäuferin.
„Gewiss, aber nur, um mir die Nase zu putzen“, sagte Signor Veneranda. „Was machen Sie denn mit Taschentüchern?“
„Ich verkaufe sie“, sagte die Verkäuferin.
„Ausgezeichnet“, erwiderte Signor Veneranda.

[1] Signor (italienisch): Herr

„Man sieht, dass Sie es nicht nötig haben, sich die Nase zu putzen. Aber entschuldigen Sie die indiskrete[1] Frage: Wenn Sie Taschentücher verkaufen und sich doch einmal die Nase putzen müssen, womit machen Sie es dann?“

„Ich ... ich ...“, stammelte die Verkäuferin, die nicht mehr wusste, was sie sagen sollte.

„Wollen Sie es mir nicht verraten? Dann eben nicht“, sagte Signor Veneranda. „Übrigens will ich es nicht unbedingt wissen. Putzen Sie sich nur die Nase, womit Sie wollen. Auf Wiedersehen!“

Und Signor Veneranda kehrte der Verkäuferin den Rücken und verließ den Laden.

---

[1] indiskret: neugierig, fast unhöflich

1 Erklärt mit euren Worten, warum die Geschichte den Titel „Ein dreister Kunde“ trägt und was das Besondere an dem Verhalten von Signor Veneranda ist.

2 Sucht Stellen im Text heraus, in denen ihr Hinweise darauf erhaltet, wie etwas zu sprechen ist.

3 In den Zeilen 11–14 fehlt eine direkte Anweisung, wie die Verkäuferin sprechen muss. Woran kann man es trotzdem erkennen?

4 Führt eine sogenannte „Leseprobe“ durch, wie es Schauspieler auch tun. Geht so vor:

- Arbeitet zu dritt und lest den Text mit verteilten Rollen. Einer übernimmt die Rolle des Erzählers, die anderen beiden die Rollen der Verkäuferin und des Signor Veneranda.
- Probiert verschiedene Sprechweisen aus.

5 Sinnvoll ist es, ein Regiebuch zu erstellen. Dort könnt ihr festhalten, wer spricht und was gesprochen wird. Ihr könnt auch notieren, wie gesprochen werden soll und was die Figuren machen sollen. Der Beginn eines solchen Regiebuchs könnte so aussehen:

Rolle	**Text**	**Regieanweisungen (= Sprech- und Spielanweisungen)**
Signor Veneranda	Guten Tag! Könnten Sie mir bitte ein Taschentuch geben?	fragt freundlich, betritt den Laden/geht auf die Verkäuferin zu
Verkäuferin	Was für ein Taschentuch möchten Sie haben?	antwortet sehr freundlich, nimmt verschiedene Schachteln aus dem Regal/legt sie auf den Verkaufstisch
Signor Veneranda	...	...

6 Übt die Geschichte als Spielszene ein und führt sie vor. Arbeitet dabei wieder so, wie es in Aufgabe 4 auf S. 199 beschrieben wird. Weitere Hilfen erhaltet ihr auch in der Lernbox.

So gehst du vor

Eine Spielszene einüben

Bei einem Theaterstück oder einer Spielszene wird auf einer Bühne eine Handlung von Schauspielern und Schauspielerinnen den Zuschauern vorgespielt. Meistens bestehen Spielszenen aus **Dialogen** (= Gesprächen) der Figuren.

Wenn ihr eine Spielszene einübt, geht so vor:

- Legt als Erstes fest, wer welche **Rolle** spielt und welchen **Text** spricht.
- Zur Vorbereitung eures Spiels könnt ihr ein **Regiebuch** anlegen. Dort haltet ihr fest, wer was sagt. Zusätzlich könnt ihr dort mithilfe von **Regieanweisungen** notieren, wie er etwas sagt und wie er sich bewegt und verhält.
- Besorgt euch **Kostüme** (= Kleidung, die zu der Rolle passt) und setzt **Requisiten** (= Gegenstände) ein, die ihr für eure Spielszene benötigt.
- Gestaltet das **Bühnenbild** so, dass deutlich wird, wo die Szene spielt.
- Probt eure Szene mehrmals. Dabei solltet ihr besonders darauf achten, dass ihr durch **Gestik** (= Körperbewegungen), **Mimik** (= Gesichtsausdruck) und eure **Sprechweise** die Situationen und Gefühle der Figuren verdeutlicht. Besprecht nach jeder Probe gemeinsam, was ihr noch besser machen könnt.
- Führt dann euer Theaterstück oder eure Spielszene vor einem Publikum auf. Ihr könnt z. B. eure Parallelklasse einladen.

Carlo Manzoni (1909–1975)
Der Schlüssel

Signor Veneranda steht vor einer Haustür, sieht die dunklen Fenster und pfeift.

Im dritten Stock öffnet ein Herr das Fenster und ruft: „Haben Sie keinen Schlüssel?"
„Nein, ich habe keinen Schlüssel!", ruft Signor Veneranda zurück.
„Ist die Haustür zugeschlossen?", ruft der Herr am Fenster wieder.
„Ja, sie ist zu!", antwortet Signor Veneranda.
„Dann werfe ich Ihnen den Schlüssel runter", ruft der Herr am Fenster.
„Warum?", ruft Signor Veneranda zurück.
„Dann können Sie die Haustür aufschließen", antwortet der Herr am Fenster.
„Also gut!", ruft Signor Veneranda. „Wenn Sie wollen, dass ich die Haustür aufschließe, dann werfen Sie mal Ihren Schlüssel runter!"
„Warum will ich das?", ruft der Herr am Fenster.
„Sie wollen doch ins Haus!"
„Ich? Nein! Warum denn?", ruft Signor Veneranda zurück.
„Wohnen Sie denn nicht hier?", ruft der Herr am Fenster.
„Ich? Nein! Wer sagt das?", ruft Signor Veneranda zurück.
„Und warum wollen Sie dann den Schlüssel?", schreit der Herr am Fenster.
„Wenn Sie wollen, dass ich die Tür aufschließe", schreit Signor Veneranda zurück, „dann brauche ich doch einen Schlüssel!"
„Ich will das doch gar nicht!", schreit der Herr am Fenster.
Da öffnet ein Herr im ersten Stock das Fenster.
„Was soll denn dieses Schreien?", schreit er. „Man kann ja nicht schlafen!"
„Wir müssen schreien", schreit Signor Veneranda, „sonst verstehen wir uns nicht, ich und der Herr da oben im dritten Stock!"
„Aber was will der Herr im dritten Stock denn?", schreit der Herr im ersten Stock.
„Das weiß ich auch nicht!", schreit Signor Veneranda. „Erst will er mir einen Schlüssel runterwerfen, damit ich die Haustür aufschließe; dann will er wieder nicht, dass ich die Haustür aufschließe. Fragen Sie ihn doch mal! Auf Wiedersehen!"

Und Signor Veneranda geht.

1 Lest die Geschichte mit verteilten Rollen. Erklärt anschließend, was das Besondere am Verhalten von Signor Veneranda ist.

2 Übt die Geschichte von Signor Veneranda als Spielszene ein. Geht dabei so vor, wie es in der Lernbox auf S. 202 beschrieben wird.

Alles klar? – Wiederholen, üben und überprüfen

1 Ordne die Fachbegriffe aus dem Wortspeicher den Erklärungen richtig zu. Dazu musst du die verschlüsselten Wörter aus dem Wortspeicher zunächst auflösen. Schreibe die Erklärungen mit den jeweiligen Fachbegriffen in dein Heft.

Zuschauer =
Gesprach =
Gegenstände beim Theater =
Kleidung =
Körperbewegungen =
Gesichtsausdruck =
Spiel ohne Worte =
was ein Schauspieler sagt =
was ein Schauspieler spielt =
Darstellung des Handlungsortes =

TNREEQUSII • ERLLO • MMPAOTNIE • XTET • GSTKIE • KIIMM • LGOIAD • BLDIBHÜENN • MPULBIKU • STÜKMO

2 Stelle eine beliebige Sportart pantomimisch dar, führe aber alle Bewegungen in Zeitlupe aus. Führe diese Übung für mehrere Sportarten durch. Arbeitet dabei zu zweit.

3 Führt in kleinen Gruppen folgende Übung durch: Bestimmt einen Spielleiter. Er gibt einem Mitspieler einen Begriff vor, den er pantomimisch darstellen muss. Dieser spielt so lange, bis einer den Begriff errät. Wer den Begriff zuerst errät, wird Spielleiter und darf den nächsten Begriff vorgeben.

4 Sprich folgende Zungenbrecher betont, deutlich und möglichst schnell mehrmals hintereinander.

- Bürsten mit weißen Borsten bürsten besser als Bürsten mit schwarzen Borsten bürsten.
- Wiener Wäscherinnen waschen weiße Wäsche, weiße Wäsche waschen Wiener Wäscherinnen.
- Der Leutnant von Läuten befahl seinen Leuten, nicht eher zu läuten, bis der Leutnant von Läuten seinen Leuten das Läuten befahl.

5 Suche dir einen Partner oder eine Partnerin und lies die folgende Theaterszene mit verteilten Rollen. Verdeutliche dabei die Situation und die Gefühle desjenigen, den du sprichst, mit deiner Stimme.

Edmund Johannes Lutz

Die berechtigte Ohrfeige

Es spielen: Zwei Freunde

Der Eine: Sag mal, stimmt das denn eigentlich, was man sich über dich erzählt?

Der Andere: Wieso, was erzählt man sich denn über mich?

Der Eine: Du sollst neulich in der Straßenbahn einer dir völlig fremden Frau eine Ohrfeige gegeben haben.

Der Andere: Ach so, das! Ja, ja, das stimmt schon. Das tat ich tatsächlich.

Der Eine: Na, aber hör mal, wie kommst du denn zu solchen Manieren?

Der Andere: Wie ich dazu kam – ja, das will ich dir sagen; ich sitze da neulich in der Straßenbahn und fahre nach Hause. Da steigt eine Frau ein und setzt sich mir gegenüber. Der Schaffner kommt und verlangt die Fahrkarten. Sie macht das Handtäschchen auf, nimmt die Geldbörse heraus, macht das Handtäschchen zu, macht die Geldbörse auf, nimmt eine Mark heraus, macht die Geldbörse zu, macht das Handtäschchen auf, legt die Geldbörse hinein, macht das Handtäschchen zu. Der Schaffner gibt ihr die Fahrkarte und das Wechselgeld. Sie macht das Handtäschchen auf, nimmt die Geldbörse heraus, macht das Handtäschchen zu, macht die Geldbörse auf, legt das Geld hinein, macht die Geldbörse zu, macht das Handtäschchen auf, legt die Geldbörse hinein, macht das Handtäschchen zu. In diesem Moment sieht sie die Fahrkarte auf ihrem Schoß. Sie macht das Handtäschchen auf –

Der Eine: Um Gottes willen! Hör auf!

Der Andere: Nein, sie hört nicht auf: Sie nimmt die Geldbörse heraus, macht das Handtäschchen zu, macht die Geldbörse auf, legt die Fahrkarte hinein, macht die Geldbörse zu –

Der Eine: Hör auf, ich werde irrsinnig!

Der Andere: macht das Handtäschchen auf, legt die Geldbörse hinein, macht das Handtäschchen zu.

Der Eine: Gott sei's gedankt!

Der Andere: Da kam der Kontrolleur. Sie macht das Handtäschchen auf, nimmt die –

Der Eine *stürzt verzweifelt auf den anderen zu und gibt ihm eine Ohrfeige.*

Der Andere: Du hast eben keine Nerven; ich gab ihr die Ohrfeige erst, als sie in denselben Wagen umstieg wie ich.

6 Übe mit einer Mitschülerin oder einem Mitschüler die Theaterszene ein und spielt sie vor. Hilfen, wie ihr dabei vorgehen könnt, erhaltet ihr in der Lernbox auf S. 202.

Im „Haus der Sprache" – Wortarten

Wenn man unsere Sprache beherrschen will, muss man sich auch mit den Wörtern gut auskennen. In diesem Kapitel lernt ihr,

- wie man die Wortarten unterscheidet und mit Fachbegriffen benennt,
- wie man die Wortarten richtig gebraucht,
- dass diese Kenntnisse auch für die Rechtschreibung wichtig sind.

Wenn ihr die Merksätze dieses Kapitels in euer Merkheft schreibt, habt ihr ein kleines „Grammatikbuch" zum Nachschlagen und Üben. Tipps, wie ihr dabei vorgehen könnt, erhaltet ihr in der Lernbox auf S. 61.

Franzi geht seit Beginn des Schuljahres in die 5. Klasse der Anne-Frank-Schule. Auf ihrem neuen Schulweg kommt sie täglich am „Haus der Sprache" vorbei. Sie möchte gerne wissen, was sich eigentlich in dem Haus befindet. Eines Tages nach der Schule traut sie sich und geht hinein.

Im Eingangsbereich des Hauses trifft Franzi auf einen freundlichen, älteren Herrn. Es ist der Sprachforscher Dr. Knoll. Er bekommt häufig Besuch von Kindern und freut sich, ein neues Gesicht zu sehen. Bereitwillig erklärt er Franzi, was er als Sprachforscher im „Haus der Sprache“ zu tun hat:
„Ich sammle und ordne z. B. alle Wörter, die in unserer Sprache vorkommen. Außerdem schreibe ich Regeln auf, nach denen die Sprache funktioniert. Und natürlich helfe ich auch, wenn jemand in der Rechtschreibung und Grammatik einen Rat braucht.“

1 Dr. Knoll ordnet alle Wörter nach ihren Wortarten. Welche Wortarten sind euch noch aus der Grundschule bekannt?

Heute könnte Sprachforscher Knoll allerdings selbst Hilfe gebrauchen. Als er in der Abteilung für Wortarten für etwas Ordnung sorgen wollte, fiel ihm ein Kasten hin. Darin befanden sich Karteikarten mit Beispielwörtern für verschiedene Wortarten. Er fragt deshalb Franzi, ob sie Lust habe, ihm beim Einsortieren zu helfen.

Auch ihr könnt Dr. Knoll helfen:

2 Tragt zusammen, woran man die Wortarten Nomen/Substantiv, Verb und Adjektiv erkennen kann.

3 Schreibt die Wörter nach Wortarten geordnet in euer Heft. So könnt ihr vorgehen:

- Zeichnet drei Karteikästen in euer Heft.
- Notiert die Wortarten auf Schilder an den Kästen.
- Schreibt nun die passenden Wörter in die Kästen hinein.

1.

Das Nomen/Substantiv

Kind, Schaufel, Friede – was Nomen/Substantive bezeichnen

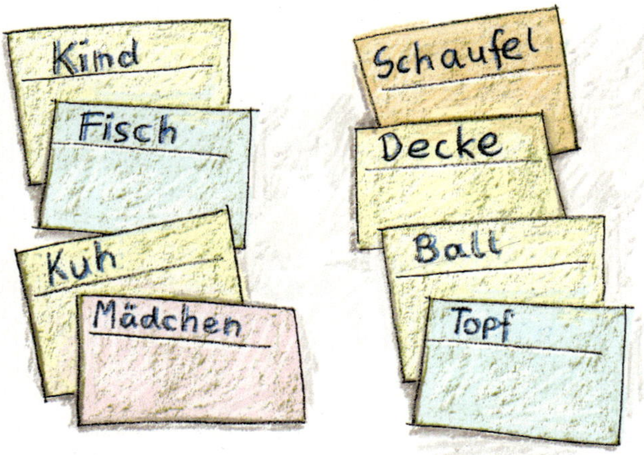

Das musst du lernen und wissen

Was Nomen/Substantive bezeichnen

Nomen/Substantive bezeichnen ______, ______ und Vorstellungen/Empfindungen. Sie werden immer ______ geschrieben.

1 Beschreibt, nach welchen Merkmalen Dr. Knoll die Nomen/Substantive zu Stapeln geordnet hat.

2 Schaut euch die Lernbox an. Könnt ihr die Regel vervollständigen? Schreibt sie in euer Heft.

3 Als Dank für ihre Hilfe schenkt der Sprachforscher Franzi ein Blatt mit einer Wörterschlange. Schreibt von den vielen Wörtern, die sie verschluckt hat, nur die Nomen/Substantive heraus und sortiert diese dabei so wie Dr. Knoll. Legt euch dazu eine Tabelle mit drei Spalten an.

4 Durchstarten! So könnt ihr weiterarbeiten:

Ihr könnt auch eure Klasse zu einem „Haus der Sprache“ machen und wichtige Merksätze auf große Plakate schreiben und diese im Klassenraum an die Wand hängen.

➔ Nomen/Substantive erkennen AH, S. 49

„Es war an einem Freitag …“ – die Großschreibung von Nomen/Substantiven üben

In einer großen Schublade hebt Dr. Knoll Texte auf, die besonders knifflig oder rätselhaft sind. Bei seiner Arbeit ist er auf einen Text aus dem Jugendbuch „Das Austauschkind“ von der Schriftstellerin Christine Nöstlinger gestoßen. In dem Text sind nur die Satzanfänge großgeschrieben. In dieser Form möchte Dr. Knoll ihn natürlich nicht abheften. Deswegen schreibt er ihn noch einmal ab.

Christine Nöstlinger (geb. 1936)

Das Austauschkind

Es war an einem freitag, in der großen pause. Ich saß in meiner klasse an meinem tisch und aß einen apfel, der mir nicht schmeckte, weil er sehr mehlig war und ums kernhaus herum ganz braun. Da kam der herbert pivonka vom klo in die klasse zurück. Er ging an meinem platz vorbei und sagte: „elsi, deine mutter steht vorn am gang beim englischlehrer und redet mit ihm!“

1 Sucht die Nomen/Substantive aus dem Text heraus. Schreibt den Text dann in der richtigen Form in euer Heft.

Der Text geht noch weiter, diesmal aber in Großbuchstaben.

ETLICHE IN DER KLASSE NENNEN MICH „ELSI“. SIE FINDEN DAS UNERHÖRT KOMISCH. SIE HABEN NÄMLICH EINMAL MEINE GEBURTSURKUNDE GESEHEN UND DARIN MEINE VERSAMMELTEN VORNAMEN ENTDECKT: EWALD LEONHARD STEFAN ISIDOR. UND DER WOLFGANG EMBERGER HAT LEIDER ERKANNT, DASS DIE ANFANGSBUCHSTABEN DIESER NAMEN „ELSI“ ERGEBEN.

2 Erklärt, wie der Spitzname des Ich-Erzählers zustande gekommen ist. Warum scheint er nicht glücklich über seinen Spitznamen zu sein?

3 Suche wieder die Nomen/Substantive heraus und schreibe den Text in der richtigen Form auf.

Die Frau, der Mann, das Kind – das grammatische Geschlecht bestimmen

Als Franzi am nächsten Tag noch einmal bei Dr. Knoll vorbeischaut, entdeckt sie, dass er angefangen hat, die Karteikarten mit den Nomen/Substantiven noch anders einzuordnen.

Franzi hat das System sofort durchschaut.

1 Beschreibt, wie Dr. Knoll die Nomen/Substantive geordnet hat.

2 Ordne die Nomen/Substantive von den Karteikarten und der Wörterschlange auf S. 208 in die drei Karteikästen ein. Lege dir dazu eine entsprechende Tabelle in deinem Heft an.

3 Dr. Knoll hat die Karteikästen noch nicht beschriftet. Was müsste er schreiben? Beantworte dies mithilfe der Lernbox.

Das musst du lernen und wissen

Das Genus von Nomen/Substantiven

Das Genus (= grammatische Geschlecht) eines Nomens/Substantivs wird durch den Artikel verdeutlicht. Wir unterscheiden:

- das männliche Geschlecht (= Maskulinum): **der** Indianer,
- das weibliche Geschlecht (= Femininum): **die** Indianerin,
- das sächliche Geschlecht (= Neutrum): **das** Zelt.

Der Sprachforscher holt aus der Schublade mit den kniffligen Texten ein geheimnisvolles Wörterquadrat und zeigt es Franzi. Sie soll alle Nomen/Substantive mit Artikeln herausschreiben und in eine Tabelle einordnen.

A	C	F	E	R	I	E	N	A	U	R	L	A	U	B
L	N	R	R	E	T	V	X	Z	U	I	S	U	V	E
D	G	E	W	I	T	I	E	R	D	G	I	T	O	R
E	H	I	M	S	A	C	E	H	D	S	K	O	D	G
V	X	Z	S	E	G	E	L	B	O	O	T	W	U	B
A	C	E	H	I	M	E	O	A	R	N	R	U	H	E
O	W	I	N	D	E	R	O	D	G	N	O	P	R	S
P	S	T	U	S	C	H	N	E	E	E	H	O	R	T
S	T	U	T	P	H	O	B	B	Y	N	A	S	E	E
J	J	C	H	I	N	L	G	K	M	B	O	P	M	I
S	O	N	N	E	N	U	N	T	E	R	G	A	N	G
D	G	E	H	L	L	N	M	R	A	A	C	Z	T	U
A	G	C	E	H	L	G	O	A	A	N	E	I	I	N
D	I	E	H	G	K	M	O	U	B	D	I	E	D	G
K	R	I	E	G	Z	T	R	M	O	O	S	L	H	W

Maskulinum (männlich, der) z. B. der Mann	**Femininum (weiblich, die) z. B. die Frau**	**Neutrum (sächlich, das) z. B. das Kind**
der Urlaub …	die Nase …	das Spiel …

➔ Genus erkennen
AH, S. 51

4 Übernehmt die Tabelle in euer Heft und füllt sie aus. Ihr könnt mindestens 30 Wörter in dem Wörterquadrat finden.

5 Bei den Nomen/Substantiven in dem Speicher unten ist einiges durcheinandergeraten. Ordnet die Buchstaben so, dass sie sinnvolle Wörter ergeben. Schreibt die Wörter mit dem Artikel in euer Heft und bestimmt das grammatische Geschlecht. Ihr könnt so beginnen:
die Tafel (Femininum); der …
Ein Tipp: Alle Wörter haben etwas mit der Schule zu tun.

AFTEL • HELRER • TFEH • KLESAS • CHSULFOH • IUTE • SCHAET • IFTST • CHBU • NLPISE • DIEKRE • MMSCHAW • EAINLL • ARTKE • BENARR • PASEU • CHENBLZIECKO • LEKIZR • TZSPNAIER • ÜCHRESL

„Das Floß“ oder „ein Floß“? – Bestimmte und unbestimmte Artikel verwenden

Im „Haus der Sprache“ hat Franzi eine interessante Bastelanleitung zum Bau eines Floßes gefunden. Es fällt ihr schwer, sie zu lesen, da vor einigen Nomen/ Substantiven der Artikel fehlt.

Das Ferienfloß

Für das Ferienfloß klebt man 15 Korken so zusammen, wie man es auf _____ Zeichnung (Abb. 1) sieht. _____ Klebestellen muss man beidseitig mit Klebstoff bestreichen, leicht aneinanderdrücken und dann gut trocknen lassen. Für _____ Mast steckt man zwei Zahnstocher und einen Holzspieß in _____ weiteren Korken (Abb. 2). Für _____ Segel sollte _____ Stoff etwa 16 cm lang und 14 cm breit sein. Man muss ihn zurechtschneiden und um _____ Zahnstocher kleben (Abb. 3). Nun braucht der Mast noch _____ Fähnchen. Dazu klebt man _____ Stückchen Stoff um _____ weiteren Zahnstocher und steckt ihn oben in _____ Korken. Zum Schluss wird _____ Mast in die Mitte _____ Floßes gesteckt und _____ Segel links und rechts mit _____ Nadeln befestigt (Abb. 4).

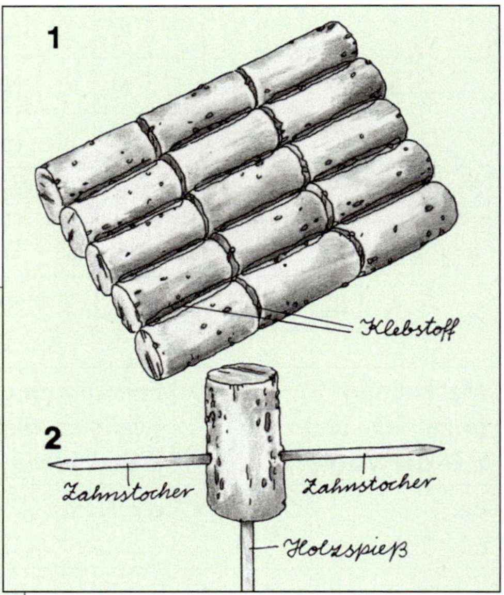

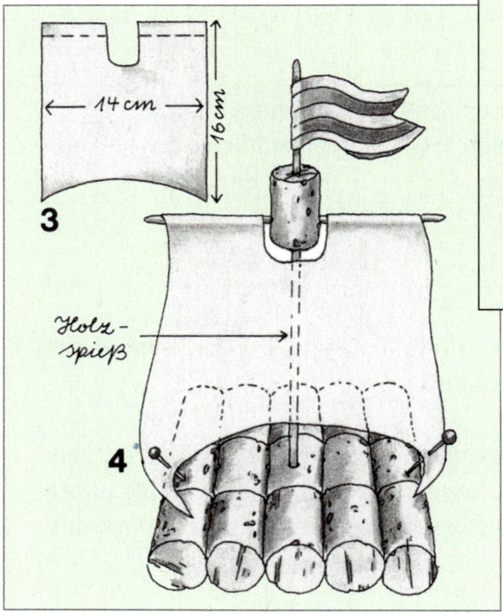

Natürlich könnt ihr das Floß zu Hause auch selbst bauen und mit in die Schule bringen.

1 Lest den Text Satz für Satz durch und entscheidet, ob in die Lücken ein bestimmter oder ein unbestimmter Artikel passt. Begründet eure Entscheidungen. Beachtet dabei die Hinweise in der Lernbox auf S. 213.

2 Schreibe den Text ab und setze die Artikel ein.

Der bestimmte und der unbestimmte Artikel

- Der **bestimmte Artikel** (der, die, das) benennt etwas Eindeutiges, oft auch Bekanntes.
  Wenn ihr z. B. Fußball spielt und einem Freund erzählt, was **der** Trainer gesagt hat, dann meint ihr **den** Mann, der **eure** Mannschaft trainiert.
- Der **unbestimmte Artikel** (ein, eine, ein) bezeichnet etwas Beliebiges, oft auch Unbekanntes.
  Wenn ihr eurem Freund berichtet, was **ein** Trainer gesagt hat, so meint ihr **irgendeinen** Trainer, vielleicht den der zweiten Mannschaft oder einen Trainer eines anderen Vereins.

Der Tisch/die Tische – Pluralformen von Nomen/Substantiven bilden

Dr. Knoll befasst sich noch genauer mit den Karteikarten für die Nomen/Substantive. Er schreibt jedes Nomen/Substantiv nicht nur im Singular (= Einzahl), sondern auch im Plural (= Mehrzahl) auf.

1 Das ist auch eure Aufgabe. Bildet von den folgenden Nomen/Substantiven die Pluralformen (= Mehrzahl) und übertragt sie in eine Tabelle.

das Brett • das Bett • das Kamel • der Narr • das Auto • die Flasche
das Heft • die Pfanne • das Tablett • die Schere • das Land • das Kind
der Freund

Singular (Einzahl)	Plural (Mehrzahl)
das Brett	die Bretter
das Bett	die Betten
das Kamel	die ...
...	...

2 Bei der Pluralbildung einiger Nomen/Substantive gibt es noch eine Besonderheit. Was verändert sich, wenn ihr von den folgenden Nomen/Substantiven den Plural bildet? Schreibt die Nomen/Substantive und ihre Pluralformen so in euer Heft:

der Schrank – die Schränke, der Zahn – die ...

der Schrank • der Zahn • der Topf • das Loch • der Traum • der Baum
der Stuhl • das Buch • der Kopf • das Fass • das Rad • das Tuch

3 Auch bei den folgenden Nomen/Substantiven gibt es eine Besonderheit, wenn sie in den Plural gesetzt werden. Welche ist es? Schreibe die Nomen/Substantive wieder so auf:

der Räuber – die Räuber, das Messer – die ...

der Gürtel • der Löffel • das Kissen • der Wagen • der Lehrer
der Schlüssel • der Teller • das Mädchen • der Füller • der Hamster

4 Findet selber möglichst viele Beispiele, in denen der Plural so gebildet wird wie bei den Nomen/Substantiven in Aufgabe 2 und 3.

Das musst du lernen und wissen

Singular und Plural bei Nomen/Substantiven

➔ Pluralformen erkennen und bilden AH, S. 50

Nomen/Substantive haben einen **Numerus** (= Anzahl). Sie stehen im **Singular** (= Einzahl) oder im **Plural** (= Mehrzahl), z. B.: der Stern – die Sterne.

- Viele Nomen/Substantive verändern ihre **Endung** im Plural, z. B.: die Mappe – die Mapp**en**; das Heft – die Heft**e**; die Lok – die Lok**s**; das Brett – die Brett**er.**
- Andere Nomen/Substantive erhalten im Plural einen **Umlaut** (ä, ö, ü), z. B.: das Schloss – die Schl**ö**sser.
- Einige Nomen/Substantive lauten im Singular und im Plural gleich. Bei ihnen ändert sich dann aber der Artikel, z. B.: der Retter – **die** Retter.

5 **Durchstarten! So könnt ihr weiterarbeiten:**

Bastelt ein „Nomen-Memory" aus 6 x 6 cm großen Kärtchen. Jede Schülerin/jeder Schüler schreibt ein Nomen/Substantiv mit Artikel im Singular (= Einzahl) auf eine Karte und dasselbe Nomen/Substantiv mit Artikel im Plural (= Mehrzahl) auf eine andere Karte, z. B.: die Krone – die Kronen. Darunter könnt ihr die Nomen/Substantive auch noch zeichnen und bunt anmalen.

Der Apfel, des Apfels, dem Apfel … – Nomen/Substantive deklinieren

Franzi kocht gern. Von Dr. Knoll hat sie ein Rezept für Bratäpfel bekommen, das aber im Laufe der Zeit schon einige Fettspritzer abbekommen hat. Deswegen ist es nicht mehr gut zu lesen. Da Franzi das Rezept so nicht richtig versteht, gibt Dr. Knoll ihr einen Tipp. Sie soll an den unleserlichen Stellen das Wort „Apfel“ mit dem passenden Artikel einsetzen.

Bratapfel

Zutaten:
1 Apfel
1 Teelöffel gemahlene Haselnüsse
1 Teelöffel rote Marmelade
Rosinen

Geräte:
1 Apfelausstecher
1 Stück Alufolie, etwa 15 x 15 cm
1 Teelöffel
1 Backblech

Und so wird es gemacht:

Zunächst muss d___ A___ gründlich gewaschen und abgetrocknet werden. Dann entfernst du mit dem Apfelausstecher das Gehäuse ___ ___. Nun legst du ___ ___ auf die Alufolie und füllst ihn abwechselnd mit Haselnüssen, der Marmelade und den Rosinen. Danach wickelst du ___ ___ mit der Alufolie vorsichtig ein. ___ eingewickelte ___ kommt jetzt auf das Backblech. Schiebe es in den Ofen und lasse ___ ___ bei etwa 250 Grad 35 bis 45 Minuten garen. Wenn ___ ___ ein köstlicher Geruch entströmt, ist er fertig.
Ein Tipp: Mit heißer Vanillesoße schmeckt ___ ___ noch besser.

Guten Appetit!

1 Schreibt das Rezept in euer Heft. Setzt jeweils das Wort „Apfel“ mit dem passenden Artikel ein.

2 Lies die Lernbox auf S. 216. Erkläre dann mit ihrer Hilfe, wie sich das Nomen/Substantiv „Apfel“ verändert.

Die Kasus (= Fälle) der Nomen/Substantive

Je nachdem, in welchem **Kasus** (= Fall) Nomen/Substantive im Satz stehen, verändern sie zusammen mit ihren Begleitern ihre Form.
Nomen/Substantive können in **vier verschiedenen Kasus** (= Fällen) gebraucht werden. Diesen Vorgang nennt man **Deklination** (= Beugung).
Der jeweilige Kasus lässt sich mit den entsprechenden **Kasusfragen** bestimmen. Mit welcher Kasusfrage du nach welchem Kasus fragen musst, zeigt dir diese Tabelle:

	Kasusfrage	Antwort	Kasus (Fall)
Der Apfel schmeckt gut.	*Wer oder was* schmeckt gut?	der Apfel	**Nominativ** (1. Fall)
Er erinnert sich **des Apfels**.	*Wessen* erinnert er sich?	des Apfels	**Genitiv** (2. Fall)
Ein köstlicher Duft entströmt **dem Apfel**.	*Wem* entströmt ein köstlicher Duft?	dem Apfel	**Dativ** (3. Fall)
Ich esse **den Apfel**.	*Wen oder was* esse ich?	den Apfel	**Akkusativ** (4. Fall)

➔ Nomen/Substantive deklinieren AH, S. 52–53

3 Bestimmt nun in den folgenden Sätzen die Fälle der unterstrichenen Wörter.

- Franzi bereitet den Bratapfel am Nachmittag zu.
- Sie serviert dem kleinen Bruder auch einen leckeren Apfel.
- Bei der Vanillesoße hilft allerdings die Oma.
- Diese erinnert sich eines Rezeptes aus ihrer Kindheit.
- Damals wurde ein Apfel auch schon mal mit Leberwurst pikant gefüllt.
- Vielleicht besitzt der Sprachforscher ja auch das Rezept, von dem die Oma gesprochen hat.

Schreibt die Fragen in euer Heft und notiert die Antworten dahinter. Z. B.:
Wen oder was bereitet Franzi am Nachmittag zu? – Den Bratapfel (Akkusativ)

4 Bestimmt die Fälle der unterstrichenen Wörter. Schreibt dazu den Text ab und arbeitet mit vier Farben. Unterstreicht die Wörter, die im gleichen Fall stehen, mit derselben Farbe.

Am nächsten Nachmittag besucht Franzi erneut den Forscher im „Haus der Sprache". Sie erzählt dem hilfsbereiten Mann von dem Rezept der Oma. Der Gelehrte nimmt sich des Problems an. Er zieht die unterste Schublade aus dem Regal. Ein altes Kochbuch liegt darin. Der Sprachforscher gibt es dem Mädchen. Er sagt: „Ich erinnere mich eines alten Rezeptes. Es steht in diesem wertvollen Buch. Gib bitte gut darauf acht."

2.

Das Verb

laufen: ich laufe, du läufst … – Infinitiv und Personalform unterscheiden

Franzi interessiert sich für Fußball und spielt auch in der Mädchenmannschaft ihrer Schule mit. In einer Fußballzeitung liest sie ein Interview mit einem bekannten ausländischen Trainer, der aber erst seit kurzer Zeit in Deutschland lebt. Franzi zeigt Dr. Knoll einen Ausschnitt aus dem Gespräch. Sie hat die Fehler bereits unterstrichen.

Reporter: Wie beurteilen Sie das Spiel des neuen Mittelfeldspielers?

Trainer: Mathias haben sehr viel Talent. Er benötigen noch mehr Kondition. Das merken er auch selbst und er trainieren sehr hart. Ich unterstützen ihn, wo ich können.

1 Schreibe die Antwort des Trainers richtig auf.

2 Beschreibe mit deinen Worten, welchen Fehler der Trainer macht.

Dr. Knoll schmunzelt, als er das Interview liest. Er erklärt Franzi, dass der Trainer die Verben alle im **Infinitiv** (= Grundform) gebraucht. So findet man sie auch in einem Wörterbuch. In einem zusammenhängenden Text müssen sie aber in die sogenannte **Personalform** gesetzt werden.

	INFINITIV (= Grundform)	haben	benötigen	merken	trainieren	unterstützen	können
PERSONALFORM	1. Person Singular: ich Plural: wir	ich habe wir haben	ich benötige wir benötigen	ich m… wir m…	ich … …	… …	… …
	2. Person Singular: du Plural: ihr	du hast ihr habt	du benötigst ihr benötigt	du m… ihr m…	… …	… …	… …
	3. Person Singular: er, sie, es Plural: sie	er hat sie haben	er benötigt sie benötigen	er m… sie m…	… …	… …	… …

3 Die Tabelle gibt euch einen Überblick über die verschiedenen Personalformen. Übernehmt sie in euer Heft und vervollständigt sie.

4 Sprachforscher Knoll hat auch eine Kiste mit Witzen. In den beiden folgenden Witzen fehlen allerdings die Verben. Schreibe die Witze mit den richtigen Personalformen der Verben in dein Heft. Benutze dazu die Verben aus den Karteikästen.

„_____ ihr eigentlich, dass es sogenannte Kurzschläfer _____, die mit zwei bis drei Stunden Schlaf _____?“, _____ der Lehrer seinen Schülern. „So einen _____ ich“, _____ sich Christian, „er _____ bei uns zu Hause und _____ seit gestern sechs Monate alt.“

Für die nächste Deutschstunde _____ der Lehrer eine Hausaufgabe auf, die so lautet: „_____ die Tapete in eurem Wohnzimmer.“ Emil _____ die kürzeste Aufgabe ab. Auf seinem Blatt _____: Mein Vater _____ mir das Beschreiben der Tapeten.

5 Bestimmt die Personalformen, die ihr eingesetzt habt. So könnt ihr vorgehen:
ihr wisst – 2. Person Plural
Arbeitet dazu mit der Tabelle auf S. 217.

In dem Roman „Tom Sawyers Abenteuer“ von Mark Twain (kommen) es zu folgender Begebenheit: Tom Sawyer (stehen) einem fremden Jungen gegenüber. Er (erblicken) ihn zum ersten Mal hier. Keiner der beiden (reden) ein Wort. Schließlich (sagen) Tom: „Wie (heißen) du überhaupt?“ „Das (gehen) dich einen Dreck an“, (antworten) der fremde Junge. „Ich (zeigen) dir gleich, was mich das (angehen).“ „Warum (zeigen) du es mir nicht sofort?“ „Wenn du noch länger (reden), (zeigen) ich es dir.“ Nach langem Hin- und Herreden (kommen) es zwischen den beiden Jungen zu einem Kampf …

➔ Verben konjugieren
AH, S. 54–56

6 Schreibe auch diesen Textauszug ab. Setze dabei die Infinitive in den Klammern in die richtigen Personalformen.

7 Bestimmt auch hier die Personalformen. Geht dabei wieder so wie in Aufgabe 5 vor.

Ich lach-e, du lach-st – Wortstamm und Endung erkennen

Dr. Knoll erklärt Franzi, dass jede Personalform eines Verbs aus einem **Wortstamm** und einer **Endung** besteht.
Franzi hat das mit dem Wortstamm ganz wörtlich genommen und eine Zeichnung angefertigt.

1 Übernehmt Franzis Zeichnung in euer Heft und vervollständigt sie.

2 Ihr könnt einen solchen Stamm mit seinen entsprechenden „Astenden“ auch für andere Verben (z. B. malen, spielen, turnen) in euer Heft zeichnen.

Das musst du lernen und wissen

Die Konjugation (= Beugung) von Verben

- Verben besitzen einen **Infinitiv** und **Personalformen**.
- Der **Infinitiv** ist die **Grundform**.
- **Personalformen** bestehen aus **Wortstamm** und **Endung**, z. B.: ich üb-e, du üb-st.
- Wenn sich die Personalform des Verbs verändert, nennt man das **Konjugation** (= Beugung).

Präteritum, Präsens, Futur – Zeitformen erkennen und verwenden

Franzi hat gelernt, dass sich die Personalformen der Verben nach Person (1., 2., 3. Person) und Anzahl (Singular oder Plural) verändern.
Im „Haus der Sprache" erfährt sie dann von Dr. Knoll, dass sich Verben auch verändern, wenn man sie in verschiedene Tempora (= Zeitformen) setzt. Sie notiert sich auf einem Merkzettel:

Franzi schaut sich daraufhin eine Fabel an, die sie in ihrer Klasse gelesen hat.

Der Fuchs und der Ziegenbock

Ein Fuchs fiel in einen tiefen Brunnen und konnte nicht mehr heraus. Da kam ein durstiger Ziegenbock zum Brunnen, und als er den Fuchs sah, fragte er ihn: „Ist das Wasser gut?" Der Fuchs antwortete: „Das Wasser schimmert klar und schmeckt gut; komm nur auch herab!" Der Bock stieg herab und löschte seinen Durst. Dann fragte er den Fuchs: „Aber wie kommen wir wieder hier heraus?" Der Fuchs entgegnete: „Dafür werde ich schon sorgen. Du stellst dich auf die Hinterbeine, stemmst die Vorderbeine gegen die Wand und streckst deinen Hals aus. Dann werde ich über deinen Rücken und deine Hörner hinaufklettern und werde dir auch hinaushelfen." Das tat der Ziegenbock und sogleich sprang der Fuchs über ihn hinweg und mit einem kräftigen Satz auf den Brunnenrand. Dort tanzte er voll Freude über seine Befreiung und verhöhnte den Bock wegen dessen Dummheit und Gutgläubigkeit.
(nach Äsop)

1 Beschreibt das Verhalten des Fuchses und des Ziegenbocks.

2 Was sagt ihr zum Verhalten des Fuchses? Könnt ihr dem Ziegenbock einen Rat für die Zukunft geben?

3 Welche der unterstrichenen Verbformen machen Aussagen zum Präteritum (= Vergangenheit), welche zum Präsens (= Gegenwart) und welche zum Futur (= Zukunft)?

4 Übernehmt die Tabelle in eure Hefte und ordnet die unterstrichenen Verbformen des Fabeltextes ein. Schreibt hinter jede Form den Infinitiv.

Präteritum (= Vergangenheit)		**Präsens** (= Gegenwart)		**Futur** (= Zukunft)	
Personalform	**Infinitiv**	**Personalform**	**Infinitiv**	**Personalform**	**Infinitiv**
fiel	fallen	ist	sein	werde kommen	kommen
konnte	...	...	...	...	...

Das musst du lernen und wissen

Die Tempusformen Präteritum, Präsens und Futur

Mit den Tempusformen des Verbs macht man deutlich, ob ein Geschehen in der Vergangenheit, Gegenwart oder Zukunft abläuft.

- Mit dem **Präteritum** drückt man aus, dass etwas vergangen ist (z. B.: Es geschah gestern Abend).
- Das **Präsens** bezeichnet meistens etwas, das in der Gegenwart, in diesem Augenblick geschieht (z. B.: Jetzt geht die Katze über die Straße).
  - Es kann aber auch etwas bezeichnen, das zu jeder Zeit gültig ist (z. B.: Fische leben im Wasser).
  - Das Präsens kann zusammen mit anderen Wörtern auch etwas bezeichnen, das in der Zukunft liegt (z. B.: Morgen bringe ich unser Meerschweinchen zum Tierarzt).
- Das **Futur** drückt aus, dass ein Geschehen in der Zukunft abläuft (z. B.: Ich werde nächste Woche die Großeltern besuchen).

➔ Zeitformen des Verbs AH, S. 57

5 Übe die Verwendung der verschiedenen Tempusformen des Verbs. Schreibe dazu jeweils fünf Sätze auf:

- im Präteritum, in denen du von den letzten Sommerferien berichtest,
- im Präsens, in denen du deutlich machst, was gerade jetzt in eurem Haus geschieht,
- im Futur, in denen du angibst, was du am nächsten Wochenende unternehmen wirst.

6 Bestimmt in dem Text die Person, die Anzahl und die Zeitform der unterstrichenen Verbformen (z. B.: er kehrt zurück = 3. Person Singular Präsens).

Münchhausen kehrt von einer großen Reise zurück. Er bringt allerlei Geschichten mit. Von seinen abenteuerlichen Fahrten erzählt Münchhausen die tollsten Lügenmärchen. Nachher wird er von seinen Erlebnisssen mit Mondmenschen berichten. Fast alle Leute kennen seine Lügengeschichten von anderen Reisen. Gleich wird Münchhausen seinen Zuhörern sein gefährliches Kriegsabenteuer erzählen. Alle Freunde werden ihm gespannt zuhören. Münchhausen berichtet von seinem abenteuerlichen Ritt auf der Kanonenkugel. Als die Kanoniere einen Schuss abfeuerten, sprang Münchhausen mit einem mächtigen Satz auf die Kugel. Die Kanoniere hielten vor Staunen den Mund offen. Münchhausen ist ein wahrer Lügenbaron.

Ich suche – ich suchte/ich sehe – ich sah – schwache und starke Verben unterscheiden

Franzi ist bei einigen Verbformen aus der Fabel über den Fuchs und den Ziegenbock (S. 220) etwas aufgefallen. Sie hat die Verben mit ihren jeweiligen Präteritumformen auf Karteikarten geschrieben und in zwei Gruppen angeordnet.

1 Schaut euch bei den beiden Stapeln jeweils genau an, wie das Präteritum gebildet wird. Was fällt euch auf? Lest dazu auch die Lernbox.

Das musst du lernen und wissen

Starke und schwache Verben

Die Bildung des Präteritums bei einem Verb zeigt, ob es sich um ein starkes oder schwaches Verb handelt.

- Bei einigen Verben verändert sich beim Präteritum der Wortstamm, z. B.: fallen – er fiel. Man bezeichnet sie als **starke Verben**.
- Bei anderen Verben bleibt der Wortstamm im Präteritum unverändert, z. B.: malen – er malte. Man bezeichnet sie als **schwache Verben**.

2 Übt mit den Verben aus dem Karteikasten. Bildet zu den Infinitiven die 3. Person Singular des Präteritums (z. B.: gehen – er ging). Sortiert die Verben dann nach starken und schwachen Verben und schreibt sie so geordnet in euer Heft.

Franzi hat von ihrer ausländischen Brieffreundin einen Brief bekommen:

> Liebe Franzi,
>
> heute muss ich dir von einem tollen Erlebnis erzählen. Als ich vor drei Tagen morgens zur Schule kommte, war alles irgendwie anders als sonst. Überall stehten kleine Gruppen von Schülern zusammen, die sich aufgeregt unterhalteten. Andere gehten durch die Flure und scheinten etwas zu suchen. Meine Freundin Cecile kommte auf mich zugerannt und rufte: „Die Schlange ist aus dem Schulterrarium ausgebrochen!" …

3 Franzi will ihrer Freundin zurückschreiben und ihr dabei auch erklären, was sie in dem Brief falsch gemacht hat. Was fällt euch auf? Welche Fehler enthält der Brief? Sucht sie heraus und korrigiert sie.

4 Übernimm den Briefanfang, verbessere die Fehler und schreibe den Brief zu Ende.

5 **Durchstarten! So könnt ihr weiterarbeiten:**

In diesem Kapitel habt ihr bereits viele Fachwörter gelernt. Arbeitet so, um euch ihre Bedeutung und Schreibweise einzuprägen:
Sucht zu den folgenden Fachwörtern die deutschen Bezeichnungen heraus und schreibt sie in euer Heft:

Genus, Maskulinum, Femininum, Neutrum, Numerus, Singular, Plural, Kasus, Nominativ, Genitiv, Dativ, Akkusativ, Deklination, Konjugation, Tempus, Präsens, Präteritum, Futur.

Schaut euch dazu noch einmal die Lernboxen dieses Kapitels an.

3. Das Adjektiv

Wie etwas ist – die Aufgabe von Adjektiven erkennen

Bei einem ihrer Besuche möchte Franzi Dr. Knoll auf die Probe stellen. Sie zeigt ihm eine Beschreibung ihres Kanarienvogels, in der sie die Adjektive ausgelassen hat. Auf einen Zettel hat sie die passenden Adjektive geschrieben, die man einsetzen kann. Damit es der Sprachforscher etwas schwerer hat, hat sie auch ein paar unpassende Adjektive dazugeschrieben.

Mein Kanarienvogel Hansi ist ein _____ Geselle. Nach dem Aufwachen hat er immer _____ Hunger. _____ pickt er seine Körner aus dem Napf. Danach hüpft er _____ in seinem Käfig herum und erfreut uns mit seinem _____ Gesang. Wenn er dann _____ ist, macht er erst einmal ein _____ Nickerchen. Hansi ist ein sehr _____ Vogel; mehrmals am Tag putzt er _____ sein _____ Gefieder.

kunstvoll, groß, schwerfällig, sauber, ausgelassen, munter, müde, langweilig, sorgfältig, ausgiebig, dumm, bunt, begierig

➔ Adjektive erkennen und verwenden AH, S. 58

1 Setze die passenden Adjektive von Franzis Zettel ein. **Achtung:** Einige Adjektive musst du verändern und den jeweiligen Nomen/Substantiven anpassen.

2 Vergleicht eure Fassung mit dem Text von Franzi. Welche Wirkung haben die eingesetzten Adjektive?

Dr. Knoll zeigt Franzi diese Abbildung. Sie zeigt einen Hippokampos, ein Fabeltier, das in griechischen Sagen vorkommt.

3 Beschreibt das Fabeltier und benutzt dabei die folgenden Adjektive.

merkwürdig • länglich • dünn • geringelt • unheimlich

4 Sammelt noch weitere Adjektive, mit denen man das Fabeltier beschreiben kann.

5 Beschreibe das Fabeltier schriftlich und unterstreiche die Adjektive.

6 Habt ihr ein eigenes Haus- oder Lieblingstier? Beschreibt es mit zahlreichen Adjektiven, ohne die Tierart zu verraten. Sicher können eure Mitschülerinnen und Mitschüler erraten, um welches Tier es sich handelt.

Klug, klüger, am klügsten – Adjektive steigern

Franzi erzählt noch weiter von ihrem Vogel:

Noch schöner ist es für Hansi, wenn er im Zimmer herumfliegen darf. Zunächst ist er ganz vorsichtig, aber dann wagt er sich immer weiter vor. Seine Flugkünste werden täglich besser. Wenn ich ihn dann wieder einsperre, ist er ganz traurig. Am liebsten würde er noch länger fliegen. Aber am glücklichsten ist Hansi, wenn er ein Bad nehmen darf. Dabei ist er noch fröhlicher als bei seinen Ausflügen.

1 Sucht alle Adjektive aus dem Text heraus. Was fällt euch auf?

2 In diesem Text stehen einige Adjektive nicht in ihrer Grundform (z. B.: schön), sondern in ihrer Steigerungsform (z. B.: schöner). Erklärt an einzelnen Beispielen den Begriff „Steigerungsform".

3 Übernimm die folgende Tabelle und trage die Adjektive aus dem Text in die entsprechenden Spalten ein. Ergänze jeweils die beiden anderen Stufen. Bei zwei Adjektiven musst du aufpassen.

Positiv (= Grundstufe)	**Komparativ** (= Vergleichsstufe)	**Superlativ** (= Höchststufe)
...	schöner	...
vorsichtig	...	...
...	...	am liebsten
...	...	...

Franzi erzählt Dr. Knoll von ihren Geschwistern:

Ich habe noch eine Schwester und einen Bruder. Mein Bruder Peter ist älter als ich und am größten von uns dreien. Lisa, meine Schwester, ist ein Jahr jünger als ich und genauso groß. Sie ist aber am lustigsten und spielt uns ständig Streiche.

4 Wozu hat Franzi die Adjektive hier benutzt? Schreibe einen ähnlichen Text über deine Familie oder deine Freunde. Verwende dabei möglichst viele Adjektive in ihren Steigerungsformen.

Franzi liest gerne Tierbücher. Sie ist erstaunt über die Informationen, die sie in einem ihrer Tierbücher gefunden hat:

> Ein Büffel ist schwer. Er kann bis zu 1000 kg wiegen. Ein Elefant ist aber noch schwerer. Sein Gewicht kann bis zu 7 000 kg betragen. Am schwersten ist aber der Blauwal. Er wiegt bis zu 185 000 kg.

5 Schreibt einmal selbst Vergleiche auf. Die Angaben aus dem Erdkunde- und Biologieunterricht können euch helfen. Benutzt dabei Adjektive, die ihr steigert.

Stadt	Einwohnerzahl
Hamburg	1 700 000 Einwohner
London	13 063 441 Einwohner
Tokio/Yokohama	37 203 122 Einwohner

Fluss	Länge
Donau	2 888 km
Wolga	3 534 km
Nil	6 671 km

Berg	Höhe
K2	8 611 m
Mount Everest	8 848 m
Kangschendzonga	8 586 m

Tier	Schnelligkeit
Gepard	bis zu 100 km/h
Löwe	bis zu 60 km/h
Strauß	bis zu 70 km/h

Tier	Größe
Ameisen	bis zu 15 mm
Floh	bis zu 4 mm
Maikäfer	bis zu 30 mm

Das musst du lernen und wissen

Adjektive

➔ Adjektive steigern AH, S. 59

- **Adjektive** (= Wie-Wörter) geben an, **wie etwas ist**. Sie kennzeichnen Lebewesen, Dinge und Vorgänge genauer (z. B.: der *alte* Mann, der *schöne* Tag).
- Adjektive werden **kleingeschrieben**.
- **Als Begleiter eines Nomens/Substantivs verändern sich Adjektive** zusammen mit diesem (z. B.: Ein *alter* Hund bellt ➔ Er gibt dem *alten* Hund etwas Futter).
- Die **Steigerungsformen** des Adjektivs heißen **Positiv** (= Grundform, z. B.: *alt*), **Komparativ** (= Vergleichstufe, z. B.: *älter*) und **Superlativ** (= Höchststufe, z. B.: *am ältesten*). Mithilfe der Steigerungsformen kann man z. B. Vergleiche genau formulieren.

4.

Das Pronomen

Ich, du, er … – Personalpronomen verwenden

Sprachforscher Knoll hat in seinem Büro auch Texte, mit denen er nicht zufrieden ist. Einen solchen Text zeigt er Franzi.

Am Nachmittag besucht Peter seinen Freund Kurt. Peter und Kurt sind schon lange befreundet. Heute wollen Peter und Kurt zum Angeln fahren. Kurt ist im Angeln ein alter Hase, denn Kurt ist seit zwei Jahren in der Jugendabteilung des Angelvereins.
In dieser Zeit hat Kurt schon viel Erfahrung gesammelt, in den verschiedenen Angeltechniken kennt sich Kurt gut aus. Peter hat die Angel seines Großvaters mitgebracht. Peters Großvater hat Peter die Angel für heute Nachmittag geliehen.
Als die zwei Freunde endlich das Flussufer erreicht haben, bauen die zwei Freunde schnell ihre Angeln auf. Als Köder haben sich die beiden Freunde für Maden entschieden. Ob den beiden Freunden heute wohl ein dicker Fisch an die Angel geht?

1 Auch Franzi findet, dass der Text noch nicht gut gelungen ist. Was meint ihr dazu?

Franzi möchte Dr. Knoll helfen und verbessert den Text. Dies ist der Anfang ihrer Überarbeitung:

Am Nachmittag besucht Peter seinen Freund Kurt. Sie sind schon lange befreundet. Heute wollen sie …

2 Was hat Franzi verändert? Erklärt, warum der Text jetzt besser ist.

3 Verbessert den ganzen Text. Übernehmt Franzis Anfang in euer Heft und schreibt ihn weiter.

Dr. Knoll ermahnt Franzi, die Personalpronomen nicht unbedacht zu verwenden, weil es dabei zu Missverständnissen kommen kann. Dafür liefert er ihr auch gleich zwei Beispiele:

- Als Rosi gestern ihre kleine Katze in ihr Zimmer ließ, machte sie auf den Boden.
- Vor der Lehrerin stieg eine dicke Seifenblase auf, bis sie schließlich zerplatzte.

4 Erklärt, wie man diese Sätze missverstehen kann.

Der Forscher zeigt Franzi noch andere Sätze:

- Nachdem meine kleine Schwester die Kerze ausgepustet hatte, rauchte sie.
- Bevor Oma die Tür erreichen konnte, schlug sie zu.
- Ehe Lili die Ziege streichelte, meckerte sie.
- Hinter dem Schulleiter befand sich der Feuermelder, er gab einen lauten Ton von sich.

5 Untersucht auch diese Sätze. Erklärt, was man verstehen könnte und was jedoch gemeint ist.

6 Verbessert die Sätze aus Aufgabe 4 und 5 so, dass sie eindeutig zu verstehen sind (z. B.: Die kleine Katze machte auf den Boden, als Rosi sie in ihr Zimmer ließ).

Der folgende Text stammt von dem Dichter Thomas Valentin, der neben Büchern für Erwachsene auch ein Buch für Kinder geschrieben hat („Kater im Theater"). In dieser Geschichte geht es um Marion und ihren Stoffdackel Schorschi.

Thomas Valentin (1922–1980)

Schorschi ist Schorschi

So sah Schorschi aus, als Marion drei Jahre alt war. Aber sie badete ihn nicht nur, ______ (Marion) drückte ______ (Schorschi) auch! Vor allem, wenn ______ (Marion) ______ (Schorschi) gebadet hatte. ______ (Marion) wiegte ______ (Schorschi) auf den Armen, sang ______ „Wenn ich ein Vöglein wär" vor, und dann presste ______ ______ an sich, ganz fest, liebevoll fest. Vor lauter Liebe wurde Schorschi immer platter. Ein glatter, platter Dackel, der nicht mehr auf seinem Popo sitzen konnte, weil ______ sofort umfiel, so glatt und platt war ______, mit seiner hechelnden Zunge, die immer länger wurde. Das tat Marion weh, richtig weh, wie Zahnschmerzen oder wie ein Loch im Knie. ______ wollte doch Schorschi gar nicht platt drücken, ______ wollte ______ nur lieb halten, so lieb!

7 Setze die passenden Personalpronomen in die Lücken ein.

8 Durchstarten! **So könnt ihr weiterarbeiten:**

Erzählt eine andere Geschichte von Schorschi. Was könnte wohl im Laufe der Zeit mit ihm passiert sein?

Dr. Knoll hat ein Gedicht von James Krüss gefunden.

James Krüss (1926–1997)

Der törichte Star

Ich habe zu Haus einen richtigen Star.
Du hast keine Ahnung, wie töricht der war.
Er hat voll Erstaunen auf Trinchen geschaut.
Sie hat nämlich Häuser aus Klötzchen gebaut.

Es hat ihn erstaunt und gewundert. Ganz klar:
Wir haben ja viel mehr Verstand als ein Star.
Ihr habt das wohl selber schon einmal erkannt:
Sie haben als Stare Starenverstand.

9 Was wird in dem Gedicht über den Star gesagt? Geht dazu die einzelnen Verse durch.

10 Erklärt den besonderen Aufbau des Gedichts. Seht euch besonders den Anfang der einzelnen Verse an.

11 Schreibe selbst ein „Ich-Du-Er-...-Gedicht" nach dem Muster des Gedichts von James Krüss.

Das musst du lernen und wissen

Das Personalpronomen

- Das **Personalpronomen** (= persönliches Fürwort) kann ein **Nomen/Substantiv ersetzen.**
  Beispiel: **Der Rennfahrer** holte den Streckenrekord.
  ↓
  Er holte den Streckenrekord.
- Personalpronomen können im **Singular** (= Einzahl) oder im **Plural** (= Mehrzahl) stehen.
  Beispiel: ich, du, er, sie, es (Singular)
  oder
  wir, ihr, sie (Plural)
- Personalpronomen **verändern sich wie die Nomen/Substantive**, die sie ersetzen können.
  Beispiel: **Er** bekam den Pokal. → Die Veranstalter gratulierten **ihm**.

➔ Pronomen erkennen und verwenden
AH, S. 60–61

Mein, dein, sein … – Possessivpronomen verwenden

An einer Pinnwand im Zimmer Dr. Knolls hängt eine Postkarte mit herrlichem Sandstrand und tiefblauem Meer. Der Sprachforscher erzählt Franzi, dass es sich bei der Karte um Urlaubsgrüße eines alten Freundes handelt. Sie soll einmal lesen, was auf der Rückseite der Karte steht.

Lieber Ambrosius!

Mit meiner Frau und meinen beiden Kindern verbringe ich hier herrliche Urlaubstage. Stell dir vor, gestern traf ich auf meiner Strandwanderung unseren gemeinsamen Freund Wilhelm. Zusammen mit seiner Familie macht er hier ebenfalls Urlaub. Ihren kleinen Hund haben sie auch dabei. Seine Frau hat mit meiner Frau eine gemeinsame Wanderung unternommen, während ich mit Wilhelm über unsere alten Zeiten geplaudert habe. Unsere Kinder sind viel unterwegs und gehen ihren Hobbys nach.
Ich hoffe, dass du trotz deiner vielen Arbeit im „Haus der Sprache" auch bald einmal Urlaub machen kannst.

Viele Grüße

dein Friedrich

55

Herrn
Dr. Ambrosius Knoll
„Haus der Sprache"
674523 Lingua

1 Auf der Postkarte mit den Urlaubsgrüßen kommen neben den Personalpronomen noch weitere Pronomen vor. Dr. Knoll hat sie bereits unterstrichen. Erklärt, welche Funktion sie haben und wodurch sie sich von den Personalpronomen unterscheiden.

2 Diese Pronomen heißen Possessivpronomen (besitzanzeigende Fürwörter). Schreibt sie mit dem jeweils dazugehörigen Nomen/Substantiv in eure Hefte und unterstreicht sie.
Beispiel: meiner Frau, …

3 In einem Brief, den Franzi von ihrer ehemaligen Schulfreundin Anna bekommen hat, fehlen die Possessivpronomen. Ergänze die entsprechenden Possessivpronomen.

Liebe Franzi,

heute will ich dir berichten, wie es mir in ___ neuen Schule gefällt. ___ Lehrer sind nett, allerdings ein bisschen strenger als in ___ alten Schule. Weil ___ Klassenraum noch ziemlich kahl wirkt, wollen wir demnächst ___ selbst gemalten Bilder aus dem Kunstunterricht aufhängen. Mit ___ neuen Banknachbarin verstehe ich mich recht gut; ___ Hobbys sind Lesen und Reiten. ___ Eltern überlegen sogar, ob sie ihr ein eigenes Pferd kaufen.
___ Lieblingsfach ist immer noch das Fach Deutsch. Gestern haben wir von ___ Lehrerin aufbekommen, ein Gedicht in ___ Heft zu schreiben und auswendig zu lernen.
Schreib mir doch auch einmal, wie du es in ___ neuen Schule angetroffen hast. Bis bald!

___ Anna

Das musst du lernen und wissen

Das Possessivpronomen

- Das Possessivpronomen (= besitzanzeigendes Fürwort) ist fast immer **Begleiter eines Nomens/Substantivs** und zeigt den **Besitz oder die Zugehörigkeit** an.
  Beispiel: Schorschi ist **Marions** Stoffhund.
  Schorschi ist **ihr** Stoffhund.
- Possessivpronomen können im **Singular** (mein, dein, sein, ihr, es) oder im **Plural** (unser, eurer, ihr) stehen.
- Auch Possessivpronomen verändern sich zusammen mit dem Nomen/Substantiv, das sie begleiten.
  Beispiel: **Mein** Hund gehorcht mir aufs Wort.
  Dort steht das Körbchen **meines** Hundes.

Alles klar? – Wiederholen, üben und überprüfen

1 Welche Aussagen über Nomen/Substantive sind zutreffend? Die Buchstaben der richtigen Antworten ergeben ein Fachwort, das du in diesem Kapitel gelernt hast. Du musst die Buchstaben richtig sortieren, um das Lösungswort herauszufinden. Das Lösungswort hat acht Buchstaben.

- Der dritte Fall ist der Akkusativ. T
- Das weibliche Geschlecht heißt Femininum. U
- Nomen/Substantive können in der Einzahl oder in der Mehrzahl stehen. I
- Nomen/Substantive werden immer großgeschrieben. S
- Der vierte Fall ist der Dativ. E
- Nomen/Substantive lassen sich steigern. O
- Die Mehrzahl bezeichnet man als Plural. N
- Der erste Fall ist der Nominativ. A
- Die Einzahl heißt Genus. K
- Der zweite Fall ist der Genitiv. R
- Nomen/Substantive lassen sich in die vier Fälle setzen. L
- Nomen/Substantive können männlich, weiblich oder sächlich sein. G

2 Schreibe die unterstrichenen Wörter und Wortgruppen in dein Heft und bestimme die Fälle, in denen sie stehen. Die Buchstaben hinter den richtig bestimmten Nomen/Substantiven im Akkusativ ergeben eine Personengruppe. (Das Lösungswort hat sieben Buchstaben.)
Beispiel: Tobias (H) = Nominativ Singular.

- Tobias (H) hatte die Windpocken (F).
- Klara und Sebastian (U) hatten dem Freund (M) am Nachmittag einen Besuch (R) abgestattet.
- Nun feierte aber die ganze Klasse (W) in der Schule ein Geisterfest (E).
- Traurig schaute sich Tobias (B) im Fernsehen einen Film (U) an.
- Da hörte er ein Geräusch (N) vor der Haustür.
- Tobias (F) öffnete die Tür (D).
- Auf der Treppe stand ein ausgehöhlter Kürbiskopf (I) mit Beleuchtung.
- Etwas zu spät huschten die verkleideten Klassenkameraden (G) hinter die Hecke.
- Dem Kranken (C) gefiel die Überraschung (K).
- Tobias (V) bewahrte den Kürbiskopf (E) lange auf.

schweben • flog • wird reisen • raste • wirst entdecken
forsche • werde berichten • erkunden • beobachtete
werden zurückkehren • erlebtest • wirst erkennen
starten • werden landen

3 Die Rakete fliegt in die Zukunft und das Schiff segelt in die Vergangenheit. Ordne die Verbformen aus dem Kasten richtig zu; zu der Rakete gehören sechs, zu dem Schiff vier Verbformen.

4 Suche aus den folgenden Reihen die Adjektive heraus und schreibe sie auf. Auf welche Person mit fünf Buchstaben könnten sie zutreffen?

- Baum, schnorcheln, bei, der, lustig, Kater, hüpfen
- schreiben, neben, träumen, die, Tante, bunt, Garten
- laufen, besuchen, Schule, tollpatschig, Himmel, See
- zwischen, über, auf, rufen, beliebt, Blumen, Herbst
- unterrichten, Schultasche, spaßig, Räuber, lesen, das

5 Übernimm den Cluster in dein Heft und ergänze die fehlenden Fachbegriffe. Wenn du unsicher bist, kannst du in den Lernboxen nachschauen.

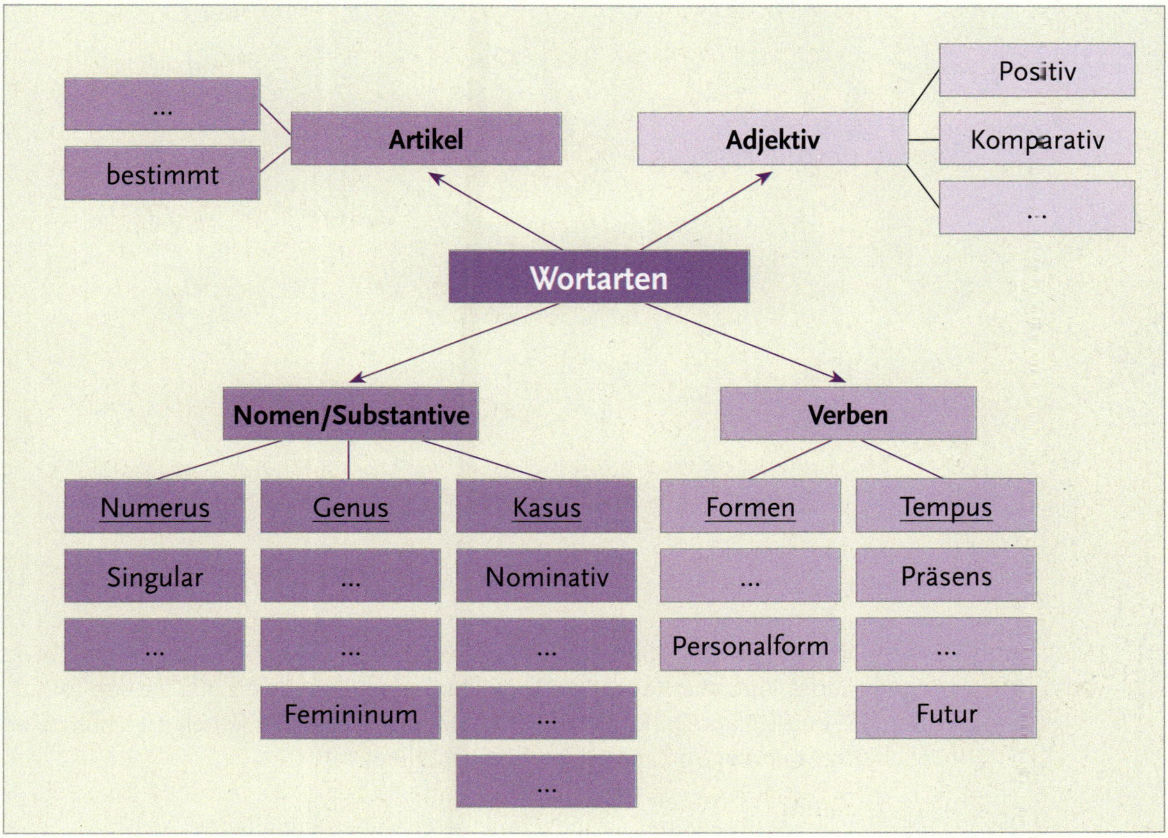

Im „Haus der Sprache“ – die wichtigsten Satzglieder erkennen

Sätze bestehen aus verschiedenen Bausteinen, die man als Satzglieder bezeichnet. In diesem Kapitel lernst du,

- wie du Satzglieder erkennen kannst und
- wie du bei den Satzgliedern das Subjekt, Prädikat, Akkusativobjekt und Dativobjekt bestimmst und unterscheidest.

Dazu findest du in diesem Kapitel viele Übungen, die manchmal recht knifflig sind, aber auch Spaß machen!

Jeden Tag kommt Franzi, die die 5. Klasse besucht, auf ihrem Schulweg am „Haus der Sprache“ vorbei, in dem der Sprachforscher Dr. Knoll lebt. Franzi hat eines Tages beschlossen, sich das Haus näher anzusehen, und sie hat sich dabei mit Dr. Knoll angefreundet. Auch heute stattet Franzi ihm einen Besuch ab. Als sie das „Haus der Sprache“ betritt, lädt Dr. Knoll sie sofort ein, ihm bei seiner Arbeit zu helfen. Zurzeit beschäftigt sich der Sprachforscher mit Satzgliedern.

1 Was wisst ihr aus der Grundschule bereits über Satzglieder?

1.

Bausteine des Satzes – Satzglieder erkennen

Dr. Knoll will mit Franzi wetten. Er behauptet, dass man aus den Wortstreifen auf seinem Tisch sechs verschiedene Aussagesätze legen kann, die alle denselben Sinn haben.

1 Glaubt ihr, was Dr. Knoll behauptet? Probiert es aus. Schreibt die verschiedenen Möglichkeiten in euer Heft.

2 Vergleicht die Sätze miteinander. Was fällt euch auf?

3 Bei allen Umstellungen sind einige Wörter zusammengeblieben. Mache dies deutlich, indem du diese Wortgruppen farbig einkreist.

Dr. Knoll zeigt Franzi drei Kästen, in denen er weitere Wortstreifen aufbewahrt.

4 Arbeite so mit den Kisten von Dr. Knoll:

- Lies zunächst die Lernbox.
- Schreibe die verschiedenen Möglichkeiten, mit den Wortstreifen Sätze zu bilden, in dein Heft.
- Kreise die jeweiligen Satzglieder farbig ein.

So gehst du vor

Satzglieder erkennen

Ein Satz besteht aus verschiedenen Bausteinen. Diese Bausteine nennt man **Satzglieder**. Welche Wörter ein Satzglied bilden, findet man mit der **Umstellprobe** oder der **Ersatzprobe** heraus.

- Die **Umstellprobe** führt man durch, indem man versucht, einen Satz möglichst oft umzustellen, z. B.:

  Dr. Knoll / arbeitet / heute Morgen / in der Bibliothek.
  In der Bibliothek / arbeitet / Dr. Knoll / heute Morgen.
  Heute Morgen / arbeitet / Dr. Knoll / in der Bibliothek.

  Die **Wörter, die beim Umstellen des Satzes zusammenbleiben**, sind die **Satzglieder** des Satzes.

- Satzglieder lassen sich nicht nur umstellen. Satzglieder kann man auch daran erkennen, dass man sie oft durch andere Ausdrücke ersetzen kann (z. B.: Franzi mag Dr. Knoll / Franzi mag den Sprachforscher). Diese Vorgehensweise nennt man **Ersatzprobe**.

Die Badehose

Maus und Elefant waren eines Tages im Schwimmbad. Der Elefant war schon nach einigen Minuten im Wasser. Die Maus lief ganz aufgeregt am Rand des Beckens entlang. Sie winkte dem Elefanten. Sie rief dem Elefanten laut zu: „Komm doch mal schnell heraus!“ Der Elefant fragte gemächlich zurück: „Worum geht es denn?“ Die Maus wurde jetzt immer ungeduldiger. Sie piepste aufgeregt: „Mach schnell, es ist sehr wichtig!“ Der Elefant antwortete daraufhin: „Weil du es bist, tu ich dir den Gefallen.“ Er stieg mit diesen Worten mühsam aus dem Wasser. Die Maus meinte jetzt: „Du kannst schon wieder hineingehen, ich wollte nur nachsehen, ob du meine Badehose anhast.“

5 Erklärt, was an dieser Geschichte sprachlich nicht gelungen ist. Seht euch dazu die Satzanfänge an.

6 Durch das Umstellen von Satzgliedern lassen sich Texte oft verbessern. Verbessere die Geschichte sprachlich, indem du einzelne Sätze umstellst.

Die großzügige Freundin

Die Maus und der Elefant machen eines Tages eine gemeinsame Wanderung. Die Maus und der Elefant machen unterwegs ein Picknick.
Die Maus nimmt ihren Rucksack ab und meint: „Jetzt muss ich erst mal etwas essen.“ Die Maus schnürt ihren Rucksack auf und nimmt ein mitgebrachtes Weizenkorn heraus.
Der Elefant hat natürlich sein Frühstück vergessen. Der Elefant schaut hungrig die Maus an. Die Maus hat Mitleid mit dem Elefanten. Die Maus meint daher großzügig zu dem Elefanten: „Willst du mal abbeißen?“

7 Verbessert auch diese Maus-Elefanten-Geschichte. Geht dabei so vor:

- Stellt die Sätze so um, dass die Geschichte lebendiger wirkt. Achtet dabei besonders auf die Satzanfänge.
- Ersetzt einzelne Satzglieder durch andere Ausdrücke. Einige Vorschläge stehen in dem Wortspeicher. Überlegt euch auch selbst noch passende Ausdrücke als Ersatz.

> die beiden ungleichen Freunde • sie • ihr Reisegepäck • er • gemächliche Dickhäuter • das Mäuschen • riesiger Freund • sie • seine Freundin

Versehentlich

Eine Maus und ein Elefant waren Freunde. Die Maus und der Elefant spielten einmal Fußball. Der Elefant trat dabei versehentlich auf die Maus und stampfte die Maus in den Boden. Als sich die Maus wieder ausgebuddelt hatte, entschuldigte sich der Elefant bei der Maus: „Du, das habe ich nicht gewollt!“ „Lass nur“, sagte die Maus abwinkend zum Elefanten, „das hätte mir auch passieren können.“

8 Was haltet ihr von dieser kleinen Geschichte? Was könnte man noch verbessern? Überlegt, wie euch die Umstell- und Ersatzprobe dabei helfen kann.

9 Schreibe eine verbesserte Fassung in dein Heft.

10 Vergleicht eure Fassungen miteinander. Wem ist es besonders gut gelungen, die Geschichte zu verbessern?

2.

Wer oder was ...? – Das Subjekt bestimmen

Zurzeit liest Franzi im Deutschunterricht das Buch „Vorstadtkrokodile“ von Max von der Grün. Ganz begeistert erzählt sie Dr. Knoll davon:

„Das Buch ist sehr spannend. Am Anfang klettert Hannes auf das Dach einer alten Ziegelei. Die Krokodiler verlangen nämlich von ihm eine Mutprobe. Doch das Dach ist brüchig und er rutscht ab. Als er sich nur noch an einer Dachrinne festhalten kann, laufen alle Bandenmitglieder einfach weg. Nur Maria, das einzige Mädchen der Gruppe, ruft die Feuerwehr an.“

Dr. Knoll ist heute leider sehr unkonzentriert und hat gar nicht richtig zugehört. Mehrmals muss er deshalb nachfragen:

„*Wer* ist auf das Dach einer Ziegelei geklettert?“
„*Wer* verlangte eine Mutprobe?“
„*Was* war brüchig?“

1 Beantwortet die Fragen von Dr. Knoll.

2 Wonach fragt Dr. Knoll Franzi? Lies dir die Lernbox auf S. 239 durch, um diese Frage zu beantworten.

3 Sucht auch alle anderen Subjekte aus Franzis Erzählung von den Vorstadtkrokodilen heraus und schreibt sie mit den dazugehörigen Fragen in euer Heft.

Dr. Knoll entschuldigt sich bei Franzi für seine Unkonzentriertheit. Von der Geschichte mit den Krokodilern will er aber unbedingt noch mehr hören. Vor allem das Ziegeleigelände interessiert ihn. Auf seine Bitte hin erzählt ihm Franzi noch weitere Einzelheiten:

„Das alte Ziegeleigelände sieht ziemlich trostlos aus. Die Fensterscheiben sind zerbrochen und die Mauern fallen auseinander. Regen dringt durch das Dach und bei Sturm fallen die Dachpfannen auf die Erde. Das Spielen in der Ziegelei ist für die Kinder sehr gefährlich. Eigentlich soll das Gebäude abgerissen werden. Die Krokodiler finden aber nirgendwo einen geeigneten Spielplatz, deswegen spielen sie lieber auf dem verbotenen Gelände."

4 Schreibt alle Subjekte aus Franzis Erzählung heraus. Wendet dabei die Subjektfrage an (Wer oder was ...?).
Denkt daran, dass das Subjekt meistens aus mehreren Wörtern besteht. Wenn ihr nicht ganz sicher seid, kann euch die Umstellprobe helfen.

5 Dr. Knoll hat noch einen lustigen Text gefunden, in dem aber die Subjekte fehlen. Kannst du sie einsetzen? Stelle für jeden Satz, bei dem das Subjekt fehlt, die Subjektfrage.

Der Elefant und die Ameisen

_____ hat sich zu einem Schläfchen versehentlich auf einen großen Ameisenhaufen gesetzt. _____ fallen zu Tausenden über ihn her. Nachdem _____ ausgeschlafen hat, steht _____ auf, schüttelt sich und schwenkt seinen Rüssel hin und her, sodass _____ bis auf eine von ihm abfallen. _____ hält sich mit aller Kraft an dem Hals des Elefanten fest. Da rufen _____ vom Boden herauf: „Würg ihn, Erich, würg ihn!"

Das musst du lernen und wissen

Das Subjekt

Satzglieder geben Antwort auf bestimmte Fragen. Das Satzglied, das auf die Frage **Wer oder was ...?** antwortet, heißt **Subjekt** (= Satzgegenstand). Das Subjekt steht immer im **Nominativ** (= 1. Fall).

Das Subjekt erkennst du, indem du die **Subjektfrage** stellst. Dabei kannst du so vorgehen:

	Die Krokodiler verlangen eine Mutprobe.
Subjektfrage:	**Wer oder was** verlangt eine Mutprobe?
Subjekt:	**Die Krokodiler.**

Oft besteht das Subjekt aus mehreren Wörtern (z. B.: **Das alte Dach** ist brüchig). Wenn du nicht ganz sicher bist, welche Wörter als Satzglied zusammengehören, wende die Umstellprobe an, bevor du die Subjektfrage stellst.

➔ Das Subjekt
AH, S. 66

3.

Was tut jemand? Was geschieht? – Das Prädikat bestimmen

1 Franzi interessiert sich sehr für Dinosaurier. Sie will einen Kurzvortrag über die Riesenechsen in ihrer Klasse halten. Helft ihr und sammelt alles, was ihr über die ausgestorbenen Riesenechsen wisst.

Um Informationen über Dinosaurier zu erhalten, fragt Franzi Dr. Knoll, ob er vielleicht einen Text über Dinosaurier hat. Dr. Knoll kann Franzi zwar helfen, ganz so leicht will er es ihr aber doch nicht machen. Er gibt ihr deshalb einen Text, in dem in jedem Satz etwas fehlt.

Fossilien

Die letzten Dinosaurier ______ vor 65 Millionen Jahren von der Erde. Damals ______ auf der Erde noch keine Menschen. 165 Millionen Jahre lang ______ die Riesenechsen unsere Erde. Versteinerungen (sogenannte Fossilien) ______ uns etwas über ihr Aussehen und ihre Lebensweise. Schlamm und Sand ______ einige Dinosaurier nach ihrem Tod. Das Fleisch und die Haut der Tiere ______, der Schlamm ______ die Knochen und ______ sie in Fossilien. Nach Jahrmillionen ______ Wissenschaftler die Fossilien und ______ sie vorsichtig aus der Erde.

2 Beschreibt, was jeweils in den Sätzen fehlt.

Dr. Knoll hat Franzi auch eine „Wörterkiste" gegeben, mit deren Hilfe sie die Lücken in dem Text vervollständigen kann.

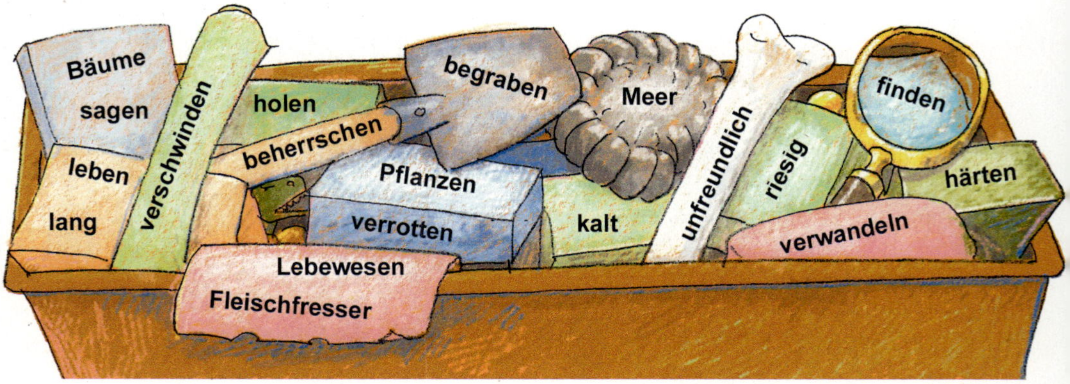

3 Übernimm den Text in dein Heft und setze die passenden Wörter aus der „Wörterkiste“ in die Lücken ein. Achte darauf, dass sich nicht alle, sondern nur bestimmte Wörter aus der Kiste in den Text einsetzen lassen.

4 Zu welcher Wortart gehören die Wörter, die sich in die Lücken einsetzen lassen?

5 Wie heißt das Satzglied, das jeweils in Dr. Knolls Dinosauriertext fehlt? Lies die Lernbox auf S. 242, um die Frage zu beantworten.

Dr. Knoll hat noch einen anderen Text über Dinosaurier gefunden, den er Franzi gibt:

Der letzte Dinosaurier

Der letzte Dinosaurier starb vor 65 Millionen Jahren aus. Niemand kennt die Gründe dafür. Vielleicht kühlte sich das Klima ab oder die Riesenechse wurde durch eine Krankheit ausgerottet. Eine andere Vermutung sagt: Riesige Steine aus dem Weltall schlugen auf der Erde ein; sie wirbelten eine kalte Nebelwolke auf und diese deckte die gesamte Oberfläche der Erde zu. Nur die kleinen bepelzten Säugetiere konnten in der Kälte überleben. Der riesige Dinosaurier aber starb aus.

6 Bestimmt auch in diesem Text die Prädikate. Erklärt, warum es bei dem Text etwas schwieriger ist. Lest dazu eventuell noch einmal die Lernbox auf S. 242.

Franzi hat in der Zeitung eine Meldung entdeckt, die sie sehr interessant findet:

Einbruch ins Naturkundemuseum

Ein 27 Jahre alter Mann drang in der vergangenen Nacht in das Berliner Naturkundemuseum ein. Er brach mehrere Vitrinen auf und stahl wertvolle Fossilien. Dabei zerstörte er einen Teil der Einrichtung. Das große Dinosaurierskelett blieb zum Glück unbeschädigt. Nach seinem Überfall setzte sich der Dieb in eine Gastwirtschaft und trank reichlich Alkohol. Die Bedienung des Lokals bemerkte das auffällige Verhalten des Mannes und verständigte die Polizei. Diese nahm den Mann kurze Zeit später fest.

7 Unterstreicht in jedem Satz Subjekt und Prädikat mit verschiedenen Farben. Wenn ihr unsicher seid, macht die Umstellprobe und stellt die Satzgliedfrage.

8 **Durchstarten! So könnt ihr weiterarbeiten:**

a) Erstellt mithilfe der Informationen, die ihr selbst über Dinosaurier gesammelt habt, und den beiden Texten von Dr. Knoll auf S. 240 und 241 eine Mindmap zum Thema „Dinosaurier“.

b) Mit der folgenden kleinen Geschichte könnt ihr noch einmal üben. Geht so vor:
- Ermittelt mithilfe der Umstellprobe die Satzglieder.
- Bestimmt anschließend die Subjekte und Prädikate der einzelnen Sätze.
- Stellt immer die entsprechende Satzgliedfrage.

Höflichkeit

Zwei Männer kehrten in ein Gasthaus ein. Beim Wirt bestellten sie zwei Schnitzel. Nach kurzer Zeit brachte der Wirt auf einem Teller ein großes und ein kleines Schnitzel. Sofort griff der eine Mann nach dem größeren Schnitzel. Diese Rücksichtslosigkeit ärgerte den anderen Mann. In scharfem Ton sagte er seinem Gegenüber die Meinung. Der schluckte erst den letzten Bissen herunter: „Welches Schnitzel nimmt man denn deiner Meinung nach?“ „Ich nehme aus Höflichkeit immer das kleinere Stück.“ „Aber genau das liegt doch auf deinem Teller!“

Das musst du lernen und wissen

Das Prädikat

➔ Das Prädikat AH, S. 67

- Zu einem grammatisch vollständigen Satz gehören immer Subjekt und Prädikat. Das **Prädikat** drückt aus, was jemand tut, was mit jemandem geschieht oder was etwas ist. Es besteht immer aus einem **Verb oder einer Verbgruppe**.
- Das Prädikat gibt die Antwort auf die Frage: **Was geschieht? Was tut jemand?** Du erkennst das Prädikat, indem du so danach fragst:

	Einige Saurierarten wanderten in großen Herden.
Prädikatsfrage:	**Was taten** die Dinosaurier?
Prädikat:	**= wanderten**

- Das Prädikat kann auch aus zwei Teilen bestehen. Man spricht in diesen Fällen von einer **Prädikatsklammer**. Eine Prädikatsklammer kommt z. B. in diesen beiden Sätzen vor:

Die letzten Dinosaurier **starben** vor 65 Millionen Jahren **aus**.

Vielleicht **wurden** sie durch eine Krankheit **ausgerottet**.

4.

Wen oder was? Wem? – Akkusativ- und Dativobjekte erkennen

Der Dinosaurier hebt den Kopf – das Akkusativobjekt bestimmen

Franzi hat bei einem Besuch im „Haus der Sprache" bei Dr. Knoll diesen Text geschrieben. Einige Satzglieder hat sie durch kleine Zeichnungen ersetzt:

Franzi besucht  .

Sie hat  mitgenommen, um es Dr. Knoll zu zeigen.

Gemeinsam mit Franzi schaut er sich  an.

Dr. Knoll findet  besonders interessant.

Der Tyrannosaurus zeigt  .

Er trägt  in sieben bis acht Metern Höhe.

das Dinosaurierbuch ● die Riesenechsen ● den Sprachforscher Dr. Knoll ● seine gefährlichen Zähne ● die Saurierabbildungen ● den Kopf

1 Übernimm die Sätze in dein Heft. Ersetze dabei die Bilder durch passende Ausdrücke aus dem Wortspeicher.

2 Welches Satzglied hat Franzi immer durch eine Zeichnung ersetzt? Findet dies heraus, indem ihr ausprobiert, mit welcher der folgenden zwei Fragen ihr die Satzglieder erfragen könnt:

- Wen oder was? (= Akkusativobjekt)
- Wem? (= Dativobjekt)

In einem ihrer Dinosaurierbücher hat Franzi eine Bastelanleitung zum Bau einer „Dinolandschaft“ gefunden:

Die Tiere

Zum Bau der Tiere benötigst du Plastilin. Du formst zuerst den Körper, fügst dann Kopf, Beine und Schwanz hinzu. Du kannst auch kleine Echsen und andere Säugetiere formen.

Der Schauplatz

Dafür brauchst du einen Schuhkarton. Du schneidest eine Seite der Schachtel ab und bemalst die drei Innenseiten. Du kannst Seen, Berge und einen Himmel hineinmalen. Setze noch Büsche und Bäume hinzu.

Die Pflanzen

Aus der abgeschnittenen Seite des Kartons kannst du Büsche und Bäume bauen. Unten müssen sie eine Lasche haben. Du biegst die Lasche um und klebst sie in deine Dinolandschaft.

3 Suche aus den Basteltexten alle Akkusativobjekte heraus. Beachte dabei folgende Hinweise:

- Akkusativobjekte können wie alle Satzglieder aus mehreren Wörtern bestehen. Wende die Umstellprobe an, wenn du Zweifel hast, welche Wörter ein Satzglied bilden.
- Stelle erst die Kasusfrage (z. B.: Wen oder was benötigst du zum Bau der Tiere?) und beantworte sie mit dem jeweiligen Akkusativobjekt (z. B.: Plastilin).

4 In den folgenden Sätzen fehlen die Akkusativobjekte. Arbeite so mit diesen Sätzen:

- Übernimm die Sätze in dein Heft und ergänze die fehlenden Akkusativobjekte.
- Verwende dazu die Nomen/Substantive aus dem Wortspeicher.

– Die Klasse 5 c plant ______ in den Zoo.
– Jeder Schüler soll ______ beobachten.
– Gerade füttern die Wärter ______.
– Die Dickhäuter scheinen ______ zu genießen.
– Im Affenkäfig treiben die Tiere ______.
– Nach dem Rundgang machen die Schüler ______.
– Sie packen ______ aus.

die Elefanten • einen Ausflug • Späße • eine Pause • die Aufmerksamkeit der Zuschauer • Getränke und Butterbrote • ein Tier

Franzi hat sich folgende Notizen im Dinosauriermuseum gemacht. Dabei hat sie Wörter durch Bilder ersetzt, um sich die Informationen besser einprägen zu können:

- Ein Tyrannosaurus hatte  .
- Der halb so große Stegosaurus fraß nur  und  .
-  legten  . Das machen  auch heute noch.
- Keiner weiß genau, warum  ausgestorben sind. Vielleicht ist  auf die Erde gestürzt.
-  können sich heute vorstellen, wie die Dinosaurier ausgesehen haben.

  Es wurden nämlich 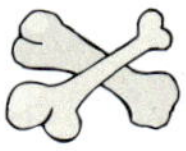 von Dinosauriern gefunden.

5 Übernimm den Text von Franzi in dein Heft und ersetze die Bilder durch entsprechende Wortgruppen.

6 Frage nach den Satzgliedern, die Franzi als Bilder dargestellt hat, mit der entsprechenden Satzgliedfrage. Beantworte die Frage dann und bestimme das Satzglied (z. B.: Wen oder was gibt es auf der Erde schon lange nicht mehr? Antwort: die Dinosaurier/Akkusativobjekt).

Tanja antwortet <u>dem Lehrer</u> – das Dativobjekt bestimmen

Bei einem ihrer Besuche bei Dr. Knoll hat der Sprachforscher wieder eine Aufgabe für Franzi. Er zeigt ihr folgende Sätze:

1 Die Sätze sind nicht vollständig. Was möchte man gerne noch wissen?

2 Ergänzt die Sätze um ein weiteres Satzglied. Schreibt die vollständigen Sätze in euer Heft und kreist eure Ergänzungen ein.

3 Findet heraus, welches Satzglied ihr ergänzt habt. Probiert dazu aus, mit welcher Satzgliedfrage ihr diese Satzglieder erfragen könnt. Arbeitet mit folgenden Fragen:

- Wen oder was? (= Akkusativobjekt)
- Wem? (= Dativobjekt)

Dr. Knoll weiß, dass Franzi mit Begeisterung Fußball spielt. Aus einer Kiste holt er deshalb für sie ein Blatt mit folgenden Sätzen heraus:

- Der Trainer gibt seinen Spielern vor dem Anstoß wertvolle Tipps.
- Im Spiel folgen sie seinen Anweisungen.
- Der Stadionsprecher wünscht den Zuschauern ein unterhaltsames Spiel.
- Vor dem Anstoß schenkt der Spielführer dem Gegner einen Wimpel.
- Die Spieler winken den Zuschauern zu.
- Der Schiedsrichter gibt dem Mittelstürmer den Ball.
- Dem Außenstürmer gelingt eine herrliche Flanke.

4 Arbeitet so mit den Sätzen:

- Sucht jeweils das Dativobjekt heraus und unterstreicht es. Es muss Antwort auf die Frage *Wem?* geben.
- Stellt die entsprechende Satzgliedfrage und antwortet mit dem Dativobjekt. Bedenkt dabei, dass es auch aus mehreren Wörtern bestehen kann.

Beispiel: *Wem* gibt der Trainer wertvolle Tipps? *Seinen Spielern.*

Nun stellt Franzi Dr. Knoll auf die Probe. Sie schreibt ihm folgende Sätze auf:

- Wir wünschen ______ Glück und Gesundheit.
- Die Schüler spielen ______ einen Streich.
- Die Tochter ähnelt ______ sehr.
- Sie zeigt das Tagebuch ______.
- Der Ober bringt ______ das Mittagessen.

5 Ergänze die fehlenden Satzglieder. Stelle die entsprechende Satzgliedfrage und setze eines der Nomen/Substantive aus dem Wortspeicher ein. Du musst es aber jeweils noch in den richtigen Kasus setzen.

die Freundin • der Lehrer • die Gäste • die Mutter • das Geburtstagskind

Dr. Knoll hat für Franzi noch weitere Texte herausgesucht, mit denen sie üben kann, Akkusativ- und Dativobjekte zu unterscheiden.

- Lisa besucht den Zoo.
- Jonas kauft seiner neuen Freundin eine Eintrittskarte.
- Der Klassensprecher übergibt der Klassenlehrerin den Zooplan.
- Larissa kauft an der Zookasse eine Menge Tierfutter.
- Der Wärter reicht den Affen die Bananen.
- Murat erklärt den anderen Schülern den Weg.
- Alle Schüler besuchen die tolle Delfinschau.
- Der Zoobesuch gefällt der ganzen Klasse.

6 Bestimme, ob es sich bei den unterstrichenen Satzgliedern um Akkusativ- oder Dativobjekte handelt. Stelle dazu die entsprechende Satzgliedfrage.

So sprechen Katzen

Katzen möchten Hilfe, wenn sie miauen. Oft haben sie dann Hunger. Miauende Katzenkinder rufen ihre Mutter. Manchmal wendet eine Katze ihrem Besitzer den Bauch zu. Das heißt: Streichle mich bitte. Katzen machen einen Buckel, wenn sie Angst haben. Manchmal wedelt ihre Schwanzspitze dann hin und her. Damit zeigen sie allen anderen: „Achtung, ich bin gefährlich!" Dieses Zeichen verstehen Hunde oft falsch. Den Hunden sagt dieses Verhalten nämlich: „Ich freue mich!"

7 Suche die Akkusativ- und Dativobjekte aus dem Text heraus.

Das musst du lernen und wissen

Akkusativ- und Dativobjekte

Sätze bestehen aus einzelnen Satzgliedern. Sie sind die Bausteine des Satzes. Zu einem grammatisch **vollständigen Satz gehören Subjekt und Prädikat.** Neben Subjekt und Prädikat kann ein Satz **noch aus weiteren Ergänzungen wie Objekten bestehen**. Die Objekte unterscheidet man nach dem Fall, in dem sie stehen:

- Das **Akkusativobjekt** antwortet auf die Frage: Wen oder was?
  Beispiel: Viele Kinder essen gerne **Schokolade**.
  Wen oder was essen viele Kinder gerne?
  Schokolade (= Akkusativobjekt).

- Das **Dativobjekt** antwortet auf die Frage: Wem?
  Beispiel: Das Mädchen winkt **ihrer Freundin** zu.
  Wem winkt das Mädchen zu?
  Ihrer Freundin (= Dativobjekt).

➔ Akkusativ- und Dativobjekt
AH, S. 68–69

Alles klar? – Wiederholen, üben und überprüfen

1 Vervollständige die folgenden Merksätze in deinem Heft.

- Bei der _____ versucht man, den Satz möglichst oft umzustellen.
- Die Wörter, die beim Umstellen des Satzes zusammenbleiben, sind die _____.
- Das Subjekt antwortet auf die Frage _____ oder _____?
- Auf die Frage, was jemand tut oder was geschieht, antwortet das _____.
- Ein Prädikat, das aus zwei Teilen besteht, nennt man _____.
- Das _____ antwortet auf die Frage „Wen oder was“?
- Das Dativobjekt antwortet auf die Frage „_____“?

2 Arbeite so mit den Wörterkisten:

- Bilde mit den Wörtern sinnvolle Sätze. Stelle die Sätze möglichst oft um.
- Schreibe die Sätze und ihre Umstellungen in dein Heft und klammere die Satzglieder ein.
- Unterstreiche die Subjekte, Prädikate, Akkusativ- und Dativobjekte in unterschiedlichen Farben.

3 Schreibe die folgenden Sätze in dein Heft und ergänze sie. Verwende dazu die Satzglieder aus dem Wortspeicher.

– Der Elefant begleitet ...
– Die Maus leiht ...
– Der Elefant borgt ...
– Die Maus schuldet ...

seine Freundin • dem Elefanten • eine Badehose • der Maus • seine Sonnenbrille • dem großen Freund • fünf Euro

4 Bestimme, welche Satzglieder du ergänzt hast. Stelle dazu die entsprechende Satzgliedfrage, z. B.: Wen oder was begleitet der Elefant? Seine Freundin (Akkusativobjekt).

Schweinerei

Ein Schwein hörte, wie sich die Menschen immer wieder mit seinem Namen beschimpften. So sagte die Magd zu ______: „Du belügst ______ immer, du bist ein Schwein.“ Und die Bäuerin beschimpfte ______: „Du machst ______ nicht sauber. Das ist eine Schweinerei!“ Das Schwein war traurig darüber, dass die Menschen ______ missbrauchten, und weinte. Der Esel hörte ______ und fragte ______ nach dem Grund. Das Schwein erzählte ______ ______. „Ja“, meinte der Esel, „du hast recht, das ist wirklich eine Schweinerei.“

5 Setze in den Text die passenden Objekte aus dem Wortspeicher ein.

dem Esel • mich • die ganze Geschichte • dies • dem Knecht • die Magd • seinen Namen • das Schwein • die Küche

6 Bestimme, ob es sich bei dem eingesetzten Objekt jeweils um ein Akkusativobjekt oder ein Dativobjekt handelt.

Rechenaufgabe

Jonni und Moritz leeren ihre Portmonees und zählen ihr Bargeld. Sie wollen ins Freibad gehen und dort Pommes frites essen. Jonni macht seinem Freund Moritz einen Vorschlag: „Du gibst mir einen Euro von deinem Geld. Wir hätten dann beide gleich viel.“

Diese Idee gefällt Moritz nicht so gut. Ihm fällt etwas Besseres ein: „Gib du mir lieber einen Euro. Ich hätte dann nämlich doppelt so viel wie du.“
Wie viel Geld hat wohl jeder der beiden? Auf jeden Fall haben beide weniger als zehn Euro.

7 Bestimme in dem Text zunächst alle Prädikate. Sie können auch aus zwei Teilen bestehen.

8 Bestimme dann, ob die unterstrichenen Satzglieder Subjekte, Akkusativobjekte oder Dativobjekte sind.

Das kann man lernen – Tipps und Methoden für das richtige Schreiben

Die Rechtschreibung ist manchmal ganz schön schwierig. Aber keine Angst, richtig zu schreiben kann man lernen. In diesem Kapitel lernt ihr Tipps und Methoden kennen, mit denen ihr eure Rechtschreibung verbessern könnt. Ihr lernt,

- die Schreibweise von Wörtern durch genaues Sprechen und Zuhören zu erschließen,
- die richtige Schreibweise eines Wortes von anderen Formen des Wortes abzuleiten,
- wie ihr euch die Schreibweise eines Wortes einprägen könnt,
- mit einem Wörterbuch zu arbeiten,
- euer grammatisches Wissen bei der Klein- und Großschreibung einzusetzen,
- wie ihr mithilfe der Ersatzprobe die Wörter „das" und „dass" unterscheidet und richtig schreibt.

Am Ende des Kapitels erfahrt ihr, wie ihr eure Rechtschreibung mithilfe einer Rechtschreibkartei trainieren könnt und mithilfe unterschiedlicher Diktattechniken gemeinsam üben könnt.

1.

Man-d̲el oder Man-t̲el? – Deutlich sprechen und genau zuhören

Oft könnt ihr euch die richtige Schreibweise eines Wortes erschließen, indem ihr es besonders deutlich sprecht und genau zuhört.

Schal • Boden • Organ • Pfau • Krippe
Paar • Mantel • danken • Taten • Torf
Orkan • Schall • Daten • Dorf • Mandel
Grippe • Wal • tanken • Bar • Bau
Wall • Boten

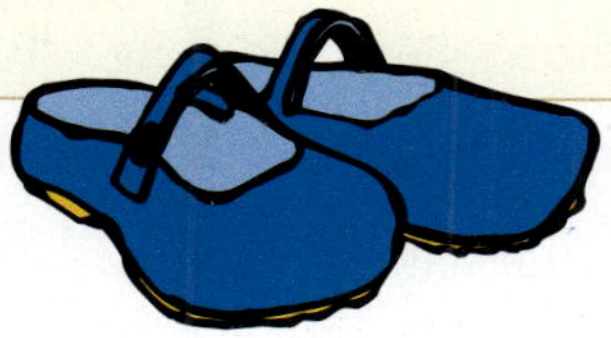

1 Welche Wörter aus dem Speicher werden durch die Abbildungen dargestellt?

2 Ordnet die ähnlich klingenden Wörter aus dem Wortspeicher einander zu. Sprecht sie deutlich aus und schreibt sie paarweise in eurer Heft (z. B. Grippe – Krippe).

3 Übernehmt die folgende Tabelle in eure Hefte. Sprecht die Wörter deutlich aus und setzt den richtigen Konsonanten (= Mitlaut) ein.

d oder t?	b oder p?	g oder k?
Fe_er	Mö_el	Re_en
Kar_en	Hu_e	Ta_e
Na_el	Ram_e	Ma_en
Pfo_e	Räu_er	Mar_e
Re_e	Mo_ed	tra_en
Rä_er	Re_e	win_en

➔ Deutlich sprechen und genau hinhören AH, S. 74

Bei schwierigen Worten kannst du die richtige Schreibweise häufig heraushören, wenn du sie in ihre Silben zerlegst.

4 Schreibe folgende Wörter mit Silbentrennungsstrich in dein Heft. Zerlege sie dazu in ihre Silben und sprich sie deutlich Silbe für Silbe.

Kartoffelkäferplage • Telefonistin • Insektenfresser • Klassenzeitung
Lineal • Elefantenherde • Beschuldigung • Tradition
Basilikumsalat • Zirkusdirektorin • Wissenschaft • Postpaket
Anspitzer • Dosendiktat • Information

5 Findet selbst Wörter mit vielen Silben. Sprecht sie deutlich aus und schreibt sie auf. Kontrolliert dann, ob ihr sie richtig geschrieben habt. Um entsprechende Wörter zu finden, könnt ihr mit einem Wörterbuch arbeiten. Ihr könnt euch die Wörter auch gegenseitig diktieren.

2.

Freund/Freunde, Korb/Körbe – die Schreibweise eines Wortes ableiten

1 Lies die folgenden Wortpaare laut vor und ergänze jeweils **k**, **g**, **d** oder **t**. Sprich die Wörter ganz deutlich aus. Was stellst du fest und wie hilft es dir dabei, die richtigen Buchstaben einzusetzen?

er lenkt – sie lenken

er sprin■t – sie sprin■en

der Ber■ – die Ber■e

das Schiff sin■t – die Schiffe sin■en

der Junge sin■t – die Jungen sin■en

der Wal■ – die Wäl■er

der Zwer■ – die Zwer■e

die Han■ – die Hän■e

2 Schreibe die Wortpaare in dein Heft. Ergänze die fehlenden Buchstaben.

3 Erkläre, wie du vorgehen musst, um herauszufinden, ob man „Ta■“ oder „er ma■“ mit **g** oder **k** schreibt.

Finde bei den folgenden Übungen die richtige Schreibweise der Wörter durch Ableiten heraus. Lies dazu die Lernbox auf S. 255.

4 Schreibe die folgenden Wörter vollständig auf. Erkläre jeweils, wie man ihre Schreibweise herausfinden kann.

Nor■see, Stran■, kal■, run■, Schifffahr■,

Wattwanderun■, Stran■kor■

5 Schreibe die folgenden Wörter in dein Heft. Finde zu jedem Wort ein anderes Wort, das dir zeigt, ob man es mit **e** oder **ä** schreibt (z. B.: er fährt → sie fahren, sie klebt → sie kleben).

die K■lber, die F■hre, ■ngstlich, sie schw■bt, die Ern■hrung,

das M■nnchen, ohnm■chtig, der W■g, die W■nde, die H■nde,

sich k■mmen, der L■nker

6 Findet zu den folgenden Wörtern jeweils ein Wort aus seiner Wortfamilie, das euch zeigt, ob es mit **eu** oder **äu** geschrieben wird (z. B.: sie tr**äu**men → der Tr**au**m).

die B■me, die H■te, die Fr■ndschaft, k■flich, das S■getier, der R■ber, er fr■t sich, die Flederm■se, die F■ste, aufger■mt, h■fig

7 Übernimm die folgenden Reime in dein Heft und ergänze sie.

- Pässe kommt von Pass.
  Fässer kommt von F■ss.
- Pläne kommt von ■.
  Späne kommt von ■.
- H■schen kommt von ■.
  N■schen kommt von ■.
- Gefr■ßig kommt von ■.
  M■ßig kommt von ■.

8 Ergänze bei dem folgenden Text die fehlenden Buchstaben.

Im Zel■lager am Meer

In den großen Ferien war ich mit meinen Freun■en an der Nor■see. Wir nahmen an einem Zel■la■er der Pfa■fin■er teil. Unser Zel■ stan■ am Ran■ eines Wäl■chens. Wir hatten es nicht wei■ bis zum Stran■.
Den ganzen Ta■ lan■ spielten wir am Stran■ Han■ball, schwammen im Meer oder bauten eine San■bur■, fuhren mit einem Tre■boo■ oder ja■ten mit dem Ra■ durch die San■dünen.
Am Aben■ ga■ es oft gegrillte Würstchen. Auch Sin■en am La■erfeuer stan■ auf dem Programm. Spä■er in der Nacht la■ dann en■lich jeder in seinem Zel■.

9 Ergänzt bei den folgenden Wörtern mit **ä** oder **äu** die fehlenden Buchstaben. Erklärt ihre Schreibweise, indem ihr jeweils ein verwandtes Wort oder eine andere Wortform mit **a** oder **au** dazuschreibt (z. B.: erkl…ren = erklären ➔ klar).

F…hre, h…tte, Sp…ße, gef…hrlich, k…lter, H…hne, …ndern, m…ßig, kr…ftig, st…dtisch, ger…mig, Wiederk…er, Verk…ferin, tr…men, l…ten, sich aufb…men, S…re, gl…big, h…fig

Das musst du lernen und wissen

Die Schreibweise eines Wortes ableiten

Viele Wörter kannst du ganz leicht richtig schreiben. Oft kannst du nämlich ihre **Schreibweise von einem verwandten Wort oder einer anderen Wortform** ableiten. Um die Schreibweise eines Wortes abzuleiten, helfen dir folgende Tipps:

- **Verlängere das Wort und du hörst es sofort.**
  Wenn du dir nicht sicher bist, wie man ein Wort schreibt, kannst du die richtige Schreibweise durch Verlängerung herausfinden. Dazu kannst du
  - zu einem **Nomen** den **Plural** (= Mehrzahl) **bilden** (z. B.: die Wan**d** – die Wän**d**e, der We**g** – die We**g**e, der Hu**t** – die Hü**t**e),
  - zu einem **Verb** den **Infinitiv** (= Grundform) **bilden** (z. B.: sie ma**g** – mö**g**en, er lie**b**t – lie**b**en, sie hu**p**t – hu**p**en).
- **Suche ein verwandtes Wort (z. B.: Fähre – fahren).**
  Oft kannst du die richtige Schreibweise eines Wortes auch dadurch erklären, dass du ein **verwandtes Wort aus der Wortfamilie** suchst.
  Die Wörter aus einer Wortfamilie besitzen einen Teil, der gleich bleibt. Diesen Wortbestandteil nennt man **Wortstamm**.
  Mithilfe des Wortstammes kannst du erkennen, wie man die verwandten Wörter schreibt (z. B.: **Bäum**e – **Baum**, F**reund**schaft – F**reund**e, **Fähr**e – **fahr**en, en**d**lich – En**d**e).

➔ Schreibweise eines Wortes ableiten AH, S. 75

3.

Genau hinsehen – sich die Schreibweise einprägen

➔ Schreibweise von Merkwörtern einprägen AH, S. 76

➔ Mit einer Wörterliste üben AH, S. 84–85

➔ Merkwörter mit s AH, S. 103–104

Die Schreibweise einiger Wörter kann man nicht erklären. In solchen Fällen musst du dir die Schreibweise gut merken. Dazu musst du dir die Wörter genau ansehen und sorgfältig schreiben. Die folgenden Übungen zeigen dir, wie du dir Wörter merken kannst, indem du dir ihre besondere Gestalt einprägst.

1 Welches Wort aus dem Speicher passt zu welchem Umriss? Zeichne die Umrisse ab und trage die Lösungen ein.

> merken • Ampel • Fleiß • einprägen • nutzen • Übung • Rechtschreibung
> Training • Gedanke • Blitz

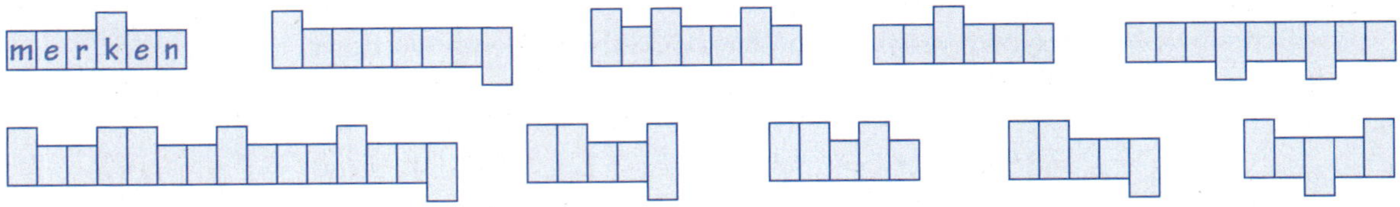

2 Zeichne die Umrisse der folgenden Wörter in dein Heft und trage die Wörter ein.

> Tier • Meer • tanzen • Spaß • Hausaufgaben • Buch • lesen • Computer
> Fenster • lachen • Fass • zählen • nämlich • roh • beißen • rau

F	O	H	L	E	N	S	R	A	T	T	E	N
L	S	C	H	L	Ä	U	C	H	E	O	F	E
I	I	G	R	H	Ä	U	F	I	G	H	E	E
E	E	I	N	B	I	L	D	U	N	G	U	R
G	G	X	Z	A	H	M	S	T	G	E	H	E
E	E	W	A	H	R	H	E	I	T	W	C	S
Q	R	Ä	T	S	E	L	Y	Ü	R	Ä	R	C
M	L	L	R	M	R	Ä	U	T	Ä	R	O	H
Ü	O	R	A	U	P	E	H	L	N	X	H	A
C	K	E	U	T	T	S	A	M	E	N	Y	L
K	U	H	M	Q	Z	E	Y	B	Y	A	A	L
E	H	Ä	U	P	T	L	I	N	G	S	R	K
N	A	T	Ü	R	L	I	C	H	V	S	J	Ä

3 Findet in dem Buchstabenquadrat möglichst viele Wörter und schreibt sie in eure Hefte.

4 Zeichne zu den Wörtern aus dem Buchstabenquadrat, bei deren Schreibweise du dir noch unsicher bist, die Umrisse und trage sie ein.

5 Finde die Wörter, die sich in den folgenden Wörtern versteckt haben (z. B. Schund: Hund – und). Achte auf die Groß- und Kleinschreibung.

> Schlamm • Schmaus • Graben
> Traum • gesamt • Kerker • Lehrer
> Kleber • Kosten

4.

Nachschlagen hilft immer – mit einem Wörterbuch arbeiten

Es gibt viele Tücken der Rechtschreibung, die euch das richtige Schreiben manchmal ganz schön schwer machen. So kommt ihr bei einigen Wörtern auch durch viel Grübeln nicht auf die richtige Schreibweise. In solchen Fällen oder wenn ihr unsicher seid, solltet ihr immer in einem Rechtschreibwörterbuch nachsehen. Um mit einem Wörterbuch richtig arbeiten zu können, ist es wichtig, das Alphabet zu beherrschen.

James Krüss (1926–1997)

Das Räuber-ABC

Christoph
Gulden
Kam
Verschied'nes
Z
Hatte
Düwels
Weg
Ollen
Bauer
Quintillus
Eck
Jackett
X
Und
Als
Fünf
Taler
Leider
Stahl
Mit
'Ner
Räuberrabenstätt
Pistol'
Im
Y

1 Das Gedicht von James Krüss ist durcheinandergeraten. Erkläre, in welcher Reihenfolge die einzelnen Verse (= Zeilen) stehen müssen, damit der Text des Gedichts zu der Überschrift passt.

2 Schreibe das Gedicht in der richtigen Reihenfolge in dein Heft. Übe es laut vorzulesen, ohne dabei zu stolpern.

3 Übt gemeinsam das Aufsagen des ABCs. Geht so vor:

- Sagt das ABC zu zweit oder dritt gemeinsam auf.
- Sprecht die Buchstaben des ABC in Gruppen (abc/def/ghi ...). Macht zwischen den Gruppen eine längere Pause.
- Sagt das ABC von hinten auf. Übt dies erst allein. Arbeitet dann in kleinen Gruppen und findet heraus, wer das ABC am schnellsten rückwärts aufsagen kann.

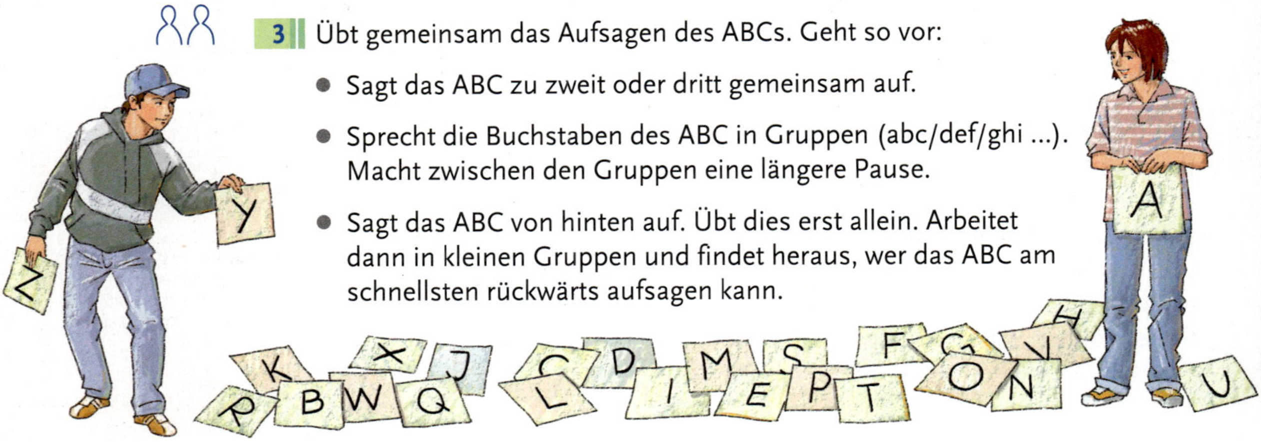

4 Überprüft eure Kenntnisse des ABCs. Geht so vor:

- Entwickelt zehn Fragen zur Reihenfolge der Buchstaben im Alphabet (z. B.: Welcher Buchstabe steht vor **e**? Welcher Buchstabe folgt auf **o**? Welcher Buchstabe steht zwischen **r** und **t**?).
- Stellt eure Fragen eurem Nachbarn. Dieser beantwortet sie. Danach beantwortet ihr seine Fragen. Arbeitet dann genauso mit anderen Mitschülerinnen oder Mitschülern.

5 Ordne die folgenden Wörter alphabetisch und schreibe sie in der richtigen Reihenfolge in dein Heft.

Walross • Orchester • Ufer • Fliege • lösen • Jacht • Erdmännchen
Qualle • Zement • Computer • Nussknacker • Xylophon
hüpfen • Meißel • Salzstange • Glas • Yeti • Igel • Teebeutel
Rakete • Kokosnuss • angeln • Dickicht • kurz • pfeifen • vier

6 Schreibt die folgenden Wörter in der richtigen alphabetischen Reihenfolge in euer Heft. Worauf müsst ihr besonders achten?

Foto • frech • Fenster • Fliese • faul • Fisch • Flugzeug • Flohmarkt

7 Ordnet auch die folgenden Wörter alphabetisch und schreibt sie in der richtigen Reihenfolge in eure Hefte.

Bäcker • dick • Gans • Feigling • Esel • knabbern • lachen • Ohr
Milch • Kakao • Arm • Füße • Kastanien • Chemie • klein • Frühling
Elster • Oma • Arzt • Dickicht • Cello • Glut • Mitte • Frühstück

8 Seht euch den Auszug aus einem Schülerwörterbuch an. Was erfahrt ihr neben der richtigen Schreibweise noch über die Wörter?

9 Welche Aufgabe hat das Wort oben links auf der Seite? Warum nennt man es Leitwort?

10 Wie sind die Wörter mit einem Umlaut (**ä**, **ö**, **ü**) eingeordnet und wie geht man alphabetisch mit den Umlauten um? Finde zwei Beispiele in dem Auszug.

11 Suche zu den folgenden Wörtern in dem Wörterbuchauszug den Plural heraus.

Kamm, Kämpferin, Kanal, Kandidat, Kanu

12 Löst folgende Aufgaben mithilfe des Wörterbuchauszuges:

- Findet die richtige Schreibweise heraus und schreibt die Wörter in eure Hefte: Kantine/Kanntine, Kamile/Kamille, Kannüle/Kanüle, kameratschaftlich/kameradschaftlich, kanalisieren/kanalizieren
- Schreibt zu folgenden Nomen/Substantiven den bestimmten Artikel (= Begleiter) und den Plural (= Mehrzahl) auf: Kanon, Kampf, Kamel, Kamm, Kanzel
- Schreibt die Bedeutung folgender Fremdwörter auf: kampieren, Kantor, Kandare, Kampagne, Kanister, Kannibale, Kamerun

kaltblütig 158

kalt|blü|tig; die **Käl|te**; **käl|te|emp|find|lich**; **kalt|her|zig**; **kalt|ma|chen** (*umgangssprachlich für:* ermorden); er hat ihn kaltgemacht; **kalt|schnäu|zig** (*umgangssprachlich für:* gleichgültig); die **Kalt|schnäu|zig|keit**; **kalt|stel|len** (*umgangssprachlich für:* durch bestimmte Maßnahmen einflusslos machen); er hat den Konkurrenten kaltgestellt; das **Kalt|was|ser**

das **Kal|zi|um**, *fachsprachlich:* **Cal|ci|um** (chemisches Element, Metall; *Zeichen:* Ca); des Kalziums, *fachsprachlich:* Calciums

Kam|bo|d|scha (Staat in Hinterindien); der **Kam|bo|d|scha|ner**; die **Kam|bo|d|scha|ne|rin**; die Kambodschanerinnen; **kam|bo|d|scha|nisch**

das **Ka|mel**; des Kamel[e]s; die Ka|me|le; das **Ka|mel|haar**; der **Ka|mel|haar|man|tel**

die **Ka|me|ra**; die Kameras

der **Ka|me|rad**; des/dem/den Ka|me|ra|den; die Ka|me|ra|den; die **Ka|me|rad|schaft**; **ka|me|rad|schaft|lich**

der **Ka|me|ra|mann**; die Ka|me|ra|män|ner *oder* Ka|me|ra|leu|te

Ka|me|run (Staat in Westafrika); der **Ka|me|ru|ner**; die **Ka|me|ru|ne|rin**; die Kamerunerinnen; **ka|me|ru|nisch**

die **Ka|mil|le** (eine Heilpflanze); der **Ka|mil|len|tee**

der **Ka|min** (Schornstein; Felsenspalt)

der **Kamm**; des Kamm[e]s; die Käm|me; **käm|men**; du kämmst; er hat sein Haar gekämmt; sich kämmen; sie hat sich gekämmt; kämm[e] dich endlich!

die **Kam|mer**; die **Kam|mer|mu|sik**

die **Kam|pa|g|ne**, *auch:* **Cam|pa|g|ne** [kam'panjə] (umfangreiche Aktion für/gegen jemanden oder etwas); die Kampagnen, *auch:* Campagnen

der **Kampf**; des Kampf[e]s; die Kämp|fe; **kampf|be|reit**; **kämp|fen**; du kämpfst; sie kämpfte; sie hat gekämpft; kämpf[e] gegen ihn!; der **Kämp|fer**; die **Kämp|fe|rin**; die Kämpferinnen; **kämp|fe|risch**; **kampf|los**; sich kampflos ergeben; **kampf|un|fä|hig**

der **Kamp|fer** (ein Heilmittel)

kam|pie|ren ([im Freien] lagern; übernachten, hausen); du kampierst; er hat im Freien kampiert

Ka|na|da (Staat in Nordamerika); der **Ka|na|di|er**; die **Ka|na|di|e|rin**; die Kanadierinnen; **ka|na|disch**

der **Ka|nal**; des Kanals; die Ka|nä|le; die **Ka|na|li|sa|ti|on** (Anlage zur Ableitung der Abwässer); **ka|na|li|si|e|ren**; man hat den Fluss kanalisiert (schiffbar gemacht)

der **Ka|na|ri|en|vo|gel**

die **Kan|da|re** (Gebissstange des Pferdes); jemanden an die Kandare nehmen (jemanden streng behandeln)

der **Kan|di|dat** (Prüfling, Bewerber); des/dem/den Kan|di|da|ten; die Kan|di|da|ten; die **Kan|di|da|tur**; **kan|di|die|ren** (sich bewerben); du kandidierst; sie kandidierte; sie hat kandidiert; kandidiere für dieses Amt!

kan|die|ren (mit Zuckerlösung überziehen); du kandierst; er kandierte; er hat die Früchte kandiert; kandier[e] die Früchte!; der **Kan|dis** *oder* der **Kan|dis|zu|cker**

das **Kän|gu|ru**; die Kängurus

das **Ka|nin|chen**

der **Ka|nis|ter** (ein Flüssigkeitsbehälter); des Kanisters; die Kanister

die **Kan|ne**

der **Kan|ni|ba|le** (Menschenfresser); des/dem/den Kannibalen; die Kannibalen; **kan|ni|ba|lisch**; der **Kan|ni|ba|lis|mus**

der **Ka|non** (Richtschnur; Regel; Kettengesang); des Kanons; die Kanons

die **Ka|no|ne**; der **Ka|no|nen|schlag** (ein Feuerwerkskörper)

der **Ka|nos|sa|gang** *oder* **Ca|nos|sa|gang** (*gehoben für:* demütigender Bußgang)

die **Kan|ta|te** (instrumental begleitetes mehrteiliges Gesangsstück für Solostimme[n] [und Chor])

die **Kan|te**; **kan|ten** (auf die Kante stellen); du kantest; er kantet; er kantete; er hat die Kiste gekantet; kante die Kiste!; **kan|tig**

die **Kan|ti|ne** (Speisesaal in Betrieben); das **Kan|ti|nen|es|sen**

der **Kan|ton** (Bezirk; schweizerisches Bundesland); die Kan|to|ne; **kan|to|nal**

der **Kan|tor** (Leiter des Kirchenchores); die Kan|to|ren; die **Kan|to|rei** (evangelischer Kirchenchor)

das **Ka|nu** [*auch:* ka'nuː] (ein Paddelboot); des Kanus; die Kanus

die **Ka|nü|le** (Röhrchen; Hohlnadel)

die **Kan|zel**; die Kanzeln; die **Kanz|lei** (An-

➔ Mit dem Wörterbuch arbeiten
AH, S. 77–78

13 Wo findest du das Wort „kantig“? Erkläre, wie es eingeordnet ist.

14 Finde wie zu „kantig“ auch zu folgenden Wörtern die passen-den Stichwörter, zu denen sie gehören:

kambodschanisch, kampflos, kanalisieren

5.

Nomen/Substantive und Satzanfänge schreibt man groß – auf die Grammatik achten

GOLDHAMSTER

GOLDHAMSTER ZÄHLEN ZU DEN HÄUFIGSTEN HAUSTIEREN. SIE SIND IN DER FREIEN NATUR SEHR SELTEN GEWORDEN. NUR IN DEN STEPPEN SYRIENS LEBEN SIE NOCH. DAS TYPISCHE MERKMAL DER HAMSTER SIND DIE HAMSTERBACKEN, IN DENEN SIE IHRE NAHRUNGSVORRÄTE IN DEN BAU TRAGEN. HAMSTER SIND NAGETIERE. SIE SCHÄRFEN IHRE VORDERZÄHNE, DIE IMMER WIEDER NACHWACHSEN, INDEM SIE NAGEN. SIE LEBEN NUR IN DER PAARUNGSZEIT MIT ANDEREN HAMSTERN ZUSAMMEN. DA SIE SONST ALLEIN LEBEN, KANN MAN SIE OHNE BEDENKEN ALS EINZELNES HAUSTIER HALTEN.

1 Lies den Text und beantworte folgende Fragen:

- Wo leben Hamster?
- Was ist das typische Merkmal des Hamsters?
- Weshalb nagt der Hamster?
- Warum kann man Hamster einzeln als Haustier halten?

2 Schreibe den Text richtig in dein Heft. Worauf musst du besonders achten?

3 Unterstreiche die Nomen/Substantive in dem Text. Schreibe sie im Nominativ (= Wer oder was? – 1. Fall) Singular (= Einzahl) mit dem passenden Artikel in dein Heft. So musst du beginnen: der Goldhamster, das Haustier ...

4 Sucht die Wörter heraus, die keine Nomen/Substantive sind und die ihr in dem Text großgeschrieben habt. Erklärt, weshalb diese Wörter großgeschrieben werden.

Wüstenrennmäuse

Wüstenrennmäuse sind sehr gesellige Tiere man sollte sie niemals als Einzeltiere halten, weil sie sonst vereinsamen können man kann sie gut in einem Aquarium unterbringen, dessen Boden mit einer Sandschicht aufgefüllt wird eine Abdeckung für das Aquarium ist sehr wichtig, da Wüstenrennmäuse sehr gute Springer sind sie machen sich gerne aus dem Staub, um unbemerkt die Wohnung zu erkunden da kann die Familie schon mal nachts von merkwürdigen Geräuschen geweckt werden mit etwas Geduld lassen sich die Tiere aber wieder einfangen ganz zahm werden sie nur in sehr seltenen Fällen

5 Entwickelt fünf Fragen zu Wüstenrennmäusen, auf die der Text eine Antwort gibt. Tauscht eure Fragenlisten aus und beantwortet sie.

6 In dem Text „Wüstenrennmäuse“ fehlen die Satzschlusszeichen wie z. B. der Punkt. Die Satzanfänge sind kleingeschrieben. Schreibe den Text in richtiger Schreibweise in dein Heft.

MEERSCHWEINCHEN

MEERSCHWEINCHEN SIND SEHR BELIEBTE HAUSTIERE. ABER WOHER HABEN SIE IHREN SELTSAMEN NAMEN? SIE WURDEN VOR UNGEFÄHR 300 JAHREN MIT SCHIFFEN VON SÜDAMERIKA ÜBER DAS MEER GEBRACHT UND QUIEKEN ZUDEM WIE EIN SCHWEIN. ANDERS ALS DIE HAMSTER SIND MEERSCHWEINCHEN AM TAG AKTIV UND SCHLAFEN IN DER NACHT. SIE WERDEN SEHR ZUTRAULICH, WENN MAN SICH LIEBEVOLL UM SIE KÜMMERT.

7 Beantworte folgende Fragen mithilfe des Textes:

- Warum heißen die Tiere Meerschweinchen?
- Was unterscheidet Meerschweinchen von Hamstern?

8 Schreibe den Text in der richtigen Schreibweise in dein Heft. Unterstreiche anschließend alle Nomen/Substantive.

9 Erklärt, woran ihr die Nomen/Substantive erkennen könnt.

10 Sucht aus dem Wörterquadrat alle Nomen/Substantive heraus und schreibt sie mit dem passenden Artikel (= Begleiter) in euer Heft (z. B.: das Wasser).

G	K	R	I	E	C	H	E	N	T	A	N	Z	E	N
M	A	N	T	E	L	E	K	L	E	I	N	Q	Y	G
I	R	E	Ü	E	L	G	Ä	R	R	N	L	A	H	M
S	P	Z	E	L	E	D	J	U	N	S	A	G	E	N
T	T	Y	R	Q	R	Z	L	S	T	E	A	U	F	A
K	R	A	B	B	E	L	N	E	E	L	L	R	E	S
Ä	Z	X	P	S	A	I	A	Y	N	Ö	K	G	U	H
F	R	E	C	H	G	E	S	A	F	T	U	E	O	O
E	P	Q	H	T	B	B	E	R	Q	P	G	L	M	R
R	A	U	P	E	M	E	R	B	S	E	P	N	N	N
F	K	L	E	T	T	E	R	N	W	A	S	S	E	R
L	L	O	R	I	R	C	O	O	E	A	Ü	A	D	A
U	U	S	B	P	I	H	T	T	G	Q	S	N	R	N
G	G	E	S	P	C	S	E	E	L	S	S	D	A	D
Z	J	N	E	U	K	E	E	C	S	G	Y	X	D	W

Das musst du lernen und wissen

Die Großschreibung von Nomen/Substantiven und Satzanfängen

- **Nomen/Substantive** werden **großgeschrieben.** Sie können einen **Begleiter** bei sich haben. Oft ist dies ein bestimmter oder unbestimmter Artikel (*der* Junge, *ein* Junge). Es kann aber auch ein Adjektiv (ein *kleiner* Junge) oder ein Pronomen (*unser* Junge) sein.
- Alle anderen Wortarten wie Verben, Adjektive oder Artikel werden in der Regel kleingeschrieben. Am **Satzanfang** aber werden **alle Wörter großgeschrieben.**

➔ Großschreibung von Nomen/Substantiven und Satzanfängen AH, S. 79

6.

Das oder *dass*? – Die Ersatzprobe anwenden

- Das Ferienprogramm, das der Jugendtreff aufgestellt hat, hört sich gut an.
- Das wunderte Timo sehr.
- Das Fahrrad, das Marie sich gekauft hat, ist hellrot.
- Das ging schnell.
- Das habe ich noch nie gesehen.
- Das Etui, das Lea im Biologieraum vergessen hat, ist beim Hausmeister abgegeben worden.
- Das Lied, das du gesungen hast, kam mir bekannt vor.
- Das Glas, das du gekauft hast, ist in der Spülmaschine.
- Das ist aber schade.
- Das Kinoprogramm, das diese Woche läuft, ist interessant.
- Tom hat das Wettrennen gewonnen.
- Das Essen, das es in der Jugendherberge gab, war gar nicht so übel.

1 In den Sätzen wird das Wort *das* immer mit einfachem **s** geschrieben. Für den bestimmten Artikel *das* kann man als Ersatzwörter *dieses, jenes, welches* einsetzen. Schreibe die Sätze in dein Heft und ersetze das Wort *das* durch eines dieser Ersatzwörter.

Christine Nöstlinger (geb. 1936)

Ich schiele

Ich schiele.
Da■ macht den anderen Spaß.
Manchmal klebt mir der Arzt ein Heftpflaster
über da■ linke Brillenglas.
Da■ mögen die Kinder in meiner Klasse
besonders gern.
Dann lachen sie besonders laut.
Und am lautesten lacht der Karli.
Der lacht dann so viel und so laut,
da■ die anderen gar nicht merken,
da■ er noch viel mehr schielt als ich.

2 Lest das Gedicht von Christine Nöstlinger laut. Ergänzt dabei die Lücken.

3 Setzt bei den unvollständigen Wörtern die Ersatzwörter *dieses, jenes, welches* ein. Was stellt ihr bei den letzten Versen (= Zeilen) fest?

4 Lies die Lernbox auf der nächsten Seite. Schreibe das Gedicht anschließend in dein Heft und setze *das* oder *dass* ein.

5 Übt *das* und *dass* zu unterscheiden. Setzt in die Lücken der folgenden Sätze und des Textes „Der Fuchs und die Gans“ *das* oder *dass* ein.
Arbeitet dabei mit der Ersatzprobe und mit der Lernbox auf dieser Seite.

- ______ Schiff, ______ letzten Monat gesunken ist, hat viel Öl verloren.
- ______ Öl verschmutzt die Meere und tötet viele seltene Seevögel.
- ______ Falabella ist ______ kleinste Pony, ______ es auf der Welt gibt. Es wird nur etwa so groß wie ein Schäferhund.
- Die Kinder freuen sich, ______ ______ Wetter so schön ist, ______ sie ins Schwimmbad gehen können.
- Paul hat vergessen, seinen Eltern zu sagen, ______ er ______ Geld für die Klassenfahrt mitbringen muss.
- Es regnet so stark, ______ der Wandertag ausfallen muss.
- Ich wusste nicht, ______ du mich heute besuchen wolltest.
- ______ Eichhörnchen, ______ du gerade gesehen hast, ist fast jeden Tag zu sehen.
- ______ ist ______ rote Fahrrad, ______ ich mir gerne kaufen möchte.

Der Fuchs und die Gans

Es fing einmal ein Fuchs eine Gans und wollte sie verzehren. Da bat die Gans den Räuber, ______ er ihr doch gestatten möge, vor ihrem Ende noch einmal zu tanzen. Der Fuchs sagte: „______ kann ich dir wohl gewähren. Du sollst mir nachher noch viel besser schmecken.“
Als die Gans nun wusste, ______ sie tanzen durfte, hüpfte sie erst einmal auf den Füßen hin und her. ______ fand der Fuchs so komisch, ______ er laut lachen musste. Nun breitete die Gans ihre Flügel auseinander und begann, noch wilder zu tanzen.
______ Vergnügen, ______ der Fuchs daran hatte, war ebenfalls groß. Er wusste jedoch nicht, ______ Gänse fliegen können und sie vor dem Start die Flügel wie alle Vögel ausbreiten. Gerade als er Beifall klatschen wollte, erhob sich die Gans in die Lüfte. Da hatte der Fuchs ______ Nachsehen und fluchte: „______ soll mir nicht noch einmal passieren. Vor dem Essen wird in Zukunft nicht mehr getanzt!“

Das musst du lernen und wissen

Mit der Ersatzprobe *das* und *dass* unterscheiden

Mit der **Ersatzprobe** kannst du die Wörter ***das* und *dass* unterscheiden**. Bei der Ersatzprobe gehst du so vor:

- Wenn du ***dieses***, ***jenes*** und ***welches*** **einsetzen kannst**, wird das Wort immer mit **einfachem s** geschrieben, also ***das***.
- In den anderen Fällen, in denen man die **Ersatzwörter nicht einsetzen** kann, schreibt man das Wort immer mit **ss**, also ***dass***.

➔ *das oder dass*
AH, S. 80–81

7.

Schwierige Wörter trainieren – mit einer Rechtschreibkartei arbeiten

Lisa aus der 5a fällt es bei manchen Wörtern noch schwer, sich die richtige Schreibweise zu merken. Sie hat sich für diese Wörter eine persönliche Rechtschreibkartei angelegt. Folgende drei Karteikarten hat sie dafür geschrieben:

das Karussell

das Ka-rus-sell

die Karusselle

Karussellpferd
Karussellwagen
Karussellfahrt

Die Kinder fahren gerne Karussell.

kassieren

kas-sie-ren

ich kassiere, er kassiert,
wir kassieren
ich kassierte, du kassiertest,
wir kassierten

Die Verkäuferin kassiert Geld.

lieb

lieb, lieber, am liebsten

Ich habe einen lieben Bruder.

1 Seht euch die Karteikarten an. Beschreibt, wie Lisa vorgegangen ist.

2 Lege für folgende Wörter Karteikarten an. Gehe so vor wie Lisa. Arbeite dabei mit einem Wörterbuch.

Indianer • Direktor • schnell • brav • nummerieren • fliegen

3 Ihr könnt euch eine eigene Rechtschreibkartei anlegen. Legt euch für die Wörter, deren Schreibweise euch noch schwerfällt, Karteikarten an und übt damit ihre Schreibung. Lest dazu die Lernbox auf der nächsten Seite.

So gehst du vor

Mit einer Rechtschreibkartei arbeiten

➔ Mit einer Wörterliste üben
AH, S. 84–85

Eine Rechtschreibkartei ist eine Sammlung von Wörtern, die du auf Karteikarten festhältst. In diese Rechtschreibkartei werden die Wörter aufgenommen, bei deren Schreibweise du noch unsicher bist.
Gehe so vor, um dir eine **Rechtschreibkartei anzulegen**:

- Besorge dir Karteikarten und einen entsprechenden Kasten zur Aufbewahrung der Karteikarten.
- Schreibe deine Merk- und Fehlerwörter oben auf die Karteikarte. Schlage die richtige Schreibweise im Wörterbuch nach, wenn du unsicher bist.
- Notiere dann das Wort in anderen Formen. Zerlege z. B. das Wort in Silben, bilde den Plural, die Steigerungsformen oder verschiedene Verbformen oder suche verwandte Wörter.
- Bilde dann einen kurzen Satz mit dem Wort und schreibe ihn auf die Karteikarte.

So kannst du **mit deiner Rechtschreibkartei deine Rechtschreibung üben**:

- Präge dir das Wort, das auf einer Karte steht, ein und schreibe es mehrfach auf. Kontrolliere immer wieder die Schreibweise.
- Lass dir deine Fehler- und Merkwörter von deinem Nachbarn oder deiner Nachbarin diktieren oder führe mit deinen Karteikarten Schleichdiktate durch. Wie du dabei vorgehst, erfährst du auf S. 266.
- Wähle fünf Wörter aus und präge sie dir ein. Schreibe dann fünf Sätze auf, in denen das Wort vorkommt.
- Sortiere deine Merk- und Fehlerwörter alphabetisch. Nimm dazu z. B. zehn Karteikarten, präge dir die Wörter, die auf den Karten stehen, ein und schreibe sie in alphabetischer Reihenfolge auf.

Um deine **Fortschritte** zu **überprüfen**, kannst du so vorgehen:

- Wenn du ein Wort bei einer Übung richtig geschrieben hast, mache dir mit Bleistift ein Pluszeichen auf deiner Karteikarte.
- Übe das Wort in den nächsten Tagen wieder. Wenn du es wieder richtig schreibst, mache dir ein weiteres Pluszeichen auf die Karteikarte.
- Wenn du fünf Pluszeichen auf deiner Karteikarte gesammelt hast, kannst du das Wort sicher schreiben. Die Karteikarte wandert dann an das Ende deines Karteikastens.
- Übe die Karteikarten, die kein oder nur ein Pluszeichen haben, täglich. Die Karteikarten mit zwei, drei oder vier Pluszeichen solltest du einmal in der Woche üben.
- Wenn du Zeit hast, kontrolliere auch immer wieder, ob du die Schreibweise der Wörter auf den Karteikarten mit fünf Pluszeichen noch sicher beherrschst. Sollte dies nicht der Fall sein, radiere die Pluszeichen wieder weg und mische die Karteikarte wieder in deine anderen Merk- und Fehlerwörter ein.

8.

Gemeinsam üben – Diktate schreiben

Mithilfe von kurzen Diktaten könnt ihr überprüfen, ob ihr die Schreibweise von neuen und schwierigen Wörtern beherrscht und Rechtschreibregeln und -tipps anwenden könnt. Mit den folgenden zwei Diktatarten könnt ihr zu zweit oder alleine üben.

Das Partnerdiktat

Beim Partnerdiktat schreibt und diktiert ihr abwechselnd und solltet dabei so vorgehen:

- Ihr lest gemeinsam den Diktattext und sprecht über schwierige Wörter. Lest beim Diktieren den einzelnen Satz zuerst ganz vor und diktiert ihn dann in kurzen Abschnitten. Beim Schreiben helft ihr euch gegenseitig: Wenn der Schreiber oder die Schreiberin bei einem Wort unsicher ist, fragt er oder sie und lässt sich helfen.
- Am Schluss kontrolliert ihr zunächst den Text selbst und lasst ihn anschließend vom Partner überprüfen. Lest gründlich und aufmerksam und besprecht aufgetretene Fehler.
- Ihr könnt beim Partnerdiktat auch nach Abschnitten oder einzelnen Sätzen wechseln.

Das Schleichdiktat

Beim Schleichdiktat wird der Diktattext an einer Stelle im Raum aufgehängt.

- Ihr geht leise und langsam zu dem Text, lest euch einen Satz oder einen Satzteil sorgfältig durch und merkt ihn euch.
- Anschließend „schleicht" ihr zu eurem Platz zurück und schreibt den Satz auf.
- So macht ihr weiter, bis ihr den gesamten Text aufgeschrieben habt.
- Anschließend kontrolliert jeder seinen Text und vergleicht ihn mit der Vorlage.

Die folgenden Texte könnt ihr für Partner- oder Schleichdiktate nutzen.

Das Gähnen

Wenn unser Gehirn Sauerstoff braucht, gähnen wir. Dabei ziehen sich die Muskeln des Zwerchfells zusammen und der Mund öffnet sich von selbst. So strömt Luft in die Lungen und das Blut kann mehr Sauerstoff aufnehmen und zum Gehirn transportieren.

Wir gähnen morgens, weil das Gehirn Energie braucht, aber auch abends oder wenn wir Hunger haben. Häufig gähnen wir sogar, wenn jemand anderes gähnt, z. B. der Tischnachbar in der sechsten Stunde.
Das Gähnen ist so ansteckend wie das Lachen und man muss einfach mitmachen. Warum das so ist, hat die Wissenschaft bisher noch nicht herausfinden können.

Der Bauchnabel

Der Mensch hat wie alle Tiere, die im Bauch der Mutter heranwachsen, also zu den Säugetieren zählen, einen Bauchnabel.
Das ungeborene Baby ist während der Schwangerschaft oder Trächtigkeit über die Nabelschnur mit dem Blutkreislauf der Mutter verbunden und wird darüber mit Sauerstoff und wichtigen Nährstoffen versorgt.
Da das Baby direkt nach der Geburt selbstständig atmen und trinken kann, kann die Nabelschnur abgetrennt werden. Die Wunde wird dann mit Mullbinden und Pflastern versorgt.
Im Tierreich beißen die Mütter die Nabelschnur durch. Dies bereitet den Kleinen aber keine Schmerzen. Die Wunde verheilt in wenigen Tagen und der Bauchnabel bleibt als kleine Narbe zurück.

Unsere Zähne

Unsere Zähne bestehen aus einer Wurzel, die im Kiefer sitzt, und einer Krone, die aus dem Zahnfleisch herausragt. Die Krone ist durch einen Schmelz geschützt, der die gesamte Fläche umgibt.
Dieser Zahnschmelz ist das härteste Material, das unser Körper herstellt. Der Schmelz, der so hart wie Marmor ist, kann sogar Stahl ritzen. Leider hat unser Zahnschmelz, ebenso wie Marmor, eine wunde Stelle: Er ist säurelöslich. Säuren entstehen, wenn wir z. B. etwas Süßes essen. Die Bakterien in unserem Mund wandeln den Zucker in Säuren um und diese greifen dann den Zahnschmelz an und Löcher entstehen. Deshalb sollte man immer, wenn man etwas Süßes gegessen hat, möglichst schnell seine Zähne putzen, auch wenn das manchmal lästig ist.

➔ Diktattexte zum Üben
SB, S. 306
AH, S. 82–83

Ein vielseitiges Haustier

Hunde waren schon immer beliebte und vielseitige Haustiere. Sie sind seit vielen tausend Jahren Jagd- und Hirtenhunde, Wächter, Zugtiere oder Spielgefährten.
Im Mittelalter dienten Hunde auch als kuschelige Wärmflaschen. Sie hielten im Winter in den kalten und feuchten Häusern die Füße ihrer Frauchen und Herrchen warm.
In Peru und Mexiko ist sogar eine spezielle haarlose Hunderasse gezüchtet worden, deren Körperwärme bei Gicht helfen soll.

Alles klar? – Wiederholen, üben und überprüfen

1 Übernimm das folgende Gedicht in dein Heft und setze die richtigen Buchstaben ein.
Bei manchen Wörtern kannst du die Schreibung heraushören (z. B.: Fe**d**er).
Bilde zu den anderen Wörtern eine Verlängerung oder suche ein verwandtes Wort (z. B.: Lan**d** – Län**d**er).

Joachim Ringelnatz (1883–1934)

Die Fe■er

Ein Fe■erchen flo■ über Lan■,
ein Nilpfer■ schlummerte im San■,
Die Fe■er sprach: „Ich will es wecken."
Sie lie■te andere zu necken.
Aufs Nilpfer■ setzte sich die Fe■er
und streichelte sein dickes Le■er
Das Nipfer■ öffnete den Rachen
und musste ungeheuer lachen.

2 Ergänze auch bei folgenden Wörtern die richtigen Buchstaben. Schreibe sie zusammen mit Wörtern, die ihre Schreibweise erklären, in dein Heft (z. B.: Hu**p**konzert: hu**p**en, Hu**p**e). Versuche, möglichst immer zwei Wörter zu finden.

Fahrra■ • We■ • mer■würdig • Gel■ • Schran■ • Han■
Lei■planke • er bewe■t • Par■platz • Die■ • sie win■t
Lau■wal■ • Empfan■ • Rekor■gewinn • unglau■würdig • Konzer■

3 Welches Wort passt zu welchem Umriss? Übernimm die Umrisse in dein Heft und trage die entsprechenden Wörter ein.

Blitz • Ampel • Bagger • eifrig • Fleiß • fließen • giftig • Herbst • nutzen • selbst

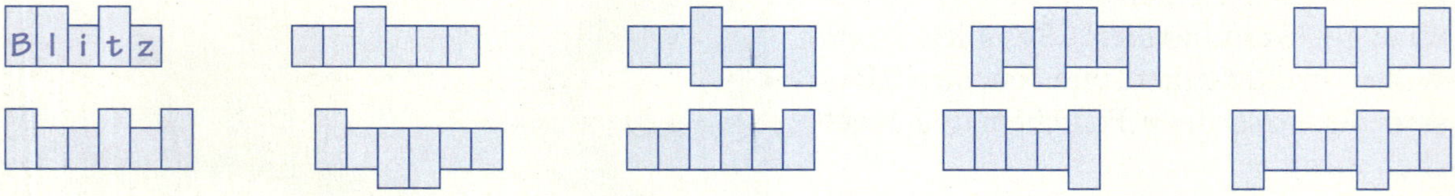

4 Wähle aus den Texten auf S. 266/267 zehn Wörter aus, deren Schreibung du dir merken möchtest. Zeichne ihre Umrisse in dein Heft und trage sie ein.

5 Bei dem folgenden Text sind alle Wörter kleingeschrieben und es fehlen die Satzschlusszeichen. Übertrage den Text in der richtigen Schreibweise in dein Heft.

marienkäfer

marienkäfer haben wie alle käfer sechs beine sie zählen zu den insekten wenn die marienkäfer nicht fliegen, schützen sie ihre dünnen flügel, indem sie sie unter den bunten flügeldecken verstecken marienkäfer sind nützliche insekten sie fressen blattläuse die blattläuse befallen im garten oft pflanzen und fressen sie auf die gepunkteten marienkäfer erhalten ihren namen von der anzahl der punkte sehr häufig gibt es den siebenpunkt

6 Schreibe alle Nomen/Substantive mit den passenden Artikeln aus dem Text heraus und setze sie in den Nominativ Singular (z. B.: die Beine – das Bein).

7 Vervollständige folgende Tipps und Regeln und schreibe sie in dein Heft:

- V___ das ___ und du hörst es ___. Suche ein ___ Wort.
- ___ schreibt man groß. Alle anderen Wortarten werden ___-geschrieben. Ein Wort am S___ wird immer ___geschrieben.
- Wenn du ___, ___ und ___ einsetzen kannst, wird das Wort ___ mit ___ geschrieben. Kann man ___, ___ und ___ nicht einsetzen, wird das Wort ___ geschrieben.

8 Entscheide, ob in die Lücken des Textes jeweils *das* oder *dass* eingesetzt werden muss.

Fast jedes Jahr ___ Gleiche

___ wiederholt sich jedes Jahr zur Weihnachtszeit und zur Urlaubszeit: ___ niedliche Haustier, ___ ___ Kind zu Weihnachten geschenkt bekam, wird ein halbes Jahr später lästig. Es ist offensichtlich, ___ ___ Aussetzen von Haustieren vor dem Urlaub deutlich ansteigt. ___ ___ Tier kein Ding sein darf, ___ „fortgeworfen“ wird, wenn es nicht mehr gebraucht wird, betonen nicht nur die engagierten Tierschützer immer wieder. Sie erinnern dabei an ___ Leiden vieler Tiere. ___ manche ausgesetzten Tiere noch ___ Glück haben, von tierlieben Menschen gefunden und ins nächste Tierheim gebracht zu werden, ___ ist wohl eher dem Zufall zu verdanken. Die Tierschützer appellieren daher an ___ Gefühl der Menschen, ___ sie ___ Tier als Mitgeschöpf ansehen und behandeln. Tierschützer fordern auch seit Jahren, ___ schärfere Gesetze gegen Tierversuche geschaffen werden und ___ ___ artgeschützte Tier nicht aus seiner natürlichen Umgebung herausgerissen werden darf.

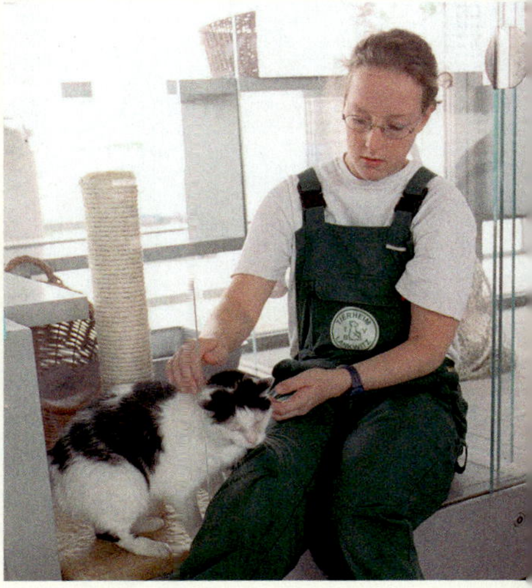

9 Übt den Text, indem ihr mit ihm ein Partner- oder Schleichdiktat durchführt.

Bienen summen – Wörter mit kurzem Vokal richtig schreiben

Betonte Vokale (= Selbstlaute) können lang (z. B. Töne oder laden) oder kurz (z. B. Tonne oder Blitz) ausgesprochen werden.

In diesem Kapitel lernst du,

- Wörter mit lang und kurz gesprochenen Vokalen zu unterscheiden und
- die Konsonanten (= Mitlaute) nach einem kurz gesprochenen Vokal richtig zu schreiben.

Weiter lernst du Regeln kennen, die dir z. B. sagen, wann ein Konsonant verdoppelt wird (z. B. So**nn**e) oder in welchen Fällen ein Wort mit **tz** (z. B. Bli**tz**), **z** (z. B. tan**z**en), mit **ck** (z. B. me**ck**ern) oder **k** (z. B. blin**k**en) geschrieben wird.

Außerdem erfährst du in diesem Kapitel auch einiges über Bienen, z. B. darüber, was ein Imker oder eine Wächterbiene ist.

Genau hinhören – Wörter mit kurz gesprochenen und lang gesprochenen Vokalen unterscheiden

In einem Haus aus Wachs

Die Honigbiene ist ein Nutztier des Menschen. Bienen leben in Kästen, die Imker aufstellen. Imker halten und züchten die Bienen, um den Honig zu bekommen. In einem Bienenstock können bis zu 80 000 einzelne Bienen leben. Eine von ihnen ist die Bienenkönigin. Sie ist die Mutter aller Bienen, die im Stock wohnen.

Der Imker stellt die Bienenkästen auf. Er sucht dafür einen Platz in der Landschaft, wo es Wiesen und Felder mit vielen blühenden Blumen gibt. So haben die Bienen keine weiten Wege zur Futterquelle. In den Bienenkästen stecken die Waben. Das sind ganz dicht aneinandergefügte sechseckige Zellen. So eine Zelle ist etwa fünf Millimeter breit und zwölf Millimeter tief. In den Zellen liegen die Eier, Larven und Puppen der Bienen. Die Bienenkästen haben Deckel. Der Imker hebt sie ab, wenn er nach den Bienen und dem Honig sieht. In die Wachszellen legt die Bienenkönigin die Eier. In kleine Zellen kommen Eier, aus denen Arbeitsbienen schlüpfen, in große Zellen Eier, aus denen sich Drohnen entwickeln, die männlichen Bienen. Einige Zellen in einer Wabe haben eine völlig andere Form und sie hängen von der Wabe herab. Weiselnapf oder Weiselwiege werden sie genannt. In diesen Zellen sind die Eier und die Larven und Puppen, aus denen neue Bienenköniginnen werden.

Woher bekommen die Bienen das Wachs zum Wabenbau? In einem bestimmten Alter – ab zehn Tagen – werden die Bienen zu Baubienen. Dann scheiden sie zwischen Bauchtaschen am Hinterleib kleine Wachsschuppen aus. Die formen und kneten sie zu Waben. Viele Bienen arbeiten zusammen und jede weiß genau, was sie zu tun hat. Die Zellen werden nicht nur für die Bienenbrut gebaut. Sie sind auch Vorratskammern für die ganze Bienennahrung. Die Bienen sammeln den Pollen von Blüten in den Zellen. Sie sind ganz gelb! In Zellen am Rand der Wabe wird der Honig eingelagert. Glänzend braun sehen diese Zellen aus.

1 Entnehmt dem Text die wichtigsten Informationen zu den Bienen. Geht dabei so vor:

- Schreibt zehn Fragen auf, auf die der Text eine Antwort gibt.
- Tauscht eure Fragen aus und beantwortet sie schriftlich.
- Überprüft anschließend gemeinsam, ob eure Antworten richtig sind.

2 In dem Text über die Bienen sind Wörter mit kurz gesprochenem Vokal und Wörter mit lang gesprochenem Vokal unterstrichen. Arbeitet so mit diesen Wörtern:

- Übertragt die folgende Tabelle in eure Hefte und vervollständigt sie.
- Sprecht dazu die unterstrichenen Wörter laut und deutlich. Ordnet sie dann in die Tabelle ein.
- Setzt unter den kurz gesprochenen Vokal einen Punkt und unterstreicht den lang gesprochenen Vokal.

Wörter mit kurz gesprochenem Vokal	Wörter mit lang gesprochenem Vokal
Imker ...	Honigbiene ...

3 Ordne weitere Wörter aus dem Text in die Tabelle ein.

4 Schaut euch bei den Wörtern in der linken Spalte die nächsten zwei Buchstaben nach dem kurz gesprochenen Vokal an. Was fällt euch auf?

➔ Kurze und lange Vokale unterscheiden AH, S. 88

5 Sprich die Nomen/Substantive aus dem Wortspeicher laut und deutlich. Schreibe sie dann danach geordnet auf, ob der unterstrichene Vokal kurz oder lang gesprochen wird. Setze auch einen passenden Artikel dazu.

Liege • Sport • Bewegung • Stuhl • Tinte • Bett • Gefahr • Wetter • Größe • Knie • Bilder • Insel • Vogel • Sonne • Kamm • Daten • Wald • Vokal • Gestank • Huhn • Spaß

6 Sucht aus dem Text über eine geheimnisvolle Bienenkrankheit zehn Beispiele für Wörter mit kurzem oder langem Vokal heraus. Schreibt sie auf. Unterstreicht die langen Vokale und setzt unter die kurzen Vokale einen Punkt.

Geheimnisvolles Bienensterben

Im Winter 2006/2007 machte eine Horror-Meldung Schlagzeilen: In den USA hatte sich eine Bienenkrankheit verbreitet: Ganze Bienenvölker sind spurlos verschwunden. Wo sie geblieben sind, konnte niemand sagen. Vielleicht hat der Einsatz bestimmter Mittel zur Schädlingsbekämpfung das Bienensterben verursacht, vielleicht handelt es sich aber auch um eine Infektionskrankheit, vielleicht besteht auch ein Zusammenhang mit der Verbreitung giftiger oder gentechnisch veränderter Pflanzen, vielleicht ist die Varroa-Milbe am Bienensterben schuld. Etwas Genaues weiß niemand.

2.

Kamm, Butter, stellen – Wörter mit Doppelkonsonanten richtig schreiben

rollen • summen • stellen • Zelle • Pfanne • wippen • Sonne • Kamm
Puppe • wollen • brummen • bellen • Welle • Kanne • kippen • Tonne
Stamm • Suppe • sollen • Wellen • Stelle • Wanne • nippen • Wonne
Lamm • Kuppe • tollen • erhellen • Tanne • stippen • Damm • Gesellen

1 Sprich diese Wörter laut und deutlich aus. Wie viele Konsonanten hörst du? Wie viele werden geschrieben?

2 Schreibe die Verben und Nomen nach Reimwörtern geordnet auf (z. B.: Kamm, Damm, Lamm ...).

3 Schreibe mithilfe der Reimwörter lustige Paarreime auf, z. B.:

Fällt die Biene aus der Tanne,
lacht der Kuchen in der Pfanne.

4 Bilde aus dem Wortstern so viele Wörter wie möglich.

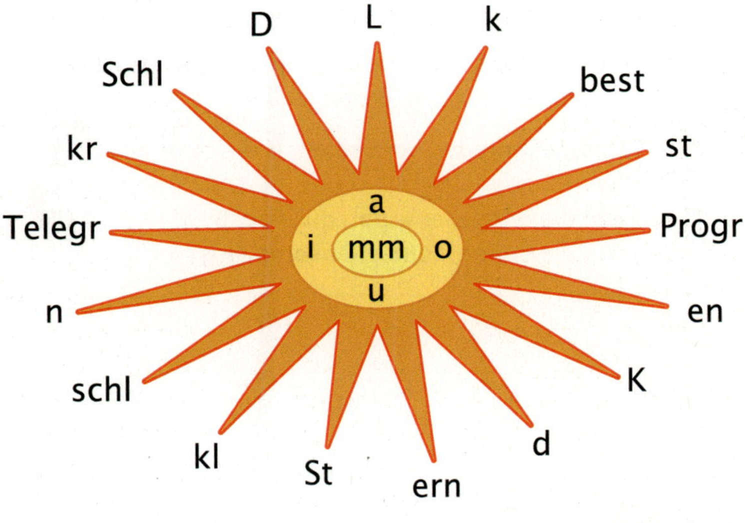

5 Schreibe die Wörter aus dem Wortstern nach Reimwörtern geordnet auf.

6 Löst das folgende Rätsel und schreibt die Lösungswörter richtig auf.

großes Gefäß:	OTENN
Turnübung:	RLOLE
nicht außen:	NNINE
Jahreszeit:	RESMOM
nicht getrennt:	SZUENMMA
junges Schaf:	MALM
gehört zur Schraube:	TUTMRE

7 Bilde zu folgenden Infinitiven jeweils die 2. und 3. Person Präsens.

sich sonnen • stellen • fallen • rennen • brummen • summen
rollen • sammeln

Beispiel: sich sonnen – du sonnst dich – er (sie oder es) sonnt sich

8 Versucht, eine Regel dafür aufzustellen, was mit dem doppelt geschriebenen Konsonanten passiert, wenn das Wort sich ändert.

Das musst du lernen und wissen

Die Verdoppelung von Konsonanten

➔ Doppelkonsonanten richtig schreiben AH, S. 89

Betonte Vokale (= Selbstlaute) können in einem Wort lang oder kurz ausgesprochen werden. Merke dir folgende Regeln zur Schreibung der Konsonanten (= Mitlaute) nach kurz gesprochenem Vokal:

- Wenn du bei einem Wort nach einem kurz gesprochenen Vokal **nur einen Konsonanten hörst**, wird dieser **meist doppelt geschrieben**.
  Beispiele: ste**ll**en, Ka**mm**, Bu**tt**er, Ze**ll**e
- Die **Verdoppelung** der Konsonanten bleibt **in allen verwandten Wörtern** bestehen.
  Beispiele: die Wi**pp**e, er wi**pp**t, du wi**pp**st
  die So**nn**e, so**nn**ig, er so**nn**t sich

3.

Lack, meckern, Blitz, Schutz – Wörter mit ck und tz richtig schreiben

1 Übernimm die Tabelle in dein Heft und ordne alle Wörter mit **ck** oder **tz** nach kurz gesprochenem Vokal aus dem Text „In einem Haus aus Wachs“ auf S. 271 ein. Setze unter den kurz gesprochenen Vokal einen Punkt.

ck	**tz**
Bienenstọck	…

2 Trage auch die folgenden Wörter in die Tabelle ein.

verdutzt • sitzen • Katze • Dackel • Schmuck • Hitze • kratzen • Tatze • schmutzig • Blitz • Ecke

3 Vergleiche die Wörter aus der Tabelle mit den Wörtern, die du zuvor geübt hast. Was geschieht bei den Lauten **k** und **z** nach einem kurzen Vokal nicht?

4 Schreibe die folgenden Wörter in dein Heft und zeichne ihre Umrisse.

Beispiel: schwitzen 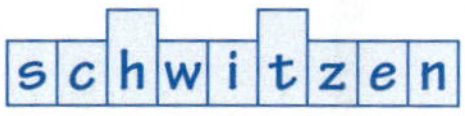

schwitzen • Spatz • setzen • Witz • Platz • Bäcker • Schnecke • hacken • Stück • packen

5 Sucht zu folgenden Verben möglichst viele Wörter aus der gleichen Wortfamilie.
Beispiel: schlucken – der Schluck, verschluckt, der Schluckauf …

schlucken • schmecken • hocken • decken • spucken • backen

6 Bildet mithilfe der Silben- und Buchstabenspeicher möglichst viele Wörter. Achtet dabei auf die Groß- und Kleinschreibung (z. B.: das Frühstück, frühstücken).

Frühstü • Bä • glü • entde	**ck**	en • e • ig • e • en • en • e
De • We • schlu • erschre	**oder**	en • e • en • er • en • lich
pa • Mü • schmu • se • pu	**tz**	ig • er

Regina Schwarz
Ein Schwein hat etwas zu sagen

Jüngst ging ein Schwein
zum Me□ger rein.
Der verkaufte gerade Ochsenzunge.
Junge, Junge,
hat der Me□ger gestu□t,
kra□te sich verdu□t
am Po und anderswo,
und gu□te und schlu□te.
Das Schwein sagte zum Me□ger
den Sa□:
„Mich siehst du nie mehr,
auch nicht als Schin□en!"
Ging raus und tat win□en.

7 Schreibe das Gedicht in dein Heft. Ergänze dabei die fehlenden Buchstaben.

8 Erkläre, warum du die Wörter „Schinken" und „winken" mit einfachem **k** schreibst.

9 Ergänze die Wörter in den beiden Wortspeichern. Lies zuvor noch einmal die Regel in der Lernbox unten.

z oder tz?

Autosi□ • Her□lichkeit • anschnau□en • He□jagd • vorsä□lich
Gei□kragen • Hol□kohle • Kä□chen • beschü□en • zule□t • Pla□
Schür□e • Ar□t • sie□en • du□en • Schmu□ • Her□

k oder ck?

Bal□en • Bä□erei • Ha□ordnung • Erkran□ung • Schi□sal
Schlan□heits□ur • Tan□er • Im□er • He□enrose • Zu□erwatte
di□ • star□ • Sahnequar□

Das musst du lernen und wissen

ck und tz nach kurzem, betontem Vokal

➔ ck und tz
AH, S. 91

- Die Laute **k** und **z** werden in deutschen Wörtern **nicht verdoppelt**. Nach kurzem, betontem Vokal wird der **k-Laut** mit **ck** und der **z-Laut** mit **tz** geschrieben.
  Beispiele: Spi**tz**e, ha**ck**en, Da**ck**el, Ka**tz**e
- Der **k-Laut** und **z-Laut** werden mit **k** und **z** geschrieben, wenn vor ihnen noch ein anderer Konsonant steht.
  Beispiele: wi**nz**ig, Pe**lz**, A**rz**t

4.

Hand, Wald, Wolke – Wörter mit verschiedenen Konsonanten nach kurzem Vokal richtig schreiben

1 Sprecht die folgenden Wörter laut und deutlich aus. Wie viele Konsonanten hört ihr nach dem kurzen Vokal?

Winter • Lampe • tanken • Holz • lustig • Arzt • Muskel • denken
tanzen • Dank • Hand • stürzen

2 Arbeite so mit den folgenden Wörtern aus dem Speicher:

- Schreibe sie ab und ordne sie dabei in alphabetischer Reihenfolge.
- Sprich sie laut und deutlich aus.
- Setze unter den kurzen betonten Vokal einen Punkt.
- Kreise die beiden Konsonanten ein, die man nach dem kurzen Vokal hört.

Beispiel: alt

Tulpe • Winter • Ort • Land • rutschen • mancher • Herbst
Moment • Milch • Zirkuszelt • Kind • folgen • wandern • Felsen
bunt • alt • Elefant • finden • gesund • hundert • hüpfen • Wald
Hund • Mantel • Wolke • schenken • hinten • Lampe • Imker

3 Lies dir die Lernbox auf S. 278 durch. Suche für die Regeln aus der Lernbox einige Beispiele aus dem Text „In einem Haus aus Wachs" auf S. 271 heraus.

4 Ergänzt den passenden Buchstaben. Seht euch vorher noch einmal die Lernbox auf S. 278 an.

tan■en, blin■en, Her■, Tan■, Plan■e, Win■el, win■en, Fal■e, kur■,
wel■en, Schmer■, stol■, Schran■, Bal■en, Mär■, Wal■er, Par■,
kür■en, Mar■t, mel■en, Im■er, star■, schmin■en, wan■en, Wan■en,
gan■, kran■, Ker■e, zwan■ig, stür■en, Hol■, Stur■, Ar■t, den■en

5 Löse das Rätsel. Du kannst dazu den Wortspeicher aus Aufgabe 2 auf S. 277 benutzen. Die umrandeten Felder ergeben von oben nach unten gelesen ein Lösungswort aus dem Bereich des Sports.

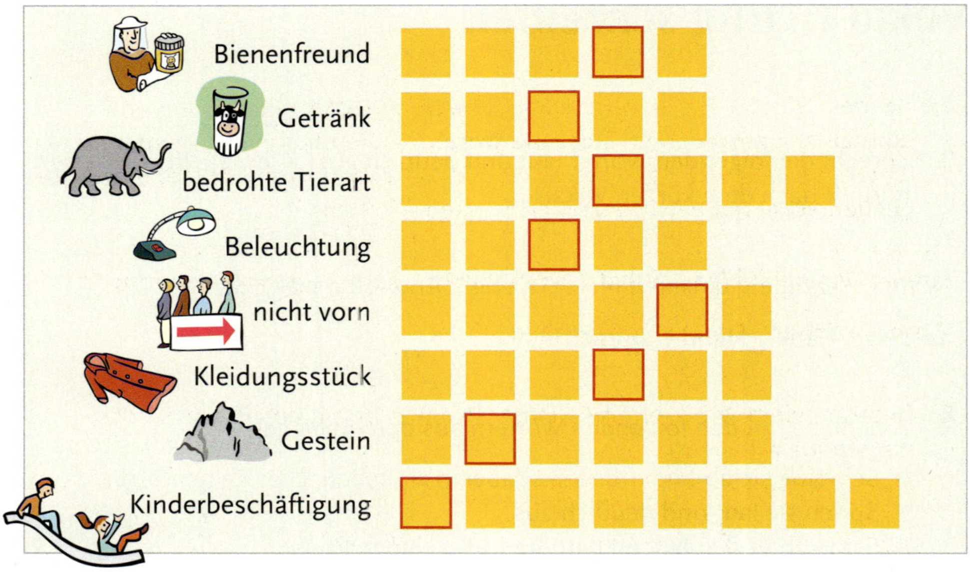

6 Ergänze die Lücken durch die richtigen Buchstaben. Setze **z** oder **tz**, **k** oder **ck** ein. Lies dazu auch die Lernbox auf S. 276.

Igel

Igel sind nicht nur sehr nü■lich, sie gehören auch zu den geschü■ten Tieren. Wenn die win■igen Jungen geboren werden, haben sie etwa 100 Stacheln, die noch ganz in der Haut ste■en. Ein ausgewachsener Igel hat 5000–7500 Stacheln, die er gegenüber seinen Feinden mit abschre■ender Wir■ung einse■en kann. Sie ste■en in der kräftigen Rü■enmus■ulatur. Bei Kämpfen sen■en die Igelmännchen ihren Kopf und richten die star■en Na■enstacheln auf. Auch gegen Schlangen, zum Beispiel gegen die Kreu■otter, kämpft der Igel auf diese Weise. Er kann bli■schnell und sehr wir■ungsvoll reagieren.

Das musst du lernen und wissen

Verschiedene Konsonanten nach kurzem Vokal

- Wenn du nach einem kurzen, betonten Vokal **zwei oder mehrere Konsonanten hören** kannst, werden diese meistens **nicht verdoppelt**.
  Beispiele: lu**st**ig, wi**nz**ig, Wo**lk**e, I**mk**er
- Der **k-Laut** und der **z-Laut** werden mit **k** und **z** geschrieben, wenn vor ihnen ein anderer Konsonant steht. (Ta**nk**, sto**lz**)
- Wenn ein **k-** oder **z-Laut** direkt nach dem kurzen Vokal folgt, schreibst du **ck** oder **tz**. (Spi**tz**e, Ha**ck**e)

➔ Verschiedene Konsonanten nach kurzem Vokal AH, S. 90

Alles klar? – Wiederholen, üben und überprüfen

1 Bei den Wörtern in dem Wortspeicher wird der Vokal einmal lang und einmal kurz gesprochen. Stelle die Wörter zu Wortpaaren zusammen. Unterstreiche den lang gesprochenen Vokal und markiere den kurz gesprochenen Vokal mit einem Punkt (z. B. raten – Ratten).

lahm • Wahn • fühlen • Schal • Sohn • Beet • kam • Kammer • Lamm
Wanne • Schall • Sonne • Bett • füllen

2 Bilde aus dem Wortstern möglichst viele Wörter mit den Doppelkonsonanten **nn**, **mm** und **ll**.

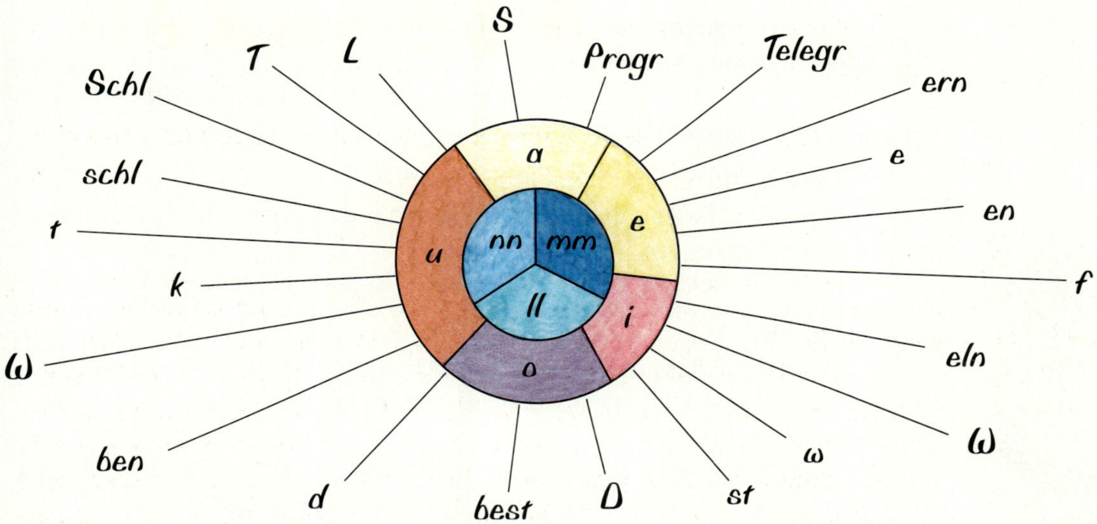

3 Ergänze bei den Infinitiven (= Grundformen) den z-Laut oder den k-Laut. Schreibe den Infinitiv mit zwei verwandten Wörtern in dein Heft (z. B.: trotzen, ich trotze, der Trotz).

tro__en, schlu__en, spu__en, he__en, ba__en, schü__en, bli__en, drü__en

4 Vervollständige die folgende Regel:

Hörst du vor einem k-Laut oder __ noch einen anderen Konsonanten, schreibst du ihn mit einfachem __ oder __.

5 Setze die fehlenden Buchstaben in die Wörter ein.

Pel__, tan__en, Nel__e, zan__en, Len__er, Stur__, En__el, Pflan__e, kur__, Lan__e, flin__, grun__en, kran__, neun__ig, ran__ig, gan__

Von Tigern, Nashörnern, Hühnern, Wieseln und Moorhühnern – Wörter mit langem Vokal richtig schreiben

Schreibt man „Gefahr“ mit **h** oder ohne **h**? Wird „Flieder“ mit **ie** oder einfachem **i** geschrieben? Muss man das Wort „Staat“ mit doppeltem oder einfachem **a** schreiben? Es gibt im Deutschen keine Regeln, die diese Fragen beantworten. Deshalb muss man die richtige Schreibweise der Wörter mit langem Vokal sorgfältig üben.

In diesem Kapitel lernt ihr,

- Wörter mit langen Vokalen zu erkennen und nach ihren Schreibweisen zu unterscheiden,
- euch die richtige Schreibweise von Wörtern mit langem Vokal einzuprägen.

Achtet darauf, dass ihr euch nicht alle Übungen auf einmal vornehmt. Ihr solltet mit den Übungen in diesem Kapitel immer wieder im Laufe des Schuljahres arbeiten.

1.

Das Nashorn ist ein lahmes Riesentier – Wörter mit langem Vokal erkennen

Der Lehrer Werner Vaudlet übernahm 1991 in Grolland bei Bremen eine erste Klasse. In dieser Klasse lernten behinderte und nicht behinderte Schüler miteinander. Nach der vierten Klasse sollten sie wieder getrennt werden. Dagegen wehrte sich die Klasse mit einer einfallsreichen Aktion. Die Schüler schrieben verschiedene Schriftsteller an und baten sie um Gedichte über Nashörner für ihre Klassenzeitung „Die Nashörner". Viele Schriftsteller sandten ihnen die gewünschten Gedichte zu. Mithilfe dieser Unterstützung gelang es der Klasse, ihre Aufteilung zu verhindern und ihre Schulzeit gemeinsam zu beenden. Die Gedichte, von denen ihr einige hier kennenlernt, sind später sogar als Buch veröffentlicht worden.

Ror Wolf (geb. 1932)

Das Nashorn tanzt das Abece
auf einem See bedeckt mit Schnee.
Es tanzt so schön und heiter.
Dann tanzt es nicht mehr weiter.

Stan Nadolny (geb. 1942)

Die Wahrheit ist oft kompliziert,
doch jedes Nashorn sieht sie klar.
Es sagt sie uns auch ungeniert:
„Ich seh ein Horn." Und das ist wahr.

1 Lies die beiden Gedichte von Ror Wolf und Stan Nadolny auf S. 281 laut und betont. Sprich die unterstrichenen Wörter besonders deutlich. Was haben sie gemeinsam?

2 Sucht alle Wörter mit langem Vokal aus den vier Nashorngedichten heraus.

3 Übernimm die folgende Tabelle in dein Heft und ordne die Wörter mit langen Vokalen aus den Gedichten ein.

einfacher langer Vokal	**h nach langem Vokal**	**verdoppelter Vokal**	**ie**
Nashorn …	wühlt …	Teufelsmoor …	geniest …

4 Schreibe selbst Zwei- oder Vierzeiler über das Nashorn. Unterstreiche in deinen Gedichten die Wörter mit langem Vokal. Du kannst auch passende Illustrationen zu deinen Nashorngedichten zeichnen.

2.

Blume, Honig, Tiger – Wörter mit langem Vokal ohne Dehnungszeichen richtig schreiben

Ines: Bei allen Wörtern wird der Vokal lang gesprochen.

Anne: Aber wann wird ein Wort mit einfachem Vokal geschrieben?

Jakob: Ja, und wann folgt dem lang gesprochenen Vokal ein **h** und wann wird der Vokal verdoppelt?

Herr Schneider: Die meisten Wörter mit langem Vokal schreiben sich mit einfachen Buchstaben wie z. B. Dose. Leider gibt es keine eindeutige Regel, die festlegt, wann nach einem lang gesprochenen Vokal ein Längenzeichen wie das **h** oder die Verdoppelung folgt. Deshalb müsst ihr euch Wörter mit lang gesprochenem Vokal gut einprägen.

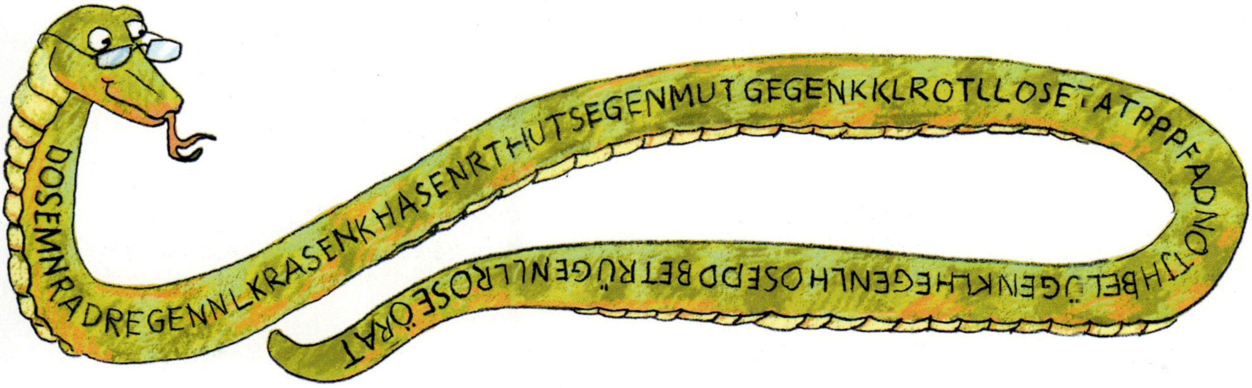

1 Ein lang gesprochener Vokal wird bei der Schreibung oft nicht gekennzeichnet (z. B.: Honig, Blume). In der Wortschlange sind 20 solcher Wörter mit lang gesprochenem Vokal versteckt. Versuche, möglichst viele Wörter zu finden.

2 Aus den Wörtern der Wortschlange kannst du Reimpaare bilden. Schreibe sie auf und unterstreiche den lang gesprochenen Vokal (z. B.: Rose – Hose).

3 Bilde mithilfe der Reimpaare Scherzreime (z. B.: Er schenkt ihr eine Rose, sie hätte lieber eine Hose). Um eure Rechtschreibung zu üben, könnt ihr euch eure Reime gegenseitig diktieren.

A	K	L	A	M	E	I	S	E	G	W	N	N	B	R	A	V	V	K	L	I	M	A
K	I	N	O	B	F	O	U	X	M	I	N	U	T	E	T	R	A	G	E	N	B	V
G	Ö	L	F	G	H	J	C	B	U	Ä	J	B	A	G	E	B	E	N	W	I	K	E
A	F	L	Ü	G	E	L	H	N	T	O	R	R	F	A	S	A	N	J	E	G	L	D
R	T	R	E	T	E	N	E	M	M	T	U	O	E	B	K	J	Ö	Ä	G	E	U	H
D	R	A	A	G	U	T	N	F	A	A	I	T	L	E	B	E	N	D	H	L	G	O
I	A	D	I	G	J	H	G	T	Z	F	P	R	Ü	S	A	W	S	A	G	E	N	S
N	T	W	E	G	E	N	N	A	G	E	L	E	B	R	U	D	E	R	Q	W	S	E
E	E	D	F	L	U	G	X	T	F	L	M	D	D	F	L	U	G	O	P	T	A	L
E	N	Ü	B	E	N	Z	I	N	N	H	J	E	L	K	P	Ü	Z	T	Z	I	L	A
S	C	H	Ü	L	E	P	G	R	A	S	J	N	U	R	H	O	L	E	N	G	A	G
S	C	H	W	E	R	H	G	J	M	A	L	E	N	Z	H	K	H	I	O	E	T	E
S	C	H	L	A	F	E	N	Ö	E	E	B	Ä	R	K	K	V	A	S	E	R	H	G

4 In dem Buchstabengitter sind mehr als 40 Wörter mit lang gesprochenem Vokal versteckt. Sie werden alle mit einfachem **a**, **e**, **o**, **u**, **i**, **ä**, **ü** oder **ö** geschrieben. Suche möglichst viele Wörter heraus und schreibe sie in dein Heft.

5 Schreibe die folgenden Wörter in alphabetischer Reihenfolge auf und zeichne ihre Umrisse.

Beispiel: Aufgabe 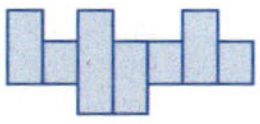

Schlag • Blume • Gras • Tal • Hose • nämlich • verloren • spüren • Dame hören • dämlich • schmal • schwer • Nase • Tod • Schaden • später Pflug • Krone • Vogel • Aufgabe • Schnabel • Boden • Wal • Ebene • gut Minute • Planet • Gequake • wenig

6 Wenn ihr das Silbenrätsel löst, erhaltet ihr 14 Tiernamen. Sie werden alle mit einfachem, lang gesprochenem Vokal geschrieben. Versucht, möglichst viele Tiernamen zu finden, und unterstreicht die lang gesprochenen Vokale.

➔ Wörter ohne Dehnungszeichen AH, S. 93

A • Ad • An • bel • dil • en • fer • Ha • hu • ga • gen • ger • Ka • Ka • kä ke • ker • ko • Kro • la • Le • ler • li • lo • Lö • Ma • o • pard • pe • Re • ri Schna • se • U • ter • Ti • ti • tier • tor • we • wurm

Kuh, Schuh, Kohl – Wörter mit Dehnungs-h richtig schreiben

1 Schreibt auf, welche zwölf Gegenstände bzw. Lebewesen die Abbildungen zeigen. Welche Gemeinsamkeit besitzen die Wörter?

2 Mit der Wortmaschine kannst du viele Wörter mit Dehnungs-h bilden. Du musst dazu aus jedem Speicher einen Buchstaben oder eine Buchstabenkombination entnehmen.

Beispiel: **H** (Speicher 1) + **uh** (Speicher 2) + **n** (Speicher 3) = **Huhn**

Versuche, möglichst viele Wörter auf diese Weise zu bilden. Mindestens 20 Wörter solltest du auf jeden Fall finden.

3 Schreibe folgende Wörter aus dem Wortspeicher auf und ordne sie dabei in alphabetischer Reihenfolge.

Schuh • Kuh • Drohung • Zeh • Wohnung • Wahl • Strahl • Zahlung • Ehre
Ruhe • Kühe • Führung • Aufnahme • Befehl • Lehrling • Jahr • Gefahr
Lehrerin • Gefühl • Bahn • Fehler • Stahl • Lohn • Fahne • Kohl • Sahne

4 Überlege, ob man bei den Wörtern im linken Kasten ein einfaches **a** oder **ah** ergänzen muss. Ordne anschließend den Wörtern passende Wörter aus dem rechten Kasten zu und schreibe die Wortzusammensetzungen in dein Heft (z. B.: die Sahneschüssel).

Tipp: Du musst viermal **a** und sechsmal **ah** ergänzen!

S■ne	Fang
R■t	Kissen
M■l	Träger
T■t	Arzt
St■l	Torte
B■n	Haus
R■men	Sache
W■l	Zeit
Z■n	Gleise
N■del	Bilder

➔ Wörter mit Dehnungs-h AH, S. 95

5 Bei den Personal- und Possessivpronomen *ihr*, *ihre*, *ihrer*, *ihrem*, *ihren*, *ihm*, *ihn* wird der lang gesprochene Vokal mit **ih** geschrieben. Verbessere die folgenden Sätze. Setze dazu das passende Personal- oder Possessivpronomen ein.

Beispiel: Jonas verabredet sich mit Murat. Jonas möchte **mit Murat** ins Kino gehen.
Jonas verabredet sich mit Murat. Er möchte **mit ihm** ins Kino gehen.

- Andreas gratuliert Lisa zum Geburtstag und schenkt Lisa ein Buch.
- Paul spielt mit Ninas Hund. Ninas Hund kommt, als Nina den Hund ruft.
- Simon ist krank. Jonas besucht Simon im Krankenhaus.
- Der Wärter gibt dem Elefanten Futter und wäscht den Elefanten.
- Michelle füttert Michelles zwei Meerschweinchen mit einem Spezialfutter, damit das Fell von Michelles Meerschweinchen schön glänzt.
- Die Schüler mögen ihren Mathematiklehrer, weil er den Schülern die Aufgaben genau erklärt.

4.

Zoo, Saal, Schnee – Wörter mit verdoppeltem Vokal richtig schreiben

1 Schreibe in dein Heft, was die Bilder zeigen. Alle Wörter werden mit verdoppeltem Vokal geschrieben.

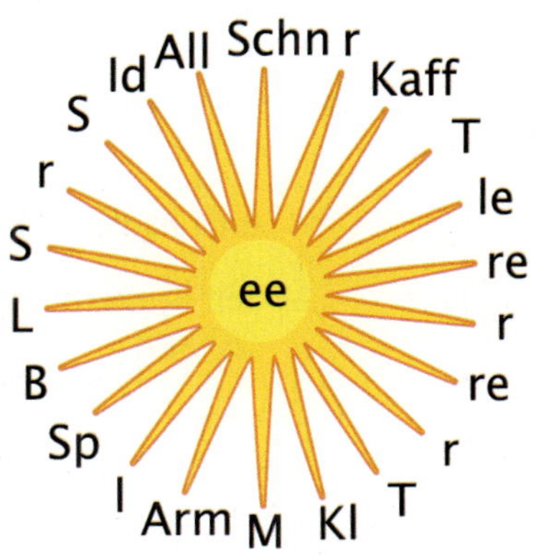

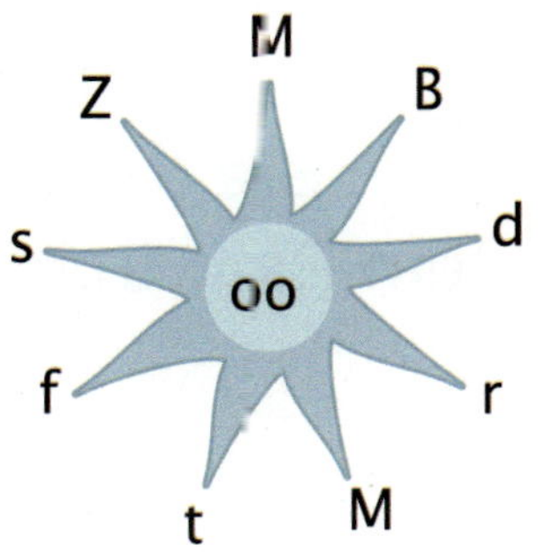

2 Bilde mithilfe der Wortsterne möglichst viele Wörter.

Harmlose Riesenfische

Früher hatten die S___leute die Id___, dass Riesenkraken ihre B___te mit Mann und Maus verspeisten. Diese Angst war aber unbegründet. Riesenkraken leben in den tiefsten Regionen des M___res. Wie alle Tiefs___fische sind Riesenkraken zwar Fleischfresser, aber die Mannschaft oder die Ladung eines Segelb___tes, die oft aus T___ und Kaff___ bestand, hätten sie nicht fressen können.

➔ Wörter mit doppeltem Vokal
AH, S. 94

3 Vervollständige die Lücken. Diktiere dir den Text mit einem Lernpartner gegenseitig.

4 Erklärt mithilfe der Werbeanzeige, wann man *paar* schreibt und wann man *Paar* benutzt.

5 Vervollständigt die folgenden Sätze. Setzt jeweils *paar* oder *Paar* ein.

- Anja kauft ein ______ Äpfel auf dem Markt.
- Seit Kurzem sind Anja und Thomas ein echtes ______.
- Wenn Thomas noch ein ______ Euro spart, kann er sich ein neues Fahrrad kaufen.
- In ein ______ Minuten ist die Stunde beendet.
- Das ______ Schuhe war wirklich preiswert.

5.

„Wenn Ri<u>e</u>sen ni<u>e</u>sen …“ – Wörter mit langem i richtig schreiben

Josef Guggenmos (1922 – 2003)

Wenn Riesen niesen

S■ben R■sen,
d■ mit bloßen Füßen
über nasse W■sen
l■fen,
n■sen mit ihren
R■sennasen so
laut,
dass von d■sem
R■senn■sen
s■ben W■selkinder,
d■ in t■fen Zimmern
schl■fen,
aufwachten und
„Gesundheit!“
r■fen.

1 Vervollständige das Gedicht.

2 Bei den Wörtern in der Schlange fehlen die Buchstaben **ie**. Versuche, alle 15 Wörter zu finden.

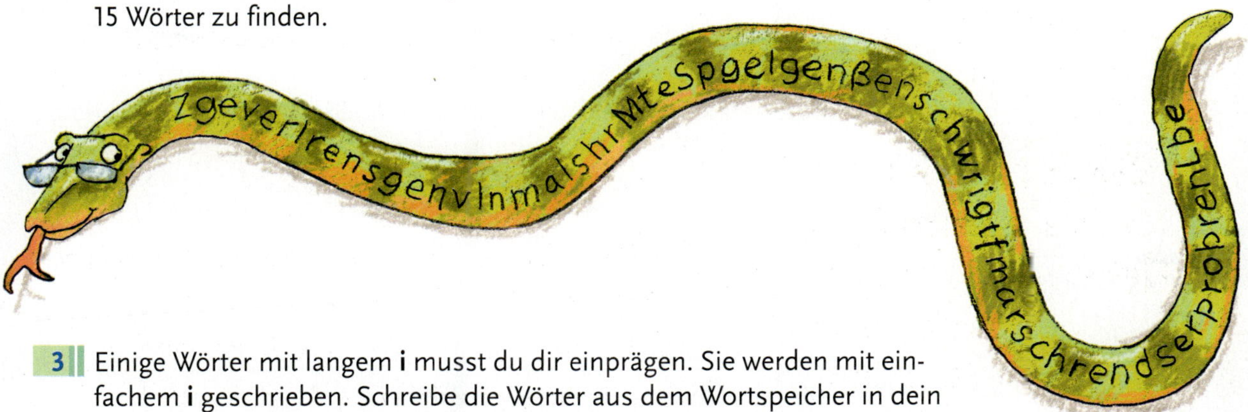

3 Einige Wörter mit langem **i** musst du dir einprägen. Sie werden mit einfachem **i** geschrieben. Schreibe die Wörter aus dem Wortspeicher in dein Heft. Zeichne ihre Umrisse und finde – falls möglich – noch eine andere Form des Wortes oder ein verwandtes Wort.

Beispiel: Apfelsine [Umriss], die Apfelsinen

Apfelsine • Igel • (er) gibt • dir • mir • wir • Kino • Gardine • prima • Tiger
Margarine • Experiment • Krokodil • Vitrine • Mandarine

4 Im ersten der folgenden Wortsterne sind zehn Nomen/Substantive, im zweiten zehn Verben und im dritten zehn Adjektive versteckt. Versucht, alle Wörter, die sich mithilfe der Wortsterne bilden lassen, zu finden, und schreibt sie auf.

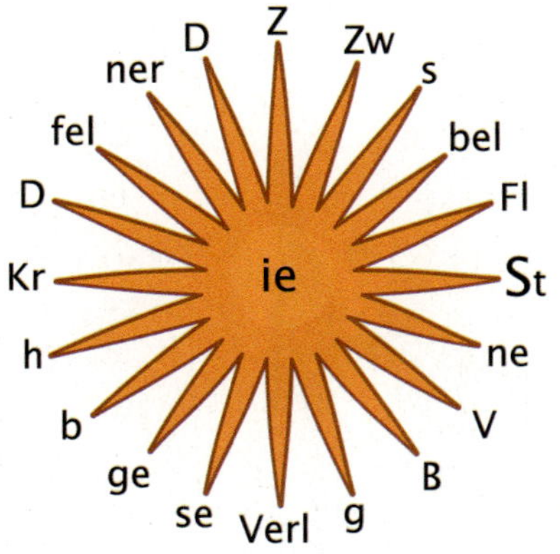

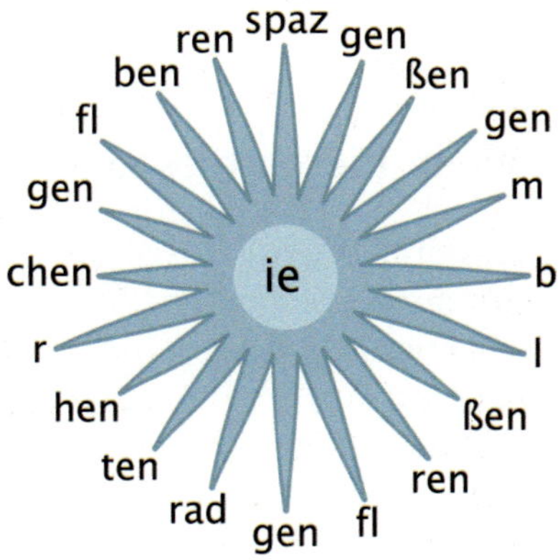

5 Bilde Reimpaare mit den Sternwörtern (z. B.: Riesen – niesen). Du kannst auch kleine Unsinnsgedichte mithilfe der Reimpaare verfassen (z. B.: Muss der Riese heftig niesen, / dann fliegen Kühe über Wiesen).

6 Bildet zu den Infinitiven (= Grundformen) im Wortspeicher die Personalformen des Präteritums (= Vergangenheitsformen). Was fällt euch auf?

Beispiel: fallen – ich fiel, du fielst, er fiel, wir fielen, ihr fielet, sie fielen

schreien • rufen • halten • schlafen • raten • schreiben • beweisen • laufen

7 Löse das Silbenrätsel und schreibe die Lösungswörter in dein Heft. Folgende Begriffe werden gesucht:

- Das macht man, wenn es sehr kalt ist.
- Daran befindet sich das Eis.
- ein anderes Verb für *geschehen*
- So nennt man einen jungen Teil einer Pflanze.
- eine Bezeichnung für einen kurvenartigen Straßenabschnitt
- Darauf fährt ein Zug.
- eine Art, sich fortzubewegen
- Auf diesem Material schreibt man.

b	Bie	chen	frie	gung
krie	ne	ren	ren	Pa
pas	pier	Schie	sie	
Stie	Trie	l		

8 Ergänze in dem Text „Tiere in Not" die fehlenden Buchstaben. Es fehlen jeweils **ie**, **i**, **ih** oder **ieh**.

Tiere in Not

V_le Zoot_re werden in zu kleinen Gehegen und Käfigen gehalten. T_ger z_en in freier Wildbahn ungehindert umher. S_ l_ben ausgedehnte Streifzüge. Im Zoo ist _hnen d_ses nicht möglich. V_lfach l_gen s_ teilnahmslos herum.
Auch Krokod_le, die r_sige Flüsse bevorzugen und durch dichtes Ufergebüsch kr_chen, verl_ren in den kleinen Wasserbecken _r ursprüngliches Verhalten.
Selbst in den Streichelzoos, in denen es Z_gen, Esel, Schafe und andere T_re g_bt, verhalten sich d_ meisten Besucher nicht immer richtig. D_ T_re werden zum Beisp_l mit r_sigen Mengen Popcorn gefüttert. Manchmal gesch_t es, dass Besucher _nen zum Spaß Pap_r anb_ten. Fressen d_ T_re d_ses, können s_ krank werden oder sogar sterben.

Das musst du lernen und wissen

Wörter mit lang gesprochenem Vokal

Bei einem Wort kann der Vokal kurz (z. B. kommen) oder lang (z. B. Tiger) gesprochen werden. Zur Schreibweise der Wörter mit lang gesprochenem Vokal merke dir folgende Hinweise:

- Die **meisten Wörter mit lang gesprochenem Vokal** schreibt man **mit einfachen Buchstaben** (z. B.: Dose, Vase, Nase, Hut).
- Bei einer kleineren Gruppe von Wörtern wird der lang gesprochene Vokal bei der Schreibung durch ein **Längenzeichen** gekennzeichnet. Diese Wörter werden mit einem **Dehnungs-h** (z. B.: Bohrer, Kuh, Zahn) geschrieben oder sind durch **Vokalverdoppelung** (z. B.: Saat, Boot, Meer) gekennzeichnet.
- Es gibt jedoch **keine feste Regel** für die Kennzeichnung der lang gesprochenen Vokale durch das Dehnungs-h oder die Vokalverdoppelung.
- Für die **Wörter mit lang gesprochenem i-Laut** kannst du dir merken, dass die **meisten Wörter mit *ie* geschrieben werden** (z. B.: Riese, niesen, Wiese). Nur bei einigen Wörtern, die aus anderen Sprachen stammen (z. B.: Maschine), und einigen Pronomen (z. B.: mir, dir, wir) schreibt man den i-Laut mit einfachem **i**.

➔ Wörter mit langem i-Laut AH, S. 96–98

Alles klar? – Wiederholen, üben und überprüfen

Hose ● See ● Sahne ● rufen ● Stroh ● Rat ● sehen ● holen ● Aal ● Sage ruhen ● Waage ● Töne ● Lehrerin ● Zug ● Hahn ● Saal ● rot ● sehr ● Sohn Zahl ● Tee ● Speer ● Segel ● Rahmen ● Zoo ● Zahn ● Tor ● sägen ● Reh ● grün ● nämlich ● Höhle ● Idee ● Mühe ● quer ● während ● Boot ● Stuhl ● Ferien

1 Ordne die Wörter nach der Schreibweise der langen Vokale in die Tabelle ein.

ohne Längenzeichen geschrieben	**mit doppeltem Vokal geschrieben**	**mit h als Längenzeichen geschrieben**
Hose …	See …	Sahne …

Norbert Landa

Warum werden Nashörner gejagt?

Einige Tierarten werden gejagt, weil _re Hörner so beg_rt sind. Zu diesen gef_rdeten Tierarten gehört auch das Nashorn. Besonders in Asien bez_lt man für ein Pulver aus dem Horn eines Nashorns viel Geld. Das Pulver gilt bei vielen Menschen als Wundermedizin. Diese Ann_me ist aber ein F_ler. Der Glaube an die Heilkraft des in M_len gem_lenen Pulvers ist bl_ender Unsinn.

2 Vervollständige die Wörter in dem Text. Suche zu den einzelnen Wörtern möglichst viele verwandte Wörter, die zu der jeweiligen Wortfamilie gehören (z. B. ihre, ihr, ihn …). Ihr könnt euch den Text auch gegenseitig diktieren.

3 Ergänze die fehlenden Buchstaben in folgenden Sätzen. Diktiere dir mit einem Mitschüler oder einer Mitschülerin die Sätze gegenseitig.

- Ein _sel frisst Kl_, er trinkt jedoch keinen T_.
- _le, die durch das Wasser r_sen, stoßen sich sehr leicht die N_sen.
- Eine D_se voller L_se fand ich am Waldrand im M_s.
- Zunächst tanzte der H_se im S_l, später fr_ß er im G_rten S_l_t.
- Wenn ich ein Buch l_sen will, koche ich mir vorher eine Tasse Kaff_ oder Stachelb_rt_.
- Zum Geburtstag wünscht sich Andrea ein F_rr_d, eine W_ge, Blumens_men und eine Kristallv_se.
- Schn_männer r_den im F_bruar viel über das Wetter.
- Ein Affe aus dem Z_ erwarb im Supermarkt eine T_rte, zwei R_sen, eine Latzh_se und ein knallr_tes Gummib_t.

4 Ergänze die folgenden Merksätze in deinem Heft.

- Die meisten Wörter mit langem Vokal schreibt man mit ___ ___.
- Bei einigen Wörtern mit langem Vokal folgt hinter dem langen Vokal ein ___ oder der lange Vokal wird ___.
- Die meisten Wörter mit lang gesprochenem i-Laut schreibt man mit ___.

5 Übernimm das Rätsel in dein Heft und löse es.

duftender Strauch	▢	▢	ie	▢	▢	▢			
kein Krieg	▢	▢	ie	▢	▢	▢			
Körperorgan		▢	ie	▢	▢				
hoher Schuh	▢	▢	ie	▢	▢	▢			
Insekt		▢	ie	▢	▢				
Getränk		▢	ie	▢					
Verbrecher		▢	ie	▢					
Wochentag		▢	ie	▢	▢	▢	▢	▢	
Gefühl		▢	ie	▢	▢				
Grünfläche		▢	ie	▢	▢				

6 Entschlüsselt die Geheimschrift und schreibt die Wörter auf.

Beispiel:

20	5	5	18	2	5	12	1	7
T	e	e	r	b	e	l	a	g

1	1	12	7	12	1	20	20					
11	12	5	5	2	12	1	20	20				
11	1	6	6	5	5	6	9	12	20	5	18	
13	15	20	15	18	2	15	15	20				
19	1	1	20	7	21	20						
13	5	5	18	19	1	12	26					
8	1	1	18	19	16	1	12	20	5	18	5	9

7 In dem Gedicht fehlen die Buchstaben **ie**, **i** oder **ih**. Übernimm das Gedicht in dein Heft und setze die passenden Buchstaben ein.

Josef Guggenmos (1922–2003)

Überraschung im D▢nst

Es lag ein Str▢ck
aus einem Loch.
Da sprach der Pol▢z▢st Franz Pfloch.
„Du hast h▢r n▢cht zu l▢gen!
Drum w▢rst du aufgeschr▢ben
und außerdem verhaftet."
Jedoch ▢n aus dem Loch zu ziehen,
das hat er n▢cht verkraftet.
„Du w▢llst wohl n▢cht? He! W▢?"
Franz Pfloch nahm seine Tr▢llerpfeife:
Iiiiiii!
[...]

Von Riesen, Großmüttern, Prinzessinnen und anderen sonderbaren Gestalten – s-Laute

Oft ist es schwierig, Wörter wie *groß*, *Kuss* oder *reisen* richtig zu schreiben. Im Deutschen werden nämlich die s-Laute unterschiedlich geschrieben. In diesem Kapitel lernt ihr, wie welche s-Laute geschrieben werden. Ihr lernt,

- woran ihr die verschiedenen s-Laute erkennen könnt (z. B. an der Aussprache) und
- welche Regeln und Tipps euch helfen, die einzelnen s-Laute richtig zu schreiben.

Weiter erfahrt ihr noch, wie ihr selbstständig Diktate durchführen könnt. So könnt ihr eure Rechtschreibung mit einer Partnerin oder einem Partner zusammen üben und verbessern.

1.

Was hörst du? – Stimmhafte und stimmlose s-Laute unterscheiden

„Es war einmal …“

Märchen wurden und werden überall auf der Welt erzählt. Sie wurden früher nur mündlich erzählt. Erst später wurden sie von sogenannten Märchensammlern aufgeschrieben. So blieben die Märchen bis heute erhalten.

Früher wurden Märchen vor allem während der Winterzeit im Haus erzählt. Wenn es draußen nass und eisig war, saß die Familie gemeinsam in der warmen Küche und erledigte die Hausarbeiten. Die Menschen spannen z. B. Wolle oder strickten. Dabei erzählten sie sich Märchen.

Oft begannen diese Märchen mit „Es war einmal“ und endeten mit dem Satz „Und wenn sie nicht gestorben sind, dann leben sie noch heute“. In ihnen kamen Riesen, böse Wölfe, Prinzessinnen, Feen und alle die Gestalten vor, die wir heute so gut kennen. Die Märchenhelden mussten schwierige Aufgaben lösen oder gegen das Böse kämpfen. Die bösen Kräfte wurden immer besiegt. Das Gute wurde dagegen belohnt, z. B. mit köstlichen Speisen, einem Schloss oder Glück.

Ganz anders als die Welt der Märchen war jedoch die Welt, in der die Menschen früher lebten. Viele waren arm, litten große Not und mussten um ihr Überleben kämpfen. Da war das Hören und Erzählen von Märchen für viele eine große Hilfe. Sie konnten dabei in einer Geschichte erleben, wovon sie träumten und was sie in Wirklichkeit nicht erleben konnten. Man erfährt also viel über die Wünsche und Träume der Menschen, die früher gelebt haben, wenn man heute ein Märchenbuch liest.

1 Lest euch den Text genau durch. Beantwortet folgende Fragen:

- Wie sind die Märchen bis heute erhalten geblieben?
- Wann und in welchen Situationen erzählten die Menschen früher Märchen?
- Woran kann man Märchen erkennen?
- Wie lebten die Menschen damals und warum erzählten sie sich so gerne Märchen?
- Warum erfährt man vieles über die Wünsche und Träume der Menschen, wenn man heute ein Märchenbuch liest?

2 Lest die unterstrichenen Wörter mehrmals laut. Achtet dabei besonders auf die s-Laute:

- Welche Unterschiede hört ihr in der Aussprache der s-Laute?
- Legt beim Sprechen die Hand an den Kehlkopf. Was stellt ihr fest?

3 Übernimm die Tabelle in dein Heft. Ordne die unterstrichenen Wörter mit einem s-Laut ein. Sprich sie dazu vorher laut, bevor du sie in die Tabelle schreibst.

stimmhafter/gesummter s-Laut	**stimmloser/gezischter s-Laut**
Sie (Z. 1), sogenannten (Z. 2) ...	bis (Z. 3), draußen (Z. 5) ...

4 Wie viele Schreibweisen kannst du für das stimmhafte/gesummte **s** finden und wie viele für das stimmlose/gezischte **s**?

Das musst du lernen und wissen

Der stimmhafte und der stimmlose s-Laut

Es gibt im Deutschen **zwei verschieden gesprochene s-Laute**.

- Beim **stimmhaften s-Laut** kann man das **s** gesummt sprechen wie z. B. in *eisig* oder *Rasen*. Wenn du deine Hand auf deinen Kehlkopf legst, kannst du das Summen fühlen.
- Man kann das **s** auch stimmlos sprechen wie z. B. in *draußen*, *große* oder *Flüsse*. Den **stimmlosen s-Laut** spricht man gezischt. Du kannst ihn nur hören, aber nicht fühlen.

Nach ihrer Aussprache nennt man den stimmhaften auch **gesummten s-Laut** und den stimmlosen bezeichnet man als **gezischten s-Laut**. Die Unterscheidung von stimmhafter und stimmloser Aussprache ist auch für die **Rechtschreibung der s-Laute** wichtig:

- Der **stimmhafte s-Laut** wird immer mit einfachem **s** geschrieben.
- Für den **stimmlosen s-Laut** gibt es drei Schreibweisen. Er kann mit **s**, mit **ss** oder mit **ß** geschrieben werden.

Riesengeschichte

Bartolo ist ein Riese. Er ist sehr groß und stark, er hat Riesenfüße und Riesenhände, eine Riesennase, Riesenohren und einen Riesenschnurrbart, der wie ein Besen aussieht. Aber sein Herz ist wie ein Hasenherz, ein richtiger Angsthase ist er. Bartolo fürchtet sich nicht nur vor Spinnen und Wespen wie du und ich. Nein, er fürchtet sich auch vor Löwen und Tigern und Drachen. Dabei hat in unserem Wald seit urewigen Zeiten niemand auch nur die Schwanzspitze von einem Löwen oder Tiger oder Drachen gesehen. Und er fürchtet sich auch vor den Nachteulen mit ihren großen runden Augen, vor den Füchsen mit ihren messerscharfen Zähnen, vor den Katzen mit ihren spitzen Krallen. Es gibt nichts, wovor er sich nicht fürchtet.

5 Erkläre, was das Besondere an dem Riesen Bartolo ist.

6 Sucht aus dem Text alle Wörter mit einem s-Laut heraus. Sprecht sie wieder laut und ordnet sie in die Tabelle ein. Übernehmt dazu die Tabelle in eure Hefte. Hilfen erhaltet ihr in der Lernbox auf S. 296.

stimmhafter/ gesummter s-Laut	**stimmloser/gezischter s-Laut**		
geschrieben **s**	geschrieben **s**	geschrieben **ss**	geschrieben **ß**

7 **Durchstarten! So könnt ihr weiterarbeiten:**

➔ s-Laute unterscheiden AH, S. 100

a Bestimmt, ob die Wörter in dem Wortspeicher einen stimmhaften oder stimmlosen s-Laut haben. Ihr könnt sie in die Tabelle von Aufgabe 6 eintragen.

das Wissen • lesen • küssen • niesen • der Esel • die Rose • der Riss
riesig • der Hase • das Haus • das Los • groß • der Fußball • reisen
der Spaß • süß • leise • der Besen • lispeln • Floß • draußen
die Meise • die Wiese • das Gras • der Muskel • der Fleiß • der Gruß
die Klasse • rosa • der Hass • fließen • besser • die Gänse • bremsen

b Sammelt Ideen, was Bartolo erleben könnte, damit er seine Angst besiegt. Schreibt dann eine Geschichte dazu. Unterstreicht anschließend in eurem Text alle Wörter mit stimmhaften und stimmlosen s-Lauten mit unterschiedlichen Farben.

Nicht immer so einfach – den stimmhaften s-Laut erkennen

Hase, Nase, Vase – die Rechtschreibung des stimmhaften s-Lautes üben

Der Wolf mit den drei goldenen Haaren

Hinter den ______ Bergen bei den ______ Zwergen lebte an einem ______ ______ ein Wolf. Es war ein ungewöhnlicher Wolf, denn auf seinem Kopf wuchsen drei goldene Haare und seine ______ wurde immer länger, wenn er nicht die Wahrheit ______. Eines Tages wollte der Wolf ______ kranke Großmutter ______, die hinter dem Wald in einem der Hochhäuser lebte. Sie hatte ______ und lag mit ______ hohem Fieber im Bett. Er ______ sich auf sein Motorrad, packte süßen Kuchen, ______, ______, Wein und Brot zur Stärkung für die Großmutter in seinen Korb und brauste los. Unterwegs begegnete er ______ und Gretel, die mit Inline-Skates auf dem Weg zum Lebkuchenhaus waren, um zu ______, wie es der alten Hexe ging, die nach ihrem letzten Ausflug mit dem ______ eine Erkältung bekommen hatte und ständig ______ und husten musste.

1 Sprich die Wörter aus dem Korb des Wolfes laut. Was fällt dir an den s-Lauten der Wörter auf?

2 Im Korb des Wolfes sind die Wörter versteckt, die ihr in den Text einsetzen müsst. Setzt sie in die Lücken des Textes ein und lest das Märchen. Dazu müsst ihr vielleicht ein bisschen knobeln.

3 Schreibe den Text in dein Heft. Setze dabei die passenden Wörter aus dem Korb in die Lücken ein.

4 Unterstreiche dann alle Wörter mit einem stimmhaften s-Laut und kreise alle Wörter mit einem stimmlosen s-Laut ein.

5 Übe noch einmal die Aussprache und Schreibweise des gesummten s-Lautes. Ergänze den fehlenden Buchstaben und lies die Wörter laut. Schreibe sie anschließend in alphabetischer Reihenfolge in dein Heft.

Ha_e, Brem_e, sau_en, E_el, Ho_e, Na_e, tau_end, Ra_en, Kä_e, Am_el, die_er, le_en, Do_e, Gemü_e, Ro_e, rei_en, Pau_e, Be_en, lei_e, Ei_en, al_o, Amei_e, bö_e

6 Bilde mit den Wörtern lustige Paarreime. Schreibe sie in dein Heft und unterstreiche alle stimmhaften s-Laute, z. B.:

Die Hexe fliegt auf ihrem Besen,
sie hat im Zauberbuch gelesen.

7 Formuliere einen Merksatz zur Aussprache und Schreibweise des stimmhaften s-Lautes.

Das stimmhafte **s** spricht man _____ und man schreibt es _____.

Maus – Mäuse, Haus – Häuser – den versteckten stimmhaften s-Laut erkennen

1 In der Märchenburg sind viele Wörter zu sehen. Lies sie laut. Welche Gemeinsamkeit entdeckst du?

2 Worin besteht der Unterschied zwischen den Wörtern in der Märchenburg und den Wörtern im Korb des Wolfes auf S. 298?

3 Schreibt die Wörter aus der Burg untereinander auf. Findet nun zu allen Wörtern eine Verlängerung (z. B.: Maus – Mäuse, sie niest – niesen). Bildet z. B. zu den Verben die Infinitive (= Grundformen) und zu den Nomen/Substantiven den Plural (= Mehrzahl).

4 Lest jetzt jeweils ein Wort aus Aufgabe 3 und die Verlängerung dazu laut. Was fällt euch auf?

5 Ergänze bei dem folgenden Gedicht die fehlenden Buchstaben. Finde zu den Wörtern mit den fehlenden Buchstaben Wörter, mit denen du ihre Schreibweise erklären kannst.

Johannes Diekhans (geb. 1954)

Die Leseratte zum Bücherwurm

Die Le_eratte zum Bücherwurm:
„Lie_ mir ein Buch vor!
Eines, in dem der Rie_e nie_t.
Eines, in dem der Wind blä_t.
Eines, in dem der Sturm sau_t.
Eines, in dem das Schaf gra_t.
Eines, in dem wir uns treffen.
Du und ich.
Eines, das du noch nicht verspei_t hast."

Das musst du lernen und wissen

Den versteckten stimmhaften s-Laut erkennen

- Vor einem Konsonanten oder am Wortende hörst du immer nur einen stimmlosen, gezischten s-Laut (z. B.: er nie**s**t *oder* Mau**s**). Dahinter kann sich jedoch ein stimmhafter, gesummter s-Laut verstecken.
- Um dir sicher sein zu können, wie man den s-Laut in diesen Fällen schreibt, musst du **nach verwandten Wortformen** suchen. Sprich diese laut und deutlich aus. Wenn du einen stimmhaften s-Laut hörst, wird der s-Laut mit einem einfachen **s** geschrieben (z. B.: Mau**s** – Mäu**s**e, er nie**s**t – nie**s**en, Hau**s** – Häu**s**er, er ra**s**t – ra**s**en).
- Merke dir folgende **Regel**: Verlängere das Wort und du hörst es sofort!

3.

ss oder ß? – Den stimmlosen s-Laut richtig schreiben

Achte auf die Vokale! – Die Schreibweisen des stimmlosen s-Lautes erkennen

1 Schreibe die Wörter aus der Märchenkiste in dein Heft. Ordne sie dabei in einer Tabelle nach **ss** und **ß**.

2 Lest die Wörter laut. Kennzeichnet dann den Vokal (= Selbstlaut) vor dem stimmlosen s Laut. Unterstreicht die lang gesprochenen Vokale und setzt unter die kurz gesprochenen Vokale einen Punkt (z. B.: groß, Tasse).

3 Versucht, die unterschiedliche Schreibweise des stimmlosen s-Lautes zu erklären. Wann schreibt man ihn mit **ss** und wann mit **ß**?

4 Bilde mithilfe der Wortsterne möglichst viele Wörter und schreibe sie in dein Heft. Markiere wieder die Vokale vor dem stimmlosen s-Laut. Unterstreiche die lang gesprochenen Vokale und kennzeichne die kurz gesprochenen mit einem Punkt.

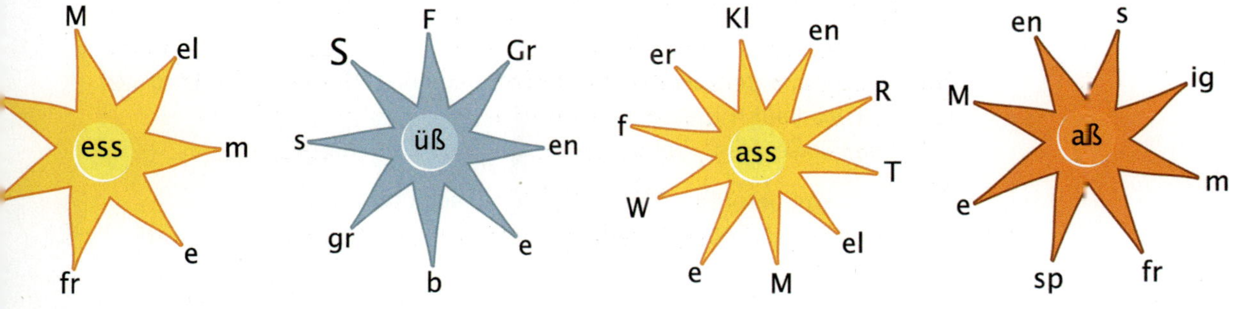

5 Lies die Lernbox unten und ergänze bei den folgenden Wörtern den stimmlosen s-Laut. Setze **ss** oder **ß** ein. Sprich die Wörter vorher mehrmals deutlich. Kennzeichne die lang gesprochenen Vokale durch einen Strich und die kurz gesprochenen Vokale durch einen Punkt (z. B.: Fuß, Gasse, beißen).

Fischflo■e, Grü■e, Ma■e, Schlü■el, Stra■e, pre■en, Spa■, genie■en,

Flu■, Kla■e, Blö■e, zerrei■en, nie■en, verschlo■en, flie■en,

Wei■brot, vermi■en, Hei■hunger, zusammenfa■en

6 Löst die folgenden Rätsel. Erklärt jeweils, warum ihr das Lösungswort mit **ss** oder **ß** schreiben müsst. Die Lernbox auf dieser Seite hilft euch dabei.

– Eine ■a■■■ ist ein Ge■■■, aus dem man trinken kann.
– Ein ■a■■ ist ein Dokument, das du brauchst, um in ein anderes Land einzureisen.
– K■■■■e isst man in Suppen oder zu Fleischgerichten.
– Der Rhein ist ein großer ■■■■■.
– Blumen muss man regelmäßig ■■e■■■, sonst vertrocknen sie.
– In vielen Ländern b■■■■■■■ und verabschieden sich Menschen mit einem ■u■■.
– Um einen Fluss zu überqueren, kann man anstatt eines Bootes auch ein Fl■■ benutzen.
– Mit Inline-Skates darf man nicht auf der ■■r■■■ fahren, sondern man muss den Bürgersteig benutzen.
– Viele Fische bewegen sich mithilfe ihrer ■■o■■■■ fort.
– Man benutzt einen ■■m■■■■, um die Himmelsrichtung zu bestimmen.

Das musst du lernen und wissen

Den stimmlosen s-Laut richtig schreiben

Der stimmlose s-Laut wird gezischt ausgesprochen.

- **Nach langem, betontem Vokal** oder **Doppellaut** (z. B. au *oder* ei) wird der stimmlose s-Laut mit **ß** geschrieben.
  Beispiele: Soße, Fleiß, beißen, Füße, genießen
- Nach **kurzem, betontem Vokal** wird er mit **ss** geschrieben.
  Beispiele: Klasse, fassen, Masse, essen

7 Schreibe die folgenden Wörter in dein Heft und setze **ss** oder **ß** ein.

Ka■e, flie■en, Spie■e, Pa■, Flo■e, be■er, sto■en, Ga■e, So■e, drei■ig, Schlü■el, Ta■e, gie■en, au■en, kü■en, Gru■, Stra■e, Ha■, bei■en, Fü■e

8 Bilde mithilfe der Wörter aus dem Speicher Paarreime (z. B.: genießen – schließen) und schreibe sie in dein Heft.

genießen • Maus • Grüße • Haus • groß • zerreißen • schließen • weiß
Füße • Laus • Floß • heiß • fließen • Fuß • beißen • Gruß • gießen

9 Schreibe mithilfe der Paarreime kurze Verse zum Thema „Märchen“ in dein Heft. Vielleicht kannst du auch ein ganzes Gedicht schreiben.

Beispiel: Will der Wolf sein Mahl genießen,
sollte er die Türe schließen.

10 In dem folgenden Buchstabenquadrat sind viele Wörter mit stimmhaften und stimmlosen s-Lauten versteckt. Schreibe sie heraus. Achte dabei auf die Groß- und Kleinschreibung.

M	E	I	S	E	P	A	D	F	G	K	H	J	K
G	N	I	E	S	E	N	B	H	I	U	P	Z	Ö
S	F	G	Z	I	O	E	G	N	A	S	S	E	L
Q	B	K	G	R	M	Y	H	R	N	S	M	U	P
S	C	H	L	Ü	S	S	E	L	Ü	Y	V	G	B
P	O	Ä	B	S	A	U	S	E	N	O	M	N	O
E	J	U	N	S	E	R	B	I	L	C	X	I	V
I	C	S	Ü	E	I	Q	Ä	F	Ö	B	N	S	C
S	Z	E	X	L	A	J	T	P	R	G	A	S	F
E	H	R	E	I	S	E	U	G	A	N	S	E	T
R	G	Z	X	Y	V	J	M	L	S	R	E	L	O
G	R	A	S	N	T	A	S	S	E	Z	L	Z	P
Y	V	F	R	O	P	Ü	L	G	N	U	S	S	Ü
R	I	E	S	E	W	Z	H	G	Z	T	J	K	L
I	U	N	X	A	R	P	K	A	S	S	E	E	R

11 Sucht euch aus diesem Kapitel zehn Wörter mit einem stimmlosen s-Laut heraus und schreibt sie in euer Heft. Diktiert sie euch gegenseitig und überprüft eure Rechtschreibung.

ss oder ß? – Die Schreibweise des stimmlosen s-Lautes üben

1 Vervollständigt die Tabelle in eurem Heft. Geht so vor:

- Ergänzt die fehlenden Verbformen wie in dem Beispiel in der ersten Zeile.
- Achtet bei den Verbformen darauf, ob der Vokal vor dem stimmlosen s-Laut kurz oder lang gesprochen wird. Sprecht die Verbformen vorher laut, bevor ihr sie in die Tabelle eintragt.
- Tragt die einzelnen Verbformen in die Tabelle ein. Schreibt den stimmlosen s-Laut dabei so, wie ihr es gelernt habt. Seht euch eventuell noch einmal die Lernbox auf S. 302 an.
- Kennzeichnet wieder den lang gesprochenen Vokal durch einen Strich und den kurz gesprochenen Vokal durch einen Punkt.

Infinitiv (= Grundform)	**1. Person Singular Präsens (= Gegenwart)**	**1. Person Singular Präteritum (= Vergangenheit)**
genießen	ich genieße	ich genoss
schießen		
zerreißen		
gießen		
essen	ich esse	
vergessen		
wissen		

2 Was fällt euch an der Schreibung der Wörter auf, wenn ihr die Infinitive in das Präsens und Präteritum setzt? Erklärt die Veränderung der Schreibweise.

3 Übe die Veränderung der s-Laute bei Verben. Übernimm die Tabelle in dein Heft und ergänze sie. Arbeite dabei wie bei Aufgabe 1.

Infinitiv	**1. Person Singular Präsens**	**3. Person Singular Präteritum**
beißen		
		es fraß
	ich messe	
		es floss
essen		
	ich reiße	
		sie verließ

4 Ergänze in dem Text die fehlenden s-Laute. Begründe jeweils ihre Schreibweise. Hilfen erhältst du in der Lernbox.

Erster Schultag in der Prärie

Die Lehrerin will von dem Sohn des gro■en Indianerhäuptlings wi■en, wie er denn hei■e. Dieser antwortet: „Ich hei■e Kleiner-Vogel-der-flei■ig-singt-und-zwitschert-und-von-Baum-zu-Baum-fliegt.“ „Ein bi■chen lang, dein Name, und leicht zu verge■en“, sagt da die Lehrerin. „Wie nennen dich denn deine Freunde?“ „Piep!“, entgegnet gela■en der Sohn des gro■en Häuptlings.

5 Versucht, möglichst viele der verschlüsselten Wörter aufzulösen. Arbeitet dabei zu zweit oder zu dritt. Erklärt jeweils die Schreibweise des s-Lautes.

ÜRSELS • SEIWE • ESILE • SANS • LUSHC • ESAKS • ESAN • SÜSNEK
SIERE • ULAS • EMIESA • DEBOSSERN • LORSWAS • SOLFES • NASER
RESAWS • SORE • EISER

Das musst du lernen und wissen

s-Laute unterscheiden und richtig schreiben

- Man kann den **s-Laut stimmhaft (= gesummt)**, wie z. B. in *lesen*, oder **stimmlos (= gezischt)**, wie z. B. in *Klasse*, **sprechen**.
- Der **stimmhaft gesprochene s-Laut** wird immer mit **einfachem s** geschrieben.
- Wenn es zu einem Wort mit **einem stimmlosen s-Laut verwandte Wörter mit einem stimmhaften s-Laut** gibt, schreibt man ein **einfaches s**. Du kannst den versteckten stimmhaften s-Laut erkennen, wenn du das **Wort verlängerst** (z. B.: er liest – lesen, Haus – Häuser).
- Nach einem **langen, betonten Vokal** oder **Doppellaut** wie **ei** oder **au** wird der **stimmlose s-Laut mit ß** geschrieben (z. B.: reißen, Kloß).
- Nach **kurzem, betontem Vokal** wird der **stimmlose s-Laut oft mit ss** geschrieben (z. B.: Biss, müssen, er küsst).
Wenn du dir bei der Schreibweise unsicher bist, verlängere das Wort oder suche verwandte Wörter (z. B.: Biss – Bisse, er küsst – küssen – Küsse).

➔ Wörter mit ss oder ß richtig schreiben
AH, S. 101–102

Übung macht den Meister – Fünf-Minuten-Diktate schreiben

Mithilfe der folgenden Texte könnt ihr selbstständig Partnerdiktate durchführen. So könnt ihr eure Rechtschreibung und die Schreibweisen des s-Lautes trainieren. Geht folgendermaßen vor:

- Arbeitet zu zweit. Lest den Text zusammen und klärt unbekannte Wörter.
- Derjenige, der den Text diktiert, liest dem anderen den ganzen Text laut vor.
- Dann liest er den ersten Satz vollständig vor und diktiert ihn abschnittweise jeweils bis zum Schrägstrich im Text. Diktiert die Satzzeichen (z. B. Punkt und Komma) mit.
- Achtet darauf, dass der andere den Abschnitt geschrieben hat, bevor ihr weiterdiktiert.
- Überprüft nach dem Diktat gemeinsam, ob der Text richtig geschrieben ist. Besprecht zusammen die Fehler.
- Die Rolle desjenigen, der diktiert, kann bei jedem neuen Text wechseln. Ihr könnt aber auch die Rollen nach der ersten Hälfte eines Textes tauschen.

1 Diktiert euch die folgenden Texte. Arbeitet zu zweit.

■ Einige Schlangenarten / sind für den Menschen / sehr gefährlich. So fließt / bei den Kobras / das Gift / durch die spitzen Giftzähne / direkt / in die Bisswunde des Opfers. / Es wird dadurch / gelähmt oder sogar getötet.

■ Wer / mit einem Schiff / verreist, / sollte auf keinen Fall / seine Reiseapotheke / vergessen. / Man könnte / nämlich / seekrank werden, / falls es stürmt.

■ Fische sind / sehr gut an das Leben / im Wasser angepasst. / Sie bewegen sich / mithilfe ihrer Flossen / vorwärts. / Einige Fischarten leben / in offenen Gewässern. / Andere leben / nicht in Seen, / sondern am Boden / eines Flussbetts.

■ Das Walross ist / ein großes Säugetier / mit langen Stoßzähnen. / Es besiedelt / die nördlichen Gewässer / der Antarktis. / Die riesigen Tiere haben / eine dicke Speckschicht. / Diese schützt sie / vor Kälte / und dient ihnen / als Reserve, / wenn die Nahrung / knapp wird.

■ Nashörner sind / wegen ihres begehrten Horns / vom Aussterben bedroht. / In einigen Ländern / wird es als / kostbares Gut gehandelt. /
Es wird deshalb / gnadenlos von Wilderern / gejagt und geschossen. / Sie erschießen wahllos / sowohl große als auch junge Nashörner.

Alles klar? –
Wiederholen, üben und überprüfen

1 Setze **ss** oder **ß** richtig in die Wörter ein und schreibe sie in dein Heft.

gefrä▪ig, Fü▪e, Spie▪e, E▪ig, Ta▪e, Kla▪e, be▪er, Genu▪, schlie▪en, Dro▪el, Stra▪e, Ki▪en, ka▪ieren, au▪en, Grö▪e, Fa▪, sie lä▪t, Kommi▪ar, er vergi▪t, sie mu▪ten, Flo▪

2 Bei folgenden Wörtern musst du den s-Laut ergänzen. Gehe dabei so vor:

- Finde zu jedem Wort zwei Verlängerungen oder verwandte Wörter und schreibe sie in dein Heft (z. B.: wir hassen – der Hass – er hasst, die Maus – die Mäuse – der Mäuserich).
- Sortiere die Wörter nach Wörtern mit einem stimmlosen s-Laut und nach Wörtern mit einem versteckten stimmhaften s-Laut.

wir kü▪en, das Hau▪, na▪, er mu▪, der Prei▪, er ra▪t, er fri▪t, das Gla▪, die Ka▪e, er spei▪t

3 Die folgenden Texte stammen aus verschiedenen Märchen. Wie heißen die Märchen?

A Eine sehr arme Witwe lebte in einer ein▪amen Hütte. In ihrem Garten standen zwei Ro▪enbäumchen, das eine hatte wei▪e, das andere rote Ro▪en. Ihre zwei Kinder glichen die▪en beiden Ro▪enbäumchen.

B Eine Witwe hatte zwei Töchter, davon war die eine schön und flei▪ig, die andere hä▪lich und faul. Sie hatte aber die hä▪liche und faule Tochter viel lieber, und die andere mu▪te die ge▪amte Arbeit tun. Das arme Mädchen mu▪te sich täglich auf die gro▪e Stra▪e an einen Brunnen setzen und so viel spinnen, dass ihm die Finger bluteten.

C Deine wei▪en Kleider, deine Perlen und gro▪en Edelsteine und deine goldene Krone mag ich nicht. Wenn du mich aber lieb haben willst und ich dein Spielkamerad ▪ein, an deinem Tisch neben dir sitzen, von deinem goldenen Teller e▪en, aus deiner Ta▪e trinken und in deinem Bett schlafen darf, so will ich hinuntersteigen und dir die goldene Kugel wieder hinaufholen.

4 In den drei Texten fehlen bei einigen Wörtern die s-Laute. Übernimm die Tabelle in dein Heft und ordne diese Wörter mit ihrer richtigen Schreibweise in die Tabelle ein.

s	ss	ß
…	…	…

5 Übt mit den Texten eure Rechtschreibung und diktiert sie euch gegenseitig. Lest euch vorher noch einmal die Tipps zum Diktieren auf S. 306 durch.

Die Zeichensetzung bei Aufzählungen und bei der wörtlichen Rede

Stell dir vor, in einem Jugendbuch wäre die wörtliche Rede nicht mithilfe von Satzzeichen gekennzeichnet. Dann hättest du bestimmt große Mühe zu verstehen, wer was sagt. Oft helfen Satzzeichen wie Kommas auch, Sätze übersichtlicher und verständlicher zu machen, z. B. wenn in einem Kochrezept mehrere Zutaten aufgezählt werden.

In diesem Kapitel lernt ihr,

- welche Regeln es für die Kommasetzung bei Aufzählungen gibt und
- wie Anführungszeichen, Doppelpunkte und Kommas zur Kennzeichnung der wörtlichen Rede verwendet werden.

Die Schüler und Schülerinnen der 5 b haben im Deutschunterricht ein kleines Übungsdiktat geschrieben. Boris hat sogar noch ein Bild dazu gezeichnet.

Als die Lehrerin herumgeht, staunt sie über Boris' Zeichnung. „Warum steht die alte Dame bei dir denn auf dem Kopf?", fragt sie. Doch dann liest sie Boris' Text und es wird ihr klar.

1 Lest den Text und erklärt, was passiert ist. Was hat Boris vergessen?

2 Die alte Dame steht natürlich nicht auf dem Kopf, sondern richtig herum am Straßenrand. Wo würdet ihr in dem Text Kommas setzen, damit der Text eindeutig zu verstehen ist?

3 Was zeigt das Beispiel von Boris darüber, welche Aufgabe Satzzeichen haben?

1.

Höher, weiter, schneller – das Komma bei Aufzählungen richtig setzen

Boris und Justus interessieren sich für Tiere und Pflanzen und lesen viel darüber. Besonders erstaunt sind sie über folgende „Rekorde“ der Natur.

In Mexiko wächst der dickste Baum der Welt. Er hat eine Höhe von 42 m, einen Stammdurchmesser von 14,05 m und einen Stammumfang von 58 m. Neunzehn Autos müsste man hintereinander stellen, um einen vollständigen Kreis um den Stamm zu bilden.

Als größtes Vogelnest der Welt lässt sich das Nest eines Seeadlerpaares in Florida bezeichnen. Es ist 2,9 m breit, 6 m tief und wiegt über 2 Tonnen. Die Küken dieser Vogeleltern wachsen also in einem richtigen „Palast“ auf.

Auch Insekten stellen „Rekorde“ auf. Ein einziger Heuschreckenschwarm kann aus einer Milliarde Tieren bestehen, etwa 1.500.000 kg wiegen und genauso viele Kilogramm Pflanzen fressen.

1 Welchen „Rekord“ findet ihr am eindrucksvollsten? Begründet eure Wahl.

2 In den Texten kommen mehrere Aufzählungen vor. Sucht sie heraus.

3 Was fällt euch an der Zeichensetzung in den Aufzählungen auf? Versucht, Regeln für die Zeichensetzung bei Aufzählungen zu formulieren.

Katzen sind Überlebenskünstler

Abgemagert verängstigt müde und völlig erschöpft wurde eine Katze in einem Karton vorgefunden (2). Sie hatte 35 Tage in einem Schiffscontainer zugebracht. Bei ihrer Entdeckung bekam sie zunächst Futter Wasser und den Namen „China“ (1). Sie war nämlich von China bis in die USA „gereist“.
Eine andere Katze mit dem Namen „Ginger“ wollte nicht allein zu Hause bleiben. Sie sprang unbemerkt zu den Hosen Röcken Blusen Pullovern und Schuhen ihrer Besitzerin in einen Koffer (3). So flog sie nach Kanada fuhr im Auto zu den Niagarafällen und sprang im Hotel ihrer überraschten Besitzerin in die Arme (1).

1 Sicher haben einige von euch Katzen als Haustiere. Könnt ihr auch interessante Geschichten von ihnen erzählen?

2 In den Aufzählungen des Textes fehlen die Kommas. Schreibe den Text in dein Heft, unterstreiche die Aufzählungen und füge die fehlenden Kommas ein. In den Klammern hinter den Sätzen mit Aufzählungen ist vermerkt, wie viele Kommas du in den jeweiligen Satz einsetzen musst. Beachte die Hinweise in der Lernbox auf S. 311.

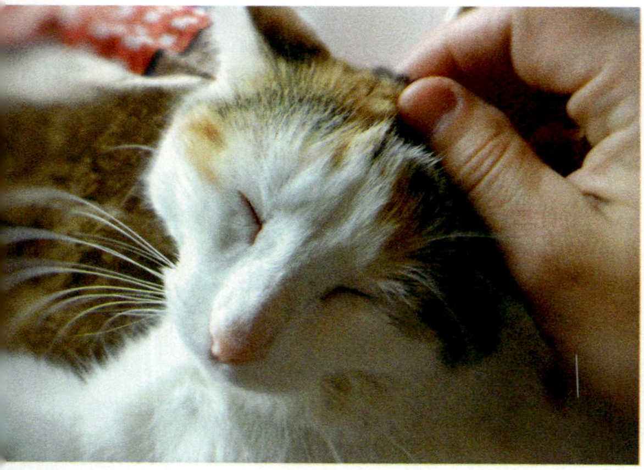

3 Schreibt selbst Sätze mit Aufzählungen zum Thema „Katzen". Beantwortet dazu folgende Fragen und benutzt dabei möglichst viele Aufzählungen. Beachtet wieder die Hinweise in der Lernbox auf S. 311.

- Was fressen Katzen gern?
- Womit spielen sie?
- Was mögen Katzen besonders gern?
- Was mögen sie gar nicht?
- Was benötigen sie zu ihrer Pflege?
- Welche Rassen gibt es?
- Welche besonderen Eigenschaften haben Katzen?
- Welche Katzennamen kennt ihr?

4 Vervollständigt die folgenden Sätze mit Aufzählungen und berücksichtigt dabei die Kommasetzung. Passende Ausdrücke findet ihr in dem Speicher. Die Zahlen hinter den Sätzen sagen euch, wie viele Wörter jeweils zu den Aufzählungen gehören.

- Kaninchen fressen am liebsten ... (3)
- Zur Pflege von Pferden benötigt man ... (3)
- Affen vertreiben sich die Zeit, indem sie ... (4)
- Eichhörnchen sammeln im Herbst ... (3)
- Vögel füttern ihre Küken mit ... (4)
- Hunde helfen den Menschen, indem sie ... (3)
- Es gibt viele Bärenarten, z. B. ... (4)
- Zu den Reptilien gehören ... (3)

Kastanien • Eisbären • klettern • Möhren • Mähnenkämme • Echsen
Beeren • Striegel • Insekten • Schafe hüten • Salat • turnen • Bucheckern
Samen • Pandabären • Verschüttete aufspüren • hangeln • Körnern
Schildkröten • Koalabären • Klee • Hufauskratzer • schaukeln • Eicheln
Drogen finden • Braunbären • Schlangen

5 Vervollständigt auch folgende Sätze und verwendet dabei möglichst viele Aufzählungen.

- Meine Lieblingstiere sind ...
- Nicht so gerne mag ich ...

Marie Winkel
Tierrätsel

In Afrikas Savannenland
mit Büffel, Zebra, Elefant,
da lebe ich, ein hübsches Tier,
stolz bin ich und gefalle mir!

Wenn Pfützen mich zum Trinken reizen,
dann muss ich meine Beine spreizen,
denn groß bin ich, ein schlanker Turm,
nicht so ein kleiner Erdenwurm!

Nudelgroß,
beinlos,
braunrot,
Amselbrot.

Minischlange,
wasserbange,
Erdenkriecher,
Kompostviecher.

Anfassen?
Lieber lassen!
Es glitscht
und ringelt,
es witscht
und schlingelt.

Es ist:
kein Eiffelturm,
sondern
ein ...

Es gibt sie allerorten
und in dutzend Sorten;
mal sind sie gelb,
mal schwarz, meist rot,
geformt wie'n Millimeterbrot,
ovaler Umriss, runder Rücken;
man muss sich tief hinunterbücken,
um sie vom Boden aufzulesen,
die putzig kleinen Kugelwesen.

Was ist das?
Ist immer nass,
plump und rund,
mit Schnurrbartmund,
bellt wie ein Hund.

6 Lest diese Tierrätsel. Welche Tiere werden in ihnen beschrieben?

7 In den Rätseln kommen viele Aufzählungen vor. Sucht sie heraus.

8 Schreibe das Rätsel, das dir am besten gefällt, in dein Heft. Unterstreiche die Aufzählungen farbig und kreise die Kommas ein.

9 Schreibt eigene Tierrätsel, in denen Aufzählungen vorkommen, und stellt sie euch gegenseitig vor.

Das musst du lernen und wissen

Das Komma bei Aufzählungen

- **Aufzählungen** von Wörtern oder Wortgruppen werden durch ein **Komma voneinander getrennt**.
- Vor den Wörtern **und**, **oder** und **sowie** steht bei Aufzählungen **kein Komma**.

Beispiele: Zu den schnellsten Tieren der Welt gehören Geparden, Delfine, Strauße sowie Wanderfalken.
Viele Kinder besitzen selbst einen Hund, eine Katze, ein Meerschweinchen, einen Vogel oder einen Hamster.

➔ Das Komma bei Aufzählungen
AH, S. 108

2.

Noch mehr von interessanten Tieren – die Zeichensetzung bei der wörtlichen Rede kennen und beachten

Der Junge Skip im folgenden Comic besitzt etwas ganz Ungewöhnliches – einen elektronischen Hund namens Bleeker. Bleeker kann sogar sprechen.

1 In Skips Leben gibt es eine große Veränderung. Worin besteht sie und wie reagiert er darauf? Erklärt auch, warum er Namensschilder auf seine Sachen kleben möchte.

2 Wie wird in einem Comic die wörtliche Rede deutlich gemacht?

Die Klasse 5 b hat im Deutschunterricht Geschichten zu dem Comic geschrieben. Dies ist der Text von Annika.

Skips Eltern sind mit dem neugeborenen Schwesterchen nach Hause gekommen. Das Baby liegt in seinem Bettchen. Skip und Bleeker knien auf zwei Stühlen und betrachten es. Bleeker fragt: „Also Skip, wie findest du dein neues Geschwisterchen?" „Mir gefällt nicht, wie sie mein Zimmer beäugt", antwortet Skip. Dann rennt er in sein Zimmer. Von dort ruft er: „Komm, lass uns noch ein paar Namensschilder für meine Sachen drucken!" „So weit kann sie doch noch gar nicht gucken!", gibt Bleeker zu bedenken.

3 Lest den Text mit verteilten Rollen.

4 Wie wird von Annika in ihrem Text die wörtliche Rede verdeutlicht?

5 Oft ist die wörtliche Rede mit einem Redebegleitsatz verbunden, wie z. B. Bleeker fragt: „...?". Übernimm den Text von Annika in dein Heft. Unterstreiche den Redebegleitsatz und die wörtliche Rede in verschiedenen Farben.

Der elektronische Hund Bleeker © 2009 Jonathan Mahood Reprinted with permission.

6 Schaut euch den Comic an. Warum sind Skip und Bleeker aufgestanden? Erklärt, welches Problem Bleeker im zweiten Bild hat.

7 Lies die Lernbox auf dieser Seite. Suche dann aus den beiden Comics über Bleeker Beispiele für Aussagesätze, Aufforderungssätze, Fragesätze und Ausrufe heraus.

8 Schreibe den Comic in einen Erzähltext um. Formuliere dabei alles, was Skip und Bleeker sagen, mit wörtlicher Rede. Was du bei der Zeichensetzung bei der wörtlichen Rede beachten musst, erfährst du in der Lernbox auf S. 314.

Das musst du lernen und wissen

Satzarten kennen

Man unterscheidet folgende Satzarten:

- **Aussagesätze** teilen meistens etwas mit, enthalten Aussagen oder Feststellungen. Sie werden durch einen **Punkt** abgeschlossen.
- **Fragesätze** werden durch ein **Fragezeichen** abgeschlossen. Mit ihnen fragt man in der Regel jemanden etwas oder man bringt zum Ausdruck, dass man etwas wissen will (Wann ist die Stunde zu Ende?).
- **Aufforderungssätze** enthalten oft Aufforderungen, Befehle oder Anweisungen. Sie werden mit einem **Ausrufezeichen** abgeschlossen (Lass das! *oder* Spiel ab!).
- Neben diesen drei Satzarten gibt es auch noch **Ausrufe**. Sie schließen ebenfalls mit einem **Ausrufezeichen**. Meistens drücken sie Gefühle und Empfindungen wie z. B. Überraschung (Oh! *oder* Nein!), Schmerz (Aua!) oder Bedauern (Ach! *oder* Oje!) aus.

➔ Satzarten und Sprechabsichten erkennen AH, S. 72–73

Elektronische Hunde gibt es heute wirklich. Roboter in Hundegestalt sind mit einer speziellen Software ausgestattet und können laufen, Töne wiedergeben sowie sich durch eine eingebaute Kamera in ihrer Umgebung orientieren und z. B. Fußball spielen. Einmal im Jahr finden sogar Weltmeisterschaften im Roboterfußball statt. Boris und Justus sehen sich ein solches Spiel an.

Es ist unglaublich, aber die Hunde können ja richtig laufen!

Das ist wirklich erstaunlich. Jetzt schießt der Hund sogar auf ein Tor!

Pech, leider nicht getroffen. Aber der Hund im Tor ist von dem Schuss umgefallen.

Von allein kann er aber nicht aufstehen. Da muss der Mensch doch noch helfen.

Es muss aber viel Arbeit gewesen sein, die Hunde so zu programmieren, oder?

Ich glaube, dass die Hunderoboter in ein paar Jahren noch viel mehr können werden.

9 Schreibt das Gespräch zwischen Boris und Justus mit wörtlicher Rede und Redebegleitsätzen auf. Beachtet dabei die Regeln für die Zeichensetzung bei der wörtlichen Rede in der Lernbox.

Das musst du lernen und wissen

Die Zeichensetzung bei der wörtlichen Rede

- Die **wörtliche Rede** wird in **Anführungszeichen** gesetzt. Am Anfang der wörtlichen Rede setzt ihr sie unten, am Ende setzt ihr sie oben.
  Beispiel: „Mach es gut. Wir sehen uns morgen."
- Wenn ein **Redebegleitsatz vor der wörtlichen Rede** steht, wird nach dem Redebegleitsatz ein **Doppelpunkt** gesetzt.
  Beispiel: Skip sagt: „Mir gefällt es nicht, wie sie mein Zimmer beäugt."
- Der **Redebegleitsatz** steht aber nicht immer vor, sondern auch häufig **hinter der wörtlichen Rede**. In diesem Fall trennt ihr den Redebegleitsatz durch ein **Komma** von der wörtlichen Rede.
  Wenn die **wörtliche Rede aus einem Aussagesatz** besteht, **entfällt der Punkt** am Ende der wörtlichen Rede.
  Beispiel: „Mir gefällt es nicht, wie sie mein Zimmer beäugt_", sagt Skip.
- Die wörtliche Rede kann auch aus Fragesätzen, Aufforderungssätzen oder Ausrufen bestehen. In diesen Fällen setzt ihr erst **nach dem Frage- oder Ausrufezeichen** am Schluss der wörtlichen Rede die **Anführungszeichen**.
  Beispiel: „Wie findest du dein neues Geschwisterchen?", fragt Bleeker.
  „So weit kann sie doch noch gar nicht gucken!", ruft Bleeker.
- Die **wörtliche Rede** kann auch **durch den Redebegleitsatz unterbrochen** werden. Dazu setzt ihr **vor und nach dem Redebegleitsatz ein Komma**.
  Beispiel: „Komm!", ruft Skip und läuft in sein Zimmer, „lass uns noch ein paar Namensschilder für meine Sachen drucken!"
  „Morgen", verspricht Skip Bleeker, „werde ich aufräumen."

Boris ist beim Surfen im Internet auf eine interessante Seite des Deutschen Fußball-Bundes (DFB) gestoßen und erzählt Justus davon, der auch gleich viele Fragen dazu hat:

Ich habe eine Seite vom DFB gefunden, die extra für Kinder gemacht wurde beginnt Boris. Sie hat ein lustiges Maskottchen namens Paule, das mit seiner lustigen Art immer gute Stimmung verbreitet fährt er fort. Wie sieht denn das Maskottchen aus will Justus wissen. Es ist ein Adler erklärt Boris er ist ein begeisterter Fußballfan und ist der Glücksbringer des DFB. Dann komme ich heute vor dem Fußballtraining mal bei dir vorbei schlägt Justus vor dann kannst du mir die Seite ja zeigen. Klasse Idee freut sich Boris dann bis gleich.

10 In diesem Text fehlen die meisten Satzzeichen. Schreibe den Text in dein Heft und setze bei der wörtlichen Rede die fehlenden Satzzeichen ein. Arbeite dabei wieder mit der Lernbox auf S. 314.

Übrigens: Die Internet-Adresse der DFB-Kinderseite lautet: paule.dfb.de.

Paule, das Maskottchen der DFB-Kinderseite

Bundesliga-Maskottchen

Paule ist nicht das einzige Maskottchen, das im Fußball eine Rolle spielt – das stellen Boris und Justus erstaunt fest, als sie sich am Nachmittag treffen.

_____ Berni, der Bär, das ist das Maskottchen von Bayern München!

Und der VfB Stuttgart hat ein Krokodil mit Baseballkappe. Es heißt Fritz _____

Guck mal, ein blau-weiß gestreiftes Zebra, es gehört zum MSV Duisburg _____

_____ Sie sehen aber aus wie Comicfiguren. Echte Tiere finde ich besser.

Einige Vereine haben aber auch echte Tiere. In Köln ist immer ein Geißbock dabei _____

Ob lebendig oder nicht, Hauptsache, sie bringen ihren Vereinen Glück _____

Justus ruft • findet Boris heraus • stellt Justus lächelnd fest • Boris kritisiert • berichtet Justus • fasst Boris zusammen

11 In dem Gespräch zwischen Boris und Justus fehlen die Redebegleitsätze. Schreibe die wörtlichen Aussagen mit den passenden Redebegleitsätzen aus dem Wortspeicher in dein Heft. Die Platzhalter zeigen dir, wo die Redebegleitsätze stehen müssen. Setze die fehlenden Satzzeichen bei der wörtlichen Rede ein und beachte die Lernbox auf S. 314.

Beginne so: Justus ruft: „Berni, der Bär, das ist das Maskottchen ...!“

➔ Die Zeichensetzung bei der wörtlichen Rede AH, S. 106–107

➔ Das Wortfeld „sagen“ AH, S. 47–48

Alles klar? – Wiederholen, üben und überprüfen

1 Ergänze die folgende Regel in deinem Heft.

Aufzählungen von Wörtern oder Wortgruppen werden durch ein ___ voneinander getrennt. Vor den Wörtern ___, ___ und ___ steht bei Aufzählungen kein Komma.

2 Ergänzt bei den folgenden Sätzen die Zeichensetzung. Es fehlen insgesamt 18 Kommas.

- Die Mitglieder der Schulband spielen Saxophon Klarinette Geige Akkordeon Flöte Cello und Gitarre.
- Zu den Bremer Stadtmusikanten gehören Esel Hund Katze und Hahn.
- Brötchen Marmelade ein gekochtes Ei Kaffee oder Tee gehören bei vielen zum Sonntagsfrühstück.
- Für den Sportunterricht wurden neue Bälle für Basketball Tischtennis Volleyball Handball sowie Tennis angeschafft.
- Hefte Blöcke Bücher und ein Etui gehören in jede Schultasche.
- Religion Mathematik Kunst Sport und Physik stehen am Donnerstag auf Inas Stundenplan.

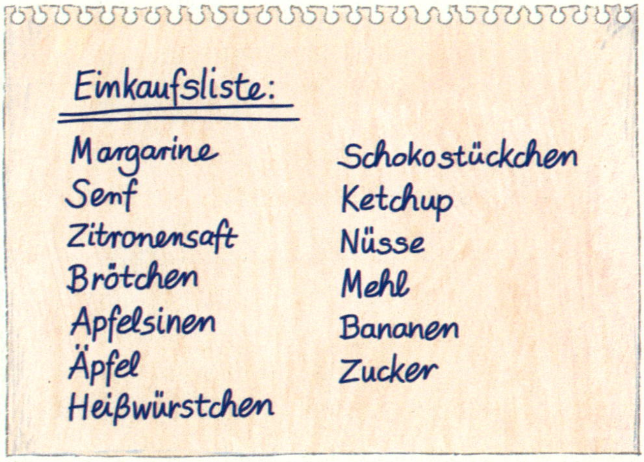

3 Julius kauft für seinen Geburtstag ein. Er will einen Nusskuchen backen, Obstsalat zubereiten und Hot Dogs anbieten.
Schreibe auf, welche Zutaten für die einzelnen Speisen notwendig sind. Für den Nusskuchen benötigt Julius fünf, für die anderen Gerichte jeweils vier Zutaten. Beachte bei deinen Sätzen die Zeichensetzung bei Aufzählungen.

4 Ergänze bei dem Text „Tierrätsel" von Hans Manz die fehlenden Kommas bei den Aufzählungen. Du musst sechs Kommas setzen.

Hans Manz

Tierrätsel

Der Wolf die Ameise der Luchs und die Drossel: Nimm von jedem den ersten Laut, dann weißt du, wo der Erste die Höhle die Zweite die Burg der Dritte den Unterschlupf die Vierte das Nest baut.

5 Welche Antworten sind richtig? Die in Klammern gesetzten Buchstaben der richtigen Aussagen ergeben die Textart der beiden Texte in Aufgabe 6. Du musst die Buchstaben allerdings noch in die richtige Reihenfolge bringen.

- Wenn der Redebegleitsatz hinter der wörtlichen Rede steht, wird er durch ein Komma von der wörtlichen Rede getrennt. (Z)
- Fragezeichen und Ausrufezeichen gehören nicht zur wörtlichen Rede und stehen darum nach den Anführungszeichen. (R)
- Steht der Redebegleitsatz vor der wörtlichen Rede, setzt man hinter ihn einen Doppelpunkt. (I)
- Steht der Redebegleitsatz vor der wörtlichen Rede, so trennt man ihn mit einem Komma von der wörtlichen Rede ab. (U)
- Fragezeichen und Ausrufezeichen gehören zur wörtlichen Rede, deshalb setzt man die Anführungszeichen dahinter. (T)
- Die wörtliche Rede wird in Anführungszeichen gesetzt. (W)

6 Auch mit den folgenden kurzen Texten könnt ihr die Zeichensetzung bei der wörtlichen Rede üben. Ergänzt die fehlenden Satzzeichen.

Im Museum

Die Klasse 5 geht mit ihrem Lehrer ins Museum. Fritzchen setzt sich, müde vom vielen Herumlaufen, auf einen Stuhl.
■Das ist der Stuhl von Karl dem Großen, steh sofort auf ■■■ flüstert ihm der Lehrer zu. Fritzchen entgegnet ■■ Nur für einen kleinen Moment, Herr Lehrer. Wenn er kommt, stehe ich sofort auf■■

Auf dem Schulhof

Ein Zehnjähriger steht auf dem Schulhof und macht merkwürdige Bewegungen mit den Armen. Die Pausenaufsicht kommt und fragt ihn■
■Was machst denn du da■■
■Ich fange Flunkis■■
■Was ist das denn■■■ will der Lehrer wissen.
■Kann ich nicht sagen■■ entgegnet der Junge■■ ich habe noch keine gefangen■■

7 Schreibe zu einer der abgebildeten Gesprächssituationen einen kleinen Text mit wörtlicher Rede und Redebegleitsätzen. Beachte dabei die Zeichensetzung bei der wörtlichen Rede.

Anhang

Originalfassungen der Gedichte

Elisabeth Borchers (geb. 1926)
Oktober

Es kommt eine Zeit
Da fragen wir uns:
Was soll denn nur werden?
Die Luft schmeckt
So bitter
Die Vögel sind
Über alle Berge
Der Nebel macht
Die Häuser bleich
Aufs Dach trommeln
Kastanien
Die kleinen Tiere gehen
Unter der Erde spazieren
Wir müssen ins Haus zurück
Da hält uns der Regen gefangen.

(s. Seite 89)

Ludwig Christoph Heinrich Hölty (1748–1776)
Frühlingslied

Die Luft ist blau, das Tal ist grün,
die kleinen Maienglocken blühn
und Schlüsselblumen drunter;
der Wiesengrund
ist schon so bunt
und malt sich täglich bunter.

Drum komme, wem der Mai gefällt,
und freue sich der schönen Welt
und Gottes Vatergüte,
die diese Pracht
hervorgebracht,
den Baum und seine Blüte.

(s. Seite 89)

Erich Kästner (1899–1974)
Der Februar

Nordwind bläst. Und Südwind weht.
Und es schneit. Und taut. Und schneit.
Und indes die Zeit vergeht,
bleibt ja doch nur eins: die Zeit.

Pünktlich holt sie aus der Truhe
falschen Bart und goldnen Kram.
Pünktlich sperrt sie in die Truhe
Sorgenkleid und falsche Scham.

In Brokat und seidnen Resten,
eine Maske vorm Gesicht,
kommt sie dann zu unsren Festen.
Wir erkennen sie nur nicht.

Bei Trompeten und Gitarren
drehn wir uns im Labyrinth
und sind aufgeputzt wie Narren,
um zu scheinen, was wir sind.

Unsre Orden sind Attrappe.
Bunter Schnee ist aus Papier.
Unsre Nasen sind aus Pappe.
Und aus welchem Stoff sind wir?

Bleich, als sähe er Gespenster,
mustert uns Prinz Karneval.
Aschermittwoch starrt durchs Fenster.
Und die Zeit verlässt den Saal.

Pünktlich legt sie in die Truhe
das Vorüber und Vorbei.
Pünktlich holt sie aus der Truhe
Sorgenkleid und Einerlei.

Nordwind bläst. Und Südwind weht.
Und es schneit. Und taut. Und schneit.
Und indes die Zeit vergeht,
bleibt uns doch nur eins: die Zeit.

(s. Seite 89)

Svenja Müller
Sommerferien

Wenn morgens kein Wecker klingelt,
wenn die Sonne den ganzen Tag strahlt,
wenn das Freibad knackend voll ist,
wenn ich nach acht noch unterwegs sein darf,
wenn jeder Tag Sonntag ist,
dann haben wir endlich Sommerferien.

(s. Seite 89)

Christine Nöstlinger (geb. 1936)
Frühling

Eines Morgens ist der Frühling da.
Die Mutter sagt,
sie *riecht* ihn in der Luft.

Pit *sieht* den Frühling.
An den Sträuchern im Garten
sind hellgrüne Tupfen.

Anja *hört* den Frühling.
Neben ihr, auf dem Dach,
singen die Vögel.

Unten vor dem Haus
steigt Vater in sein Auto.
Er *fühlt* den Frühling.
Die Sonne scheint warm
auf sein Gesicht.

Aber *schmecken*
kann man den Frühling noch nicht.
Bis die Erdbeeren reif sind,
dauert es noch lange.

(s. Seite 91)

Shel Silverstein (1930–1999)
Auf dem Sprungbrett

Du stehst auf dem 5-Meter-Brett,
Und alles ist so weit ganz nett.
Das Sprungbrett ist auch nicht zu glatt,
Sodass man einen Halt drauf hat.
Und was ist, wenn das Sprungbrett bricht?
Nein, es hält spielend dein Gewicht.
Das Sprungbrett federt gerade richtig.
Die Hose sitzt; auch das ist wichtig.
Nur was das Sprungbrett echt nicht bringt,
Ist, dass man auch mal runterspringt.

(s. Seite 94)

Ilse Kleberger (geb. 1921)
Sommer

Weißt du, wie der Sommer riecht?
Nach Birnen und nach Nelken,
nach Äpfeln und Vergissmeinnicht,
die in der Sonne welken,
nach heißem Sand und kühlem See
und nassen Badehosen,
nach Wasserball und Sonnenkrem,
nach Straßenstaub und Rosen.

Weißt du, wie der Sommer schmeckt?
Nach gelben Aprikosen
und Walderdbeeren, halb versteckt
zwischen Gras und Moosen,
nach Himbeereis, Vanilleeis
und Eis aus Schokolade,
nach Sauerklee vom Wiesenrand
und Brauselimonade.

Weißt du, wie der Sommer klingt?
Nach einer Flötenweise,
die durch die Mittagsstille dringt:
Ein Vogel zwitschert leise,
dumpf fällt ein Apfel in das Gras,
der Wind rauscht in den Bäumen.
Ein Kind lacht hell, dann schweigt es schnell
und möchte lieber träumen.

(s. Seite 97)

Wolfgang Bächler (1925–2007)

Der Nebel

Der Nebel ist unersättlich.
Er frißt alle Bäume, die Häuser,
die parkenden Autos,
die Sterne, den Mond.
Der Nebel rückt näher,
unförmig gemästet,
wird dicker und dicker,
drückt gegen die Mauer,
leckt an den Fenstern mit feuchter Zunge,
mit grau belegter,
frißt alles,
frißt dich.

(Aus lizenzrechtlichen Gründen ist dieser Text nicht in reformierter Rechtschreibung abgedruckt.)

(s. Seite 101)

Übersetzung zu Eugen Gomringer: avenidas

Alleen

Alleen
Alleen und Blumen

Blumen
Blumen und Frauen

Alleen
Alleen und Frauen

Alleen und Blumen und Frauen
ein Bewunderer

(s. Seite 108)

Friedrich Hebbel (1813–1863)

Herbstbild

Dies ist ein Herbsttag, wie ich keinen sah!
Die Luft ist still, als atmete man kaum,
Und dennoch fallen raschelnd, fern und nah,
Die schönsten Früchte ab von jedem Baum.

O stört sie nicht, die Feier der Natur!
Dies ist die Lese, die sie selber hält,
Denn heute löst sich von den Zweigen nur,
Was vor dem milden Strahl der Sonne fällt.

(s. Seite 111)

Ortfried Pörsel

Sommerrätsel

Bei Sonne blau,
bei Regen grau.
Sand
zwischen Wasser und Land
Erst hell
und schnell,
dann lautes Getöse,
als wäre jemand böse.
Erdreistet sich einer
ohne zu fragen –
Krambambarumbum! –
irgendwo einzuschlagen.

(s. Seite 111)

Verzeichnis der Lernboxen

Das musst du lernen und wissen

So gehst du vor

Verzeichnis der Textarten

Stichwortverzeichnis

Textquellenverzeichnis

Auch Insekten stellen Rekorde auf. 309
Nach: www.terrazoo.de [1.7.2010]

Bächler, Wolfgang: Der Nebel. 101, 320
Aus: Gedichte für Anfänger, Rowohlt Verlag, Reinbek bei Hamburg 1980, S. 75

Ball, Hugo: Karawane. 199
Aus: Ders.: Gesammelte Gedichte, Verlag Die Arche, Zürich 1963

Bratapfel. 215
Nach: http://www.hausfrauenseite.de

Brüder Grimm: Der Bauer und der Teufel. 71
Aus: Kinder- und Hausmärchen. Gesammelt durch die Brüder Grimm. Vollständige Ausgabe, hg. von Heinz Rölleke, Insel Verlag, Frankfurt/M. 2007 (vereinfacht)

Brüder Grimm: Die Wassernixe. 76
Aus: Kinder- und Hausmärchen. Gesammelt durch die Brüder Grimm. Vollständige Ausgabe, hg. von Heinz Rölleke, Insel Verlag, Frankfurt/M. 2007 (vereinfacht)

Brüder Grimm: Sterntaler. 68
Aus: Kinder- und Hausmärchen. Gesammelt durch die Brüder Grimm. Vollständige Ausgabe, hg. von Heinz Rölleke, Insel Verlag, Frankfurt/M. 2007 (vereinfacht)

Buchholz, Moritz: Judo. 170
Nach: www.kinder-hd-uni.de/sport/sport11.html

Busta, Christine: Die Frühlingssonne. 92
Aus: Die Scheune der Vögel, Otto Müller, Salzburg 1958

Das Ferienfloß. 212
Nach: Sabine Cuno: Für meine Ferien. Bastelspaß zum Zeitvertreib, Ravensburger Buchverlag, Ravensburg 1987

Das Gähnen/Der Bauchnabel/Unsere Zähne/ Ein vielseitiges Haustier. 267
Aus: Brockhaus-Kalender für Kinder, Brockhaus, Leipzig 2003

Deimer, Petra: Der Papagei und die Menschen. 158
Aus: Dies.: Papageien und Sittiche, Tessloff Verlag, Nürnberg 1992, S. 38

Deimer, Petra: Papageien brauchen unseren Schutz. 160
Nach: Dies.: Papageien und Sittiche, Tessloff Verlag, Nürnberg 1992, S. 42 f.

Der Elefant und die Ameisen. 239
Nach: Elke Kahlert/Friedrich Kohlsaat: Witzekiste, Rowohlt Verlag, Reinbek bei Hamburg 1980

Der Prinz mit den Eselsohren. 79
Aus: Lisa Tetzner (Hg.): Die schönsten Märchen der Welt, Verlag Luchterhand, Darmstadt 1984

Der Sprung in die Tiefe. 178
Aus: Peter Kohrs/Johannes Diekhans: Aufsatz 5, Schöningh Verlag, Paderborn 2004, S. 29

Die Luft ist blau ... 89, 318
Aus: Hölty, Ludwig Christoph Heinrich: Frühlingslied. In: Ders.: Gesammelte Werke und Briefe, hg. von Walter Hettche, Wallstein-Verlag, Göttingen 1998

Die Luft schmeckt so bitter ... 89, 318
Aus: Borchers, Elisabeth: Oktober. In: Dies.: Und oben schwimmt die Sonne davon, Ellermann Verlag, München 1965

Die Tiere/Der Schauplatz/Die Pflanzen. 244
Aus: David Lambert: Dinosaurier, Fischer Verlag GmbH, Remseck bei Stuttgart 1993, S. 291

Diekhans, Johannes: Die Leseratte zum Bücherwurm. 300
(Originalbeitrag)

Fast jedes Jahr das Gleiche. 269
Aus: Peter Kohrs: D Arbeitsbuch Deutsch, Ed. 6, Paderborn 2003, S. 258

Funke, Cornelia: Herr der Diebe (Auszüge). 127, 129, 133
Dressler Verlag, Hamburg 2000, S. 9–29, S 49 ff.

Geheimnisvolles Bienensterben. 272
Nach: www.wasistwas.de [08.01.2010]

Goldhamster. 260
Aus: Löwenzahn Kinder Lexikon, Terzio Möllers und Bellinghausen Verlag, München 2000, S. 94 f.

Gomringer, Eugen: avenidas. 108, 320
Aus: Ders.: „Avenidas“ Konstellationen, Ed. Splitter, Bern 1953

Guggenmos, Josef: Ich male mir den Winter. 103
Aus: Ders.: Ich will dir was verraten, Beltz & Gelberg Verlag, Weinheim/Basel 1992

Guggenmos, Josef: Überraschung im Dienst. 293
Aus: R. Boldt/G. Krahl (Hg.): Das Rowohlt rotfuchs Lesebuch, Rowohlt Verlag, Reinbek 1983

Guggenmos, Josef: Wenn Riesen niesen. 289
Aus: Hans-Joachim Gelberg (Hg.): Das achte Weltwunder. Fünftes Jahrbuch der Kinderliteratur, Beltz Verlag, Weinheim/Basel 1981, S. 121

Hacks, Peter: Der Herbst steht auf der Leiter. 98
Aus: ders., Der Flohmarkt – Gedichte für Kinder © 2001 Eulenspiegel Verlag, Berlin

Hebbel, Friedrich: Herbstbild. 111, 320
Aus: Ders.: Werke, Band 3, hg. von Gerhard Fricke, Wissenschaftliche Buchgesellschaft, Darmstadt 1965

Heim, Uta-Maria: Der Klassenkasper. 39
Aus: Hannelore Westhoff (Hg.): Die schönsten Schulgeschichten, Verlag Ravensburg (Otto Maier), Ravensburg 1990

Heinemann, Tanja: Märchen. 74
(Originalbeitrag)

Hintz, Ingrid: Kribbeln im Bauch. 32
Aus: Treffpunkte 5, Schroedel Verlag, Hannover 2000, S. 10

Holst, Adolf: Eislauf. 104
Aus: Ders.: Tandaradei. Neue Kinderlieder III von Ernst Kutzer, Stalling, Oldenburg 1924

Sprenger, Werner: Einzigartig. **13**
Aus: Ders.: Vergiss Dein nicht, zusammengestellt von Atina Haberkern, Nie-Nie-Sagen-Verlag, Konstanz 1983

Steinhöfel, Andreas: Rico, Oskar und die Tieferschatten (Auszüge). **114, 118**
Carlsen Verlag, Hamburg 2008, S. 31–38, S. 64, S. 89 f.

Stiemert, Elisabeth: Robotertheater. **197**
Aus: Vorhang auf! 8 kleine Geschichten zum Spielen, Deutscher Taschenbuch Verlag, München 1980, S. 28 ff.

Süßmann, Christel: Sommerhitze. **96**
Aus: Dies.: Sonniges Jugendland, Zickfeldt Verlag, Hannover 1979, S. 194

Valentin, Thomas: Schorschi ist Schorschi. **228**
Aus: Ders.: Kater im Theater, Igel Verlag, Oldenburg 2002

Versehentlich. 237
Nach: Elke Kahlert/Friedrich Kohlsaat: Witzekiste, Rowohlt Verlag, Reinbek bei Hamburg 1980

Waechter, F. K.: Das Nashorn wühlt im Teufelsmoor. **282**
Aus: Das große Nashornbuch, hg. von Werner Vaudlet und den Nashorn-Schülern, Deutscher Taschenbuch Verlag, Reihe Hanser, München 2001

Wendt, Irmela: Uli und ich. **43**
Aus: Hans Joachim Gelberg (Hg.): Geh und spiel mit dem Riesen, Verlag Beltz und Gelberg, Weinheim/Basel 1973

Winkel, Marie: Tierrätsel. **311**
Aus: www.kindergedichte.de [19.02.2010]

Wolf, Ror: Das Nashorn tanzt das Abece. **281**
Aus: Das große Nashornbuch, hg. von Werner Vaudlet und den Nashorn-Schülern, Deutscher Taschenbuch Verlag, Reihe Hanser, München 2001, S. 115

Wörterbuchauszug „kaltblütig" – „Kanzel". 259
Aus: Schülerduden, Rechtschreibung und Wortkunde, Dudenverlag, Mannheim 2001

Bildquellenverzeichnis

|123Classic, Stuttgart: Kinder lieben Märchen mit Elmar Gunsch, Band 5: Der Bauer und der Teufel und 4 weitere spannende Märchen Gebrüder Grimm Hörspiel, Audio-CD 71. |action press, Hamburg: bildstelle/REX FEATURES LTD. 309. |adventure4ever.com, Berlin: Frits Meyst 109. |akg-images GmbH, Berlin: 75, 86, 102, 288. |alamy images, Abingdon/Oxfordshire: Independent Picture Service 149 o.; M L Pearson 191 o. l.; OJO Images Ltd 189 l.. |Alexander Sell Fotografie, Nieder-Olm: 141. |altro - die fotoagentur, Regensburg: 190. |Anthony, Michaela: © Anna-Maria Rave 11; © Viktor Burgardt 16. |Arco Images GmbH, Lünen: H. Reinhard 260. |Arena Verlag GmbH, Würzburg: Nina Schindler: Zickenalarm 113. |Art Explosion, Calabasas, CA: 241, 251, 251, 285, 285, 285, 285, 285, 285, 285, 285, 285, 285, 285, 285, 287, 287, 287, 287, 287, 287, 287, 287, 287, 287. |Atrium Verlag, Zürich, Hamburg: Erich Kästner: Das verhexte Telefon © Atrium Verlag Zürich und Thomas Kästner 187, 187. |Berghahn, Matthias, Bielefeld: 8, 8, 22, 22, 24, 24, 28, 42, 44, 47, 51, 53, 54, 55, 56, 56, 59, 59, 60, 60, 79, 117, 117, 124, 131, 147, 151, 153, 157, 169, 174, 179, 179, 179, 179, 179, 179, 181, 183, 188, 189, 189, 193, 200, 204, 207, 208, 208, 210, 213, 215, 216, 217, 218, 218, 219, 220, 222, 223, 223, 224, 224, 225, 228, 230, 231, 239, 240, 241, 242, 243, 243, 243, 243, 243, 246, 251, 251, 251, 251, 252, 253, 254, 257, 258, 262, 263, 264, 267, 273, 273, 273, 274, 283, 285, 287, 287, 287, 287, 287, 287, 287, 287, 288, 289, 290, 290, 290, 290, 293, 296, 297, 298, 299, 300, 301, 301, 301, 301, 301, 302, 303, 307, 308, 312, 316, 316. |Bibliographisches Institut & F.A. Brockhaus AG, Mannheim: Duden. Die deutsche Rechtschreibung 257. |bildagentur-online GmbH, Burgkunstadt: Chromorange 192. |Blickwinkel, Witten: K. Salminen 291; McPHOTO 158. |bpk-Bildagentur, Berlin: 68, 295; Foto: Knud Petersen 172. |Carlsen Verlag GmbH, München: Andreas Steinhöfel, Froschmaulgeschichten 120; Andreas Steinhöfel, O patria mia 120; Andreas Steinhöfel, Rico, Oskar und die Tieferschatten 113, 114, 115, 119; Andreas Steinhöfel: Beschützer der Diebe © Carlsen Verlag GmbH, Hamburg 2007 120; Andreas Steinhöfel: Dirk und ich © Carlsen Verlag GmbH, Hamburg 2002 120; Andreas Steinhöfel: Es ist ein Elch entsprungen © Carlsen Verlag GmbH, Hamburg 2004 120; Andreas Steinhöfel: Rico, Oskar und das Herzgebreche © Carlsen Verlag GmbH, Hamburg 2009 120. |ddp images GmbH, Hamburg: defd Deutscher Fernsehdienst 125, 125, 138. |Deutscher Fussball-Bund: 315. |Domke, Franz-Josef, Hannover: 147, 148, 148. |F. K. Waechter, Frankfurt/Main: 282. |fotolia.com, New York: dgestettenhofer 271. |Fotostudio Henke, Paderborn: 3, 6, 7, 10, 14, 15, 17, 19, 31, 31, 31, 35, 45, 49, 62, 69, 70, 96, 98, 106, 144, 146, 146, 149, 151, 154, 167, 167, 169, 171, 171, 171, 171, 171, 172, 173, 173, 173, 184, 194, 196, 196, 196, 196, 205, 264, 266, 266, 283, 306, 317, 317. |imagetrust GmbH & Co. KG, Koblenz: Charlotte Thege 173. |Jakobs, Günther, Münster: 7, 8, 9, 9, 83, 206, 209, 220, 225, 234, 235, 238, 240, 243, 245, 250, 276, 280, 294. |juniors@wildlife Bildagentur GmbH, Hamburg: 156, 247, 292; K. Ammann 155, 160; M. Carwardine 306. |Kassing, Reinhild, Kassel: 3, 4, 4, 5, 5, 6, 6, 12, 15, 16, 18, 21, 23, 27, 27, 27, 27, 30, 32, 33, 34, 36, 37, 38, 40, 43, 46, 48, 51, 52, 52, 54, 56, 57, 58, 59, 59, 60, 61, 61, 61, 61, 61, 61, 63, 66, 72, 73, 73, 73, 73, 73, 73, 73, 73, 74, 76, 77, 77, 77, 78, 82, 85, 87, 90, 91, 92, 93, 94, 95, 95, 95, 95, 97, 98, 98, 99, 102, 104, 105, 106, 107, 107, 108, 109, 111, 126, 129, 132, 133, 137, 142, 144, 150, 159, 162, 163, 163, 164, 166, 168, 174, 176, 178, 180, 181, 185, 198, 202, 203, 208, 210, 213, 214, 216, 219, 221, 222, 224, 226, 227, 229, 231, 232, 235, 235, 235, 236, 236, 237, 239, 242, 244, 245, 245, 245, 245, 245, 245, 245, 245, 245, 247, 248, 248, 248, 249, 255, 261, 263, 265, 268, 270, 273, 274, 276, 278, 278, 278, 278, 278, 278, 278, 278, 278, 279, 289, 291, 296, 300, 302, 305, 305, 309, 311, 313, 314, 314, 321, 322; Idee: Nikita Varkentin 9, 308. |Kirsch, Dietrich, Überlingen: aus: Sabine Cuno: Für meine Ferien. Bastelspaß zum Zeitvertreib, Ravensburger Buchverlag, 1987 212, 212. |Kneffel, Michael, Essen: 13, 89. |Kuttig, Siegfried, Lüneburg: 13. |Mahood, Jonathan: BLEEKER DER ELEKTRONISCHE HUND. Reprinted with permission from Jonathan Mahood 312, 313. |marixverlag GmbH, Wiesbaden: Erich Guter: Das große Buch der Zaubermärchen, Marixverlag, 2005 81. |mediacolor's Fotoproduktion, Zürich: Bangerter 88; Musier 101. |Meyer & Meyer Fachverlag, Aachen: Bernd Linn: Judo, Meyer und Meyer Verlag, Aachen 2006, S. 24/Foto: Bernd Linn 155, 165; Bernd Linn: Judo, Meyer und Meyer Verlag, Aachen 2006, S. 25/Foto: Bernd Linn 165. |Michalke, Norbert, Berlin: 19. |Minkus Images Fotodesignagentur, Isernhagen: 19. |Moser, Erwin: Werner Vaudlet (Hrsg.): Das große Nashornbuch. Deutscher Taschenbuch Verlag, Reihe Hanser, München 2001 281. |Naturbildportal, Hannover: Manfred Ruckszio 278. |OKAPIA KG - Michael Grzimek & Co., Frankfurt/M.: m3/imageBROKER 172 M. r.. |Ostkreuz Bildagentur, Berlin: Susanne Strauch 100. |peitschphoto.com - Peitsch, Peter, Hamburg: 127, 141. |photothek.net GbR, Radevormwald: Liesa Johannssen 195; Thomas Imo 25. |Picture Press Bild- und Textagentur GmbH, Hamburg: Jörg Hauke 272. |Picture-Alliance GmbH, Frankfurt/M.: 269; dpa 121, 190; dpa/Oliver Soulas 114; Justin Sullivan 19; Süddeutsche Zeitung Photo 191. |PM-Group, Planungsbüro Meiswinkel GmbH, Lippstadt: 20. |Schlottmann, Guenther, Paderborn: 27, 84, 140, 170, 252. |Stadt- und Kreisbibliothek Greiz, Greiz: 141. |Stadtwerke Bamberg Verkehrs- und Park GmbH, Bamberg: 26. |stock.adobe.com, Dublin: Carmen Steiner 260 o.; Carsten Meyer 89; goodluz 192 3. v. l.; Jana Lumley 13 u.r.; Ljupco Smokovski 193; Picture-Factory 64; shapovalphoto1 191 o. r.; Syda Productions 103; Tatyana Gladskih 192 l.; Tino Hemmann 267 u.; Val Thoermer 317 r.; WoGi 310. |Südverlag GmbH/UVK Verlagsgesellschaft, Konstanz: Aus: e. o. plauen „Vater und Sohn" in Gesamtausgabe Erich Ohser © Südverlag GmbH, Konstanz, 2000 186, 187. |Thienemann-Esslinger Verlag GmbH, Stuttgart: Joachim Friedrich, 4 1/2 Freunde, mit Illustrationen von Regina Kehn (c) 1992 by Thienemann Verlag 113. |vario images, Bonn: 172, 192. |Verlag Eugen Ulmer KG, Stuttgart: Matthias Reinschmidt: Farbatlas Papageien 153. |Verlag Friedrich Oetinger GmbH, Hamburg: Astrid Lindgren: Die Brüder Löwenherz 126; Astrid Lindgren: Ferien auf Saltkrokan 126; Astrid Lind-

gren: Madita, Umschlagillustration: Ilon Wiekland 126; Astrid Lindgren: Mio, mein Mio © Verlag Friedrich Oetinger, Hamburg 1998 126; Astrid Lindgren: Ronja Räubertochter, Verlag Friedrich Oetinger, Hamburg 1982 113; Aus: Astrid Lindgren, Ronja Räubertochter 121; aus: Mark Twain: Die Abenteuer des Tom Sawyer, © Cecilie Dressler Verlag, Hamburg 1989, S. 12 218; Cornelia Funke: Die wilden Hühner, Cecilie Dressler Verlag, Hamburg 113; Cornelia Funke: Herr der Diebe. Hamburg: Cecilie Dressler Verlag 2000 113, 127, 135; Erich Kästner: Der 35. Mai/Illustrationen von Horst Lemke © Atrium Verlag Zürich und Thomas Kästner 187; Erich Kästner: Der kleine Mann/Illustrationen von Horst Lemke © Atrium Verlag Zürich und Thomas Kästner 187; Illustration Ilon Wikland 122; Steven Kellog: „Malwine in der Badewanne", Hamburg 1979 182, 182. |Verlagsgruppe Beltz, Weinheim: Christine Nöstlinger: Das Austauschkind, Gulliver 2008 209. |Verlagsgruppe Droemer Knaur, München: Erik Jelde (Hg.): „Märchen der Welt", Knaur, 2006 81; Hans-Jörg Uther: Märchenreise. Die schönsten Märchen aus aller Welt, Knaur 2005 81. |Verlagsgruppe Random House GmbH, München: Enid Blyton, Fünf Freunde auf der Felseninsel, erschienen im cbj Verlag, München, in der Verlagsgruppe Random House 2015 112. |Visum Foto GmbH, München: Bjoern Göttlicher 30; Erich Mehrl 140. |Werner Otto Bildarchiv, Oberhausen: 88. |Westend 61 GmbH, München: Creativ Studio Heinemann 215. |Wissen Media Verlag GmbH, München: WAHRIG. Die deutsche Rechtschreibung. Bertelsmann Lexikon Institut 257. |Witte, Petra, Paderborn: 199. |© dtv Verlagsgesellschaft, München: Werner Vaudet (Hrsg.): Das große Nashornbuch. Erschienen 2001 281.

Wir arbeiten sehr sorgfältig daran, für alle verwendeten Abbildungen die Rechteinhaberinnen und Rechteinhaber zu ermitteln. Sollte uns dies im Einzelfall nicht vollständig gelungen sein, werden berechtigte Ansprüche selbstverständlich im Rahmen der üblichen Vereinbarungen abgegolten.